블레이드 러너
깊이 읽기

블레이드 러너 깊이 읽기

사이버펑크 한국을 읽는
10가지 방법

임태훈	윤원화	강연실	손진원	이지용
김창규	곽영빈	김현호	주원규	김효진

프시케의숲

일러두기

1. 외래어 표기는 국립국어원의 표기법을 따르되, 관행에 따라 일부 예외를 두었다.
2. 영화·노래·게임 등은 〈 〉, 책·잡지·신문 등은 『 』, 논문·글·시 등은 「 」, 기사 등은 " "로 표기했다.
3. 인용문 안의 대괄호 [ ]는 해당 글의 필자가 첨가한 것이다.
4. 〈블레이드 러너〉는 맥락에 따라 1982년 원작, 또는 시리즈 전체를 지칭한다.

서문

영화보다 더 먼 미래를 향해 리부트

한국에서 〈블레이드 러너〉가 정식 방영된 것은 극장이 아니라 MBC '주말의 명화'였다. 1989년 1월 7일 방송이었고 방영 제목은 "서기 2019년"이었다. TV 방송 직후, 영화광들은 너도나도 〈서기 2019년〉에 대해 이야기하기 바빴다. 음울하지만 아름다운 근미래 도시의 풍경이 가장 충격적이었다. 그때까지만 해도 이런 SF는 처음이었다.

그 후로도 이 영화를 향한 사랑은 쉽게 사그라지지 않았다. 팬들의 숫자는 조용하지만 꾸준하게 늘어났다. 한 세대 이상의 세월이 흐르면서, 이 영화가 끼친 영향은 음악·문학·건축·패션·시각예술 전반에 걸쳐 막대했다. 영화의 상상력이 스크린 바깥의 현재와 미래를 구성했다.

수많은 이들이 이 영화를 통해 예술적 감수성을 훈련했고 세계관의 성장을 경험했다. 〈블레이드 러너〉는 누군가의 그리운 유년기이며, 십 대 시절의 치기 어린 흥분이자, 청년 예술가의 자존감을 지탱시켜준 야망의 원형이었다. 〈블레이드 러너〉의 세례가 없었다면 〈공각기동대〉나 〈매트릭스〉 시리즈는 세상에 나올 수 없었다. 20세기 '세기말 문화'의 지형은 기본적으로 이 영화를 뿌리 삼고 있다고 해도 과언이 아니다.

영화 잡지 『키노』를 옆구리에 끼고 다니며, 〈블레이드 러너〉를 저주받은 걸작으로 칭송하던 1990년대 아이들을 기억한다. 그 시절 십 대 또는 이십 대였던 이들, '사이버펑크cyberpunk'라는 말을 입버릇처럼 남용했던 그 아이들은, 영화의 주인공인 데커드보다 나이 많은 어른이 되고 말았다. 세월이 흘러도 이 영화에 여전히 열광하는 이가 있고, 유치했던 시절의 추억쯤으로 기억하는 이들도 아주 많다. 아무려면 어떠냐. 세상에 영화는 많고, 〈블레이드 러너〉 역시 많고 많은 영화 중 한 편에 지나지 않는다. 2019년이 영화 속 미래가 아니라, 현실의 지금 이곳, 아니 지나버린 과거가 되었으니 예전과 같은 마음일 리 없는 건 당연하다.

그런데 이상한 일이 벌어졌다. 〈블레이드 러너〉의 그 세계를 오늘날 가장 닮은 장소는, 영화 속 배경이었던 미국 LA가 아니라 대한민국 서울이다. 언제부터인가 '사이버펑크'라는 말이 '헬조선'의 별칭이 되고 말았다.

영화 속 디스토피아는 폐허임에도 황홀한 풍경이었다. 종말이 임박한 '미래 없는' 사회를 이야기하고 있음에도, 역설적으로 '미래'를 기대하게끔 했다. 적어도 〈블레이드 러너〉의 세계관에는 지구 밖 신천지이자 탈출구인 '오프월드Off-World'가 있었다. 오늘날 우리의 현실 세계는 반대다. 신자유주의 시대, 네오 휴먼Neo Human의 디스토피아로 전락한 한국의 현실은 암울하기 짝이 없다. 이 나라 밖의 사정이라고 더 나아 보이지 않는다. 전 지구의 헬조선화가 시대의 대세가 되었다는 농담을 빈말로 넘겨들을 수가 없다.

이제 2020년대로 접어들었고, 우리는 영화보다 더 먼 미래에 살고 있다. 지금과 같은 현실에서는 2030년대나 2040년대의 미래를 기다림이나 기대의 조건으로 삼기 어렵다. 오늘날 그런 야망을 품을 수 있는 것은 금융계의 수탈자들뿐이다. 과거·현재·미래를 잇는 시간 체제가 그들의 통제 장치가 됐기 때문이다. 빚을 지는 시간과 빚을 갚는 시간의 교차 좌표 속에 부채 인간 수십억 명의 생애가 붙잡혀 있다. 이런 세계에선 밝은 미래를 향해 계획을 품는 이들은 허황한 미망에 사로잡히기 쉽고, 현실의 굴레에 거듭 절망해 계획 따윈 갖지 않게 된 이들은 더 빨리 파국에 닿고 만다.

근래 한국 대중문화에서 '계급'이 이례적인 흥행 코드로 부상할 수 있었던 이유 역시, 밀레니엄의 세 번째 십 년대를 맞이하는 대중적 공감대가 '미래 없음'에서 비롯되기 때문이다. 하층계급은 말할 것도 없고, 지난 이십여 년에 걸쳐 처참히 붕괴한 중산층 역시 '미래'로부터 소외됐다. 한국에서 〈블레이드 러너〉를 다시 읽으려면, 사이버펑크 특유의 현란한 네온 빛에 취하기보다는, 그 공허한 하이라이트가 무엇을 감추고 있는지 직시해야 한다.

이제는 담담히 인정할 수 있다. 〈블레이드 러너〉는 '결핍된 상상력'의 영화다. 이 영화가 구상한 미래 사회는 표면적으론 파격적인 시각성으로 채워진 것처럼 보이지만, 이런 특징이야말로 네온 빛의 환영에 불과하다. 부족한 제작비로 만든 세트장을 뭔가 있어 보이게 위장하는 궁여지책, 그 이상도 이하도 아니다.

이 영화의 감출 수 없는 결핍은 세계관의 궁핍에서 비롯된다. 〈블레이드 러너〉가 미래 사회의 정치 경제를 상상하는 방식은 현대 자본주의의 구조적 짜임새를 그대로 이어붙인 것에 지나지 않는다. 제작진은 '근미래近未來' 세계의 리얼리티를 높이기 위한 설정이었다고 했다. 하지만 바로 그게 문제다. 자본주의의 일상성이 어째서 가까운 미래의 현실성으로 당연하게 여겨질 수밖에 없는 걸까? '현실성'의 기준은 우리를 규율하는 체제에서 비롯된다. 큰 틀은 바꿀 엄두도 내지 못하고, 작고 미미한 것들에 집착하며 이 자리 저 자리로 옮기거나 앞뒤 순서를 바꾸는 일에 자족한다.

　사이버펑크의 근미래 설정은 밀레니엄 이후로 레트로 문화가 인기를 이어가는 이유와 다를 게 없다. 현재는 (참 좋았다고 착각하고 있는) 과거보다 못하고, 다가올 미래는 지금보다 나빠질 일만 남은 듯하다. 전 세계 문화계가 미래를 상상하는 일에 의욕을 잃었다. 체제를 근본적으로 재시동하는 급진적 사유에 서툴기 짝이 없기 때문이다. 자본주의 비판 같은 건 좌파 꼰대들의 구식 패션이라고 폄훼되기도 한다. 미래를 핵심 소재로 삼는 사이버펑크뿐만 아니라, 다른 장르나 예술 분야라고 사정은 크게 달라 보이지 않는다.

　온 힘을 다해 전진할 가치가 있는 미래를 되찾으려면, 이 시대에 일반화된 인간형의 한계를 넘어서려는 성찰과 변신의 과정이 필요하다. 영화 속 '레플리컨트Replicant'들은 인간보다 더 인간다워지기 위해 몇 세대에 걸쳐 투쟁했다. 하지만 이 시대 '사람'들 대부분이 이런 문제에 관한 한 만성적인 허약증을 앓고 있다. 〈블레이드 러너〉는 이 병증에 대한 적나라한 진단서에 가깝다. 다시금 이 영화의 주인공이 '인간'일 수가 없는 이유를 생각하지 않을 수 없다.

지금, 여기에서 〈블레이드 러너〉를 읽는 일이란, '미래'에 관해 이야기하지 않거나 이야기하지 못한 것의 행간과 공백을 찾는 탐색이어야 한다. '미래'는 체제로부터 용인된 제한된 상상력의 장場이 아니라, 그 모든 지배력에서 해방된 백지상태의 원점에서 출발하는 개념이다. 이런 독해는 남성보다는 여성이, 정상성과 강력주의를 신봉하는 주류 사회의 일원보다는 그들로부터 소외된 소수자에게 절실하다.

그들의 눈에는 〈블레이드 러너〉가 도무지 성에 차지 않는 작품일 것이다. 이 영화의 오랜 팬들은 그들의 불만에 맞장구를 칠 수 있을까? 이를테면 〈블레이드 러너〉가 1940년대 할리우드 누아르 영화의 낡은 관습을 미래 도시 배경 속에 억지로 욱여넣은 것에 불과하다고 평한들, 틀린 말은 하나도 없다. 오히려 악평을 한마디 덧붙이자면, 〈블레이드 러너〉가 여성 캐릭터를 다루는 방식은 1968년에 나온 필립 K. 딕Philip K. Dick의 원작 소설보다도 구시대적이다. 영화 〈블레이드 러너〉(1982)는 레이건 시대에 나온 여러 마초 영화들과 마찬가지로 남근 중심적이다.

영화의 각본을 맡은 햄프턴 팬처Hampton Fancher와 데이비드 피플스David Webb Peoples는 영화사 관계자들과 회의를 할 때마다, 섹스 장면 추가를 운운하며 낄낄거리는 대화에 진절머리가 났다고 한다. 말도 안 되는 억지 로맨스로 결말마저 수정됐을 땐, 자살 충동이 들 지경이었다고도 한다. 레이첼 역을 맡은 숀 영Sean Young 역시 이 영화를 촬영하는 내내 육체적으로나 감정적으로 심각한 학대를 겪어야 했다. 이 영화를 오랫동안 사랑한 팬들의 숫자가 여성보다는 남성이 많은 이유가 어떤 이유에서 비롯된 결과인지 따져볼 때도 되었다.

초기 각본은 원작 소설의 결말과 비슷했다. 레이첼은 건물에서 뛰어내려 자살하고, 데커드 역시 사막에서 자살을 시도한다. 겁탈이나 다름없는 문제의 섹스 장면 따위 없었다. 『퓨처 누아르: 블레이드 러너 제작기』의 저자인 폴 M. 새먼Paul M. Sammon과의 인터뷰에서 룻거 하우어Rutger Hauer(로이 배티 역)는 이렇게 혹평했다. 레이첼을 데리고 도망치는 데커드는 변태 같은 놈이라고. 로이 배티에게 죽도록 얻어맞고도 정신 못 차리고 그 와중에 여자처럼 생긴 자위 도구를 챙겨 도망치는 꼴이 한심하지 않느냐고.

〈블레이드 러너〉는 할리우드 영화가 흔히 겪는 온갖 풍파와 간섭에 너덜너덜해진 결과물이었다. 여러 버전의 대본을 접했던 룻거 하우어로서는 이 프로젝트가 품었던 야심이 원래 무엇이었는지 정확히 이해하고 있었다. 그는 우여곡절을 거쳐 세상에 나온 〈블레이드 러너〉에 자족하지 않았다. 영화에 반영될 기회를 얻지 못하고 사장된 온갖 아이디어를 아쉬워하는 사람의 하나였다. 과하게 신화화된 이 영화의 명성 탓에, 한층 전진시킬 수 있는 상상력과 비판적 성찰을 억제하고 있었던 것은 아닐까? 〈블레이드 러너〉보다 더 먼 미래에 살게 된 우리는 평가에 까다로워질 필요가 있다.

2017년에 개봉한 속편 〈블레이드 러너 2049〉를 여성 관객들이 질색하고 혹평한 이유는 무엇일까? 35년이나 세월이 흘렀음에도 원작 영화가 여성을 다루는 낡고 폭력적인 방식을 극복하기는커녕, 그때보다 퇴보했다고 판단할 만한 장면이 문제였다. 영화 속 2049년 LA에선 레플리컨트 여성들이 원작 영화의 배경인 2019년보다 훨씬 더 악랄하게 상품화되고 착취당한다. 속편은 물론이거니와 1982년 원작 영화조차 지나치게 과대평가된 것일 수 있다는 불만이 터져 나왔다. 여성을 다루는 방식이 시대정신에 발맞춰 갱신되지 않으면 흥행과 비평 모두에서 성공할 수 없는 시대가 되었음을 무겁게 받아들여야 한다. 대중문화 전반에 휘몰아치고 있는 페미니즘의 물결은 영화만이 아니라 정치·경제·사회·문화 전체에 걸쳐 변화를 촉구하고 있다. 이것은 사이버펑크보다 급진적인 상상력이다.

〈블레이드 러너〉의 오랜 '남성' 팬으로선 페미니즘의 심급審級을 마뜩잖게 여길 수 있겠다. 하지만 대체 뭐가 문제란 말인가. 영화는 영화일 뿐이다. 어떤 영화에 대해 비판하든 찬양하든, 이 세상을 좀 더 낫게 만드는 일에 조금도 도움이 되지 않는다면, 그 영화가 뭔들 무슨 상관이겠는가. 영화가 반사경이 되어 비추고 있는 우리 세계의 현실을 각성하는 일이야말로 비교할 수 없이 중요하다. 그래서 〈블레이드 러너〉와 〈블레이드 러너 2049〉 어느 쪽이든 더욱더 예리한 시각으로 비판받고, 새로운 시대의 텍스트로 읽을 만한 가치가 있는 것을 재발견하길 바란다. 이 영화들이 구시대의 텍스트에 불과하다면, 그 사실을 조목조목 불평하며 새 시대의 이야기를 끌어낼 산파로 삼으면 그만이다.

그렇지만 이쯤에서 분명히 해둘 것이 있다. 이 책은 〈블레이드 러너〉 신화를 과감히 해체하고 시대에 걸맞은 객관적인 평가를 하겠다는 의도로 묶이지 않았다. 그렇게 모질게 굴기엔 우리는 이 영화를 몹시 사랑하기 때문이다. 오히려 〈블레이드 러너〉를 더 오랫동안 사랑할 수 있는 생각과 상상의 방법을 제안하는 책이 되길 바란다. 그래서 이 책의 제목을 "블레이드 러너 깊이 읽기"로 정했다.

이 책은 본래 영화의 시간적 배경이었던 2019년 11월에 맞춰 출간할 계획이었다. 하지만 여러 사정이 생겨 출간이 연기될 수밖에 없었다. 숨을 고르며 이 계획을 되짚어볼 기회가 생겼다는 건 결과적으로 나쁘지 않았다. 묵묵히 기다려준 프시케의숲 성기승 대표님과 기획에 참여해준 필자 선생님들께 감사의 마음을 전한다.

2020년대는 코로나 팬데믹과 함께 시작됐고, 〈블레이드 러너〉에 대한 생각과 평가 역시 팬데믹 이전 시대와 달라질 수밖에 없었다. 수없이 반복해 봤던 영화임에도, 방사능과 먼지로 오염된 공기를 경계하며 입과 코를 가리는 장면이 새삼 눈에 띄었다. 〈블레이드 러너〉의 세계는 여전히 우리 현실과 미래를 비추는 흥미로운 거울이었다.

이 책을 헌정하고 싶은 이들은 블레이드 러너 팬덤이다. 한 영화를 향해 품어왔던 수십 년에 걸친 오랜 사랑에 박수를 보내고 싶다. 『블레이드 러너 깊이 읽기』는 그들에게 바치는 연서라고 해도 과언이 아니다. 또 한편으로는, 〈블레이드 러너〉를 한국에서 수용하는 것의 의미를 분명히 하고 싶었다. 이 책의 곳곳에서 그런 의도가 전달되길 바랐다. 2020년대의 대한민국, 우리가 숨 쉬고 있는 현실의 시간 속에서, 이 책을 매개로 〈블레이드 러너〉 세계관의 쓸모를 발견하게 될 이들을 찾고 싶다.

〈블레이드 러너〉에 대한 글들을 오롯이 한 권으로 묶은 본격 비평서는 한국에선 처음 시도되는 기획이다. 그동안 〈블레이드 러너〉를 이야기했던 동어반복적인 주제나 담론과 차별화될 수 있도록 심혈을 기울여 준비했다. 이 책은 이런 질문들을 고민한다.

- 한국 사회의 풍경이 〈블레이드 러너〉의 디스토피아를 닮은 까닭은 무엇일까?
- '사이버펑크'는 어쩌다 '헬조선'의 별칭이 된 걸까?

- 오염된 먼지로 망해가는 〈블레이드 러너〉의 세계는 인류세 한반도의 위기를 왜 이토록 닮아 있는 것일까?
- 레플리컨트의 비참함과 노동자의 절망이 쌍둥이처럼 닮은 이유는 무엇일까?
- 여성을 남자들이 아무렇게나 다뤄도 상관없는 인형 취급하는 이 영화를 한국의 SF팬들은 왜 불편해하지 않았을까?
- 우리 시대의 건축과 일상 공간에 〈블레이드 러너〉의 상상력은 어떤 영향을 끼쳤을까?
- 이 영화가 성경에서 모티브를 빌려왔음에도 결단코 교회에서 볼 만한 영화가 아닌 이유는 무엇일까?
- 원작 소설의 작가 필립 K. 딕이 살아 있었다면 〈블레이드 러너〉 속편을 어떻게 평가했을까?
- 네온 조명을 남용한 사이버펑크 풍의 사진이 감추고 있는 우리 세계의 민낯은 무엇일까?
- 사이버펑크가 빤하고 후진 상상력의 단순 반복에 불과한 이유는 무엇일까?
- 〈블레이드 러너〉 감상의 음향적 충격은 시리와 빅스비와 대화하는 일에 어떤 영향을 미치게 될까?
- 이 영화를 평생 좋아했고 인생을 바꾼 영화라고까지 말하는 이들은 대체 어떤 사람들일까?

이 책에는 SF 연구자와 창작자는 물론, 문학과 예술, 과학기술사 분야에서 맹활약하는 필자들이 참여했다. 〈블레이드 러너〉 세계관의 도시·건축·공간에 대해 분석하고(윤원화), 기후 픽션climate fiction으로 이 영화를 재해석하며 인류세의 위기를 성찰한다(강연실). 또한 자본주의의 미래사를 탐구하는 정치경제 비평으로 〈블레이드 러너〉를 재발견한다(임태훈).

필립 K. 딕의 원작 소설과 영화의 관계(이지용), 성경적 세계관의 문제(주원규), 사이버펑크 장르의 흥망성쇠를 냉철하게 평가한 글(김창규) 역시 필독해주길 바란다. 사이버펑크 풍의 사진 문화에 대한 분석(김현호)과 영화의 사운드스케이프에 대한 비평(곽영빈)은 지금껏 그 어느 책에서도 읽을 수 없었던 〈블레이드 러너〉론이다.

〈블레이드 러너〉가 앞으로도 볼만한 가치가 있는 영화인지 좌우하게 될 가장 논쟁적인 주제인 페미니즘(손진원)에 대한 도전적인 비평도 실었다. 그리고 〈블레이드 러너〉를 오랫동안 사랑해온 팬들에 대한 인터뷰(김효진)도 담았다.

이 책의 필자들이 한결같이 정색하고 거리를 두는 것은, 현실에 대한 성찰 없이 추억을 곱씹을 뿐인 복고 취향의 관심이다. 우리는 차라리 이 영화를 전혀 모르는 이들의 관심을 갈구한다. 갈수록 나빠지고 있는 우리 시대의 현실을 이해하는 데 이 책이 도움이 되길 바란다. 그것이 그들의 첫 번째 〈블레이드 러너〉 체험일 수 있다면 진실로 모든 게 완벽하지 않겠는가. 우리가 오랫동안 사랑했던 영화가 새로운 싹을 틔우는 일이기 때문이다.

탄호이저의 바다 어둠 속에 명멸하는
C 광선의 빛을 떠올리며
임태훈 씀

차례

서문 • 005

제1장 누적된 꿈의 지층들 _윤원화 • 021

제2장 느린 아포칼립스의 한가운데서 _강연실 • 047

제3장 블레이드 러너 경제 연대기 _임태훈 • 073

제4장 레이첼 전(傳) _손진원 • 101

제5장 레플리컨트는 전기양의 꿈을 꾸는가 _이지용 • 131

제6장 〈블레이드 러너〉의 흥망성쇠 _김창규 • 159

제7장 레플리컨트와 홀로그램, AI의 (목)소리들 _곽영빈 • 183

제8장 나의 그리운 디스토피아 _김현호 • 205

제9장 성서적 세계관으로 본 〈블레이드 러너〉 _주원규 • 225

제10장 한국 〈블레이드 러너〉 팬덤 _김효진 • 245

Film still from *Blade Runner*

Film still from *Blade Runner*

Film still from *Blade Runner*

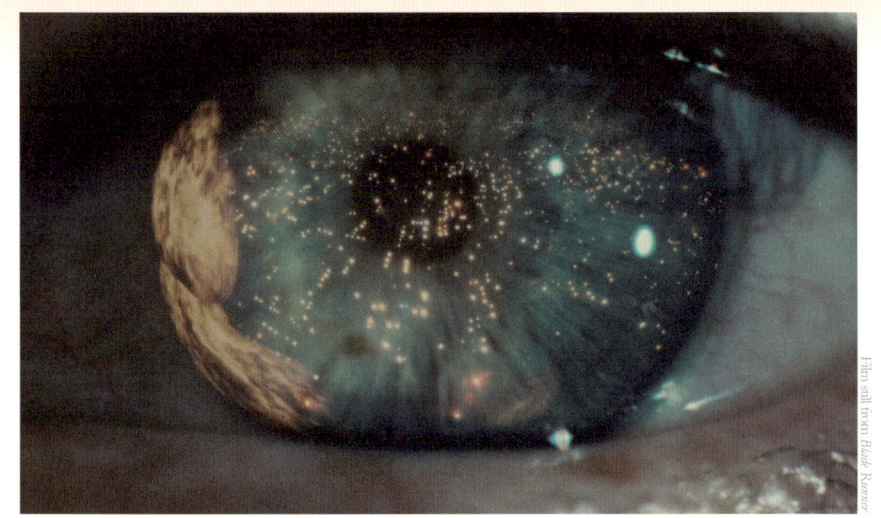
Film still two van *Blade Runner*

제1장
누적된 꿈의 지층들

윤원화

〈블레이드 러너〉의
집과 도시

尹苑和

윤원화 시각문화 연구자. 주로 동시대 서울의 전시 공간에서 보이는 것들에 관해 글을 쓰고 번역한다. 건축과 영상이론을 공부하고 미술과 시각문화, 도시와 미디어의 접점에 관심을 두고 있다. 저서로 『그림 창문 거울: 미술 전시장의 사진들』, 『1002번째 밤: 2010년대 서울의 미술들』 등이 있으며, 역서로 『사이클로노피디아』, 『기록시스템 1800/1900』 등이 있다.

〈블레이드 러너〉(1982)는 어둠 속에서 반짝이는 도시 풍경으로 시작한다. 자막으로 2019년 11월의 로스앤젤레스라고 명시되지만, 그것은 영화가 보여주려는 미래 세계에 임의로 부여된 좌표일 뿐이지 그 이상의 의미는 없다. 찬찬히 살펴보면 거기에는 서로 다른 도시들, 서로 다른 시대의 미래적 이미지가 비논리적으로 중첩되어 있다. 도시가 지평선 너머로 평평하게 확장되는 로스앤젤레스의 경관에 고층 건물이 하늘 높이 솟아오르는 뉴욕의 인상이 중첩되고, 거기에 굴뚝에서 불길을 내뿜는 영국 북부 공업 단지의 분위기와 미래적인 비행 장치들이 더해진다. 좀 더 가까이 들여다본 거리 풍경은 홍콩과 도쿄의 이국적인 기호들로 채워진다. 그것은 서로 다른 시공간을 연결하는 포털처럼, 다양한 스타일로 꾸며진 실내 공간들 사이의 간격을 메운다.

모든 영화는 합성된 세계상을 보여준다. 레이어와 레이어 사이, 장면과 장면 사이, 프레임과 프레임 사이, 무엇보다도 스크린과 관객

사이에 간극이 있다. 영화는 끊임없이 이 간극을 뛰어넘기 위한 방법을 모색하는데, 그것은 기술적 장치인 동시에 일종의 심리적 마술이라서 언제까지나 지속되지는 않는다. 영화에서 먼 미래로 상정했던 2019년에 〈블레이드 러너〉를 보는 것은 오래된 환등기를 다시 켜보는 듯한 감흥을 불러일으킨다. 그 이전과 이후에 서로를 참조하고 예견했던 수많은 미래 도시들의 비전이 한꺼번에 소환되지만, 그 모든 꿈들은 어쩔 수 없이 과거형으로 다가온다. 도시적인 것이 미래적인 것과 동일시되었던 지난 세기 개발도상국의 기억이 어느 정도는 나 자신의 것으로, 또 어느 정도는 내 것이 아닌 것으로, 그러나 언제나 그 경계가 불분명한 채로 재생된다. 굳이 말하자면 내면의 극장이라고 부를 만한 가상의 공간에서, 이미지들이 범람하여 영화를 파편들의 집적으로 되돌린다.

이것은 개인적인 동시에 역사적인 조건이다. 다른 시대, 다른 장소에서, 누군가는 영화에 몰입하여 미래 세계를 손에 잡힐 듯이 경험할 수 있었을 것이다. 그리고 그 환각적 상태를 재생하는 것은 전작의 속편인 동시에 리메이크로서 〈블레이드 러너 2049〉(2017)의 목표이기도 했을 것이다. 이 영화는 전작의 비주얼을 답습하는 대신 신선한 스펙터클로 관객의 눈을 사로잡고 싶어한다. 하지만 그것은 영화라는 미디어가 순수한 꿈의 세계로 사람들을 매혹했다는 어떤 황금기에 대한 향수 어린 열망을 숨기지 못하며, 그럼으로써 과거에 속박된다. 이상한 말이지만, 영화 속 레플리컨트가 진짜 인간이 되기를 열망하듯이, 이 영화는 진짜 영화가 되고 싶어한다. 낡은 카지노 공연장에서 계속 헛도는 엘비스 프레슬리의 고장난 홀로그램 같은 것이 아니라, 레플리컨트에게 주입되는 유년기의 기억처럼 생생하고 진짜 같은 것. 비록 허구지만 그 인상이 너무나 강렬해서, 평생 그것을 본 사람의 뇌리에 남아 그의 정체성을, 좀 더 고풍스럽게 말하자면 그의 영혼을 형성하는 것.

하지만 그것은 다다를 수 없는 꿈이다. 〈블레이드 러너 2049〉를 아무리 호평하는 사람도, 그 영화가 전작처럼 컬트가 되어 여러 사람의 인생을 바꾸고 그들이 창조하는 또 다른 상상적 세계의 원천이 되리라고 평가하지는 않을 것이다. 이는 한 영화의 문제라기보다 오늘날 미디어 환경에서 영상 매체와 허구적 예술 일반의 작동 방식이 변화하는 상황과 관련된 것으로, 이 글에서 상세히 다루기에 너무 큰 주제다. 일단 여기서는 〈블레이드 러너〉 시리즈에 누적된 꿈의 잔해들을 발굴하는 데 주력한다. 이 영화들은 무엇을 꿈꾸었으며, 그 꿈의 구성 요소들은 어디서 유래했는가. 그 꿈들은 여전히 현재와 연결되어 있는가, 아니면 덧없는 과거의 메아리일 뿐인가.

특히 주목할 것은, 미래 도시의 모험담으로서 이 영화들이 도시의 이미지를 어떻게 상상하고 그 속에서 어떤 집을 꿈꾸었는가 하는 문제다. 지난 세기에 도시는 매혹적인 동시에 위협적인 현대성의 표상으로서, 산업화된 세계에 대한 기대와 불안이 투영되는 역동적인 스크린으로 기능했다. 낯설고 적대적인 현대 사회의 환유로서 도시의 이미지는 존재의 거처로서 집이라는 좀 더 오래된 꿈과 종종 상충했는데, 이 갈등을 해소하거나 또는 향유하려는 움직임은 미디어로 구축된 세계와 그에 대한 관객의 관계에 특정한 형태를 부여했다.

종말 이후의 집

먼저 영화의 원작인 필립 K. 딕의 『안드로이드는 전기양의 꿈을 꾸는가?』(1968)에서 이야기를 시작해보자. 결과적으로 〈블레이드 러너〉는 원작과 상당히 다른 길을 갔지만, 영화의 기본 플롯을 소설 줄거리에서 가져온 것은 맞다. 소설의 주인공 릭 데커드는 안드로이드 탈주범을 처리하는 현상금 사냥꾼으로, 영상 전화나 비행 자동차나 레이저 총이 상용화된 미래 도시에서 안드로이드 여섯 기를 연이어 사살하지만 결국 아무 소득도 얻지 못하는 길고 대단한 하루를 보낸다. 그러나 소설 속의 릭 데커드는 영화 속의 릭 데커드와 다른 세계에 살고, 그래서 다른 인물이 된다.

영화가 막연히 인조인간(레플리컨트)이 상용화되고 우주 개발이 시작된 미래 도시를 배경으로 하는 데 반해, 소설은 명시적으로 종말 이후의 세계를 다룬다. 핵전쟁으로 햇빛이 차단되고 지구 생태계가 재생산 능력을 상실하면서, 세계는 엔트로피의 절대적인 지배하에 적막과 공허, 무의미한 쓰레기더미 속으로 천천히 침잠하고 있다. 미래는 지구 바깥의 식민 행성들로 옮겨갔고, 역사의 동력은 인간을 닮은 안드로이드로 대체되었으며, 그럼에도 지구에 남은 한 줌의 사람들은 도시에 모여 살면서 과거의 생활 방식과 가치관을 지키려고 애쓴다. 이들은 전쟁 이전의 인간성과 생명력을 아직 상실하지 않았음을 타인과 자기 자신에게 입증하려고 두문불출하는데, 이러한 상황이 지구인들의 삶을 전체적으로 기묘한 연극처럼 보이게 한다.

릭 데커드는 이들의 일원으로, 가족이 있고 이웃과도 우호적인 관계를 유지하려고 노력하는, 스스로 아주 평범하다고 생각하는 소시민이다. 그렇지만 그의 삶은 평범하지 않다. 그가 아내 아이랜 데커

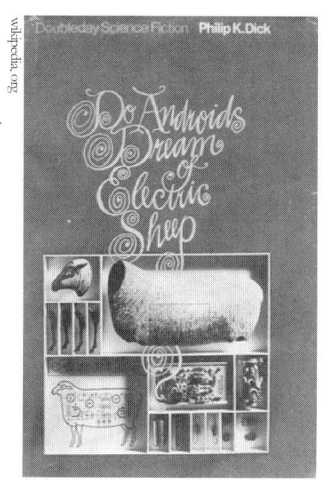

소설 『안드로이드는 전기양의 꿈을 꾸는가?』 초판본 표지.

드와 함께 사는 아파트는 그나마 인구밀도가 높다지만 반쯤 비어 있고, 그는 과학적으로 생식 능력을 인정받았지만 아이가 없다. 데커드 부부는 다른 이웃들과 마찬가지로 아이 대신 아파트 옥상에서 동물을 키우는데, 원래는 진짜 양을 키웠지만 사고로 죽어서 지금은 아무도 모르게 전기양을 들여놓았다. 이 부부는 자신들이 사는 세계가 돌이킬 수 없이 망가졌다는 것보다도, 자신들이 키우는 동물이 가짜이며 그래서 사실은 동물을 키운다고 말할 수도 없다는 것에 더 신경을 쓴다. 그 결함은 그들 자신의 삶에 관한 말들, 그들의 존재를 떠받치는 언어가 이미 근거를 잃었음을 상기시키기 때문이다.

　세계의 상실을 직시하기를 거부한 채, 아이랜은 신비로운 미디어 장치를 통해 어딘가의 또 다른 사람들과 감정을 공유하는 데만 열중하고, 릭은 자신에게 주어진 역할을 잘 수행하는 데만 집중한다. 그것이 이 시대의 지구인들이 자신들의 평범한 삶을 지키는 방식이다.

이들은 20세기 중반 미국식 정상 가족의 역할극을 추상화된 패러디로 반복하며, 그래서 아주 낯선 방식으로 진부한 삶을 산다. 문학사학자 레너드 카수토는 "전형적으로 남성적인 하드보일드 범죄소설과 전형적으로 여성적이고 복음주의적이며 가정적인 감상주의 소설이 중산층이라는 한 나무에서 솟아오른 두 개의 가지"[1]라고 표현하는데, 이는 릭과 아이랜 데커드 부부에 대한 묘사로도 잘 들어맞는다. 이들은 살아 있는 사람이 아니라 각각 하드보일드 소설과 감상주의 소설의 주인공을 시뮬레이션한 가상의 남녀 캐릭터가 불현듯 낯선 환경에서 깨어나 부부 역할을 연기하면서 모호한 존재의 불안에 사로잡힌 듯이 보인다.

사실은 비현실적인 삶의 방식에 집착하고 있다는 점에서, 이들은 화성에서 도망친 안드로이드들이 핵전쟁 이전의 지구에서 만들어진 소설책과 각종 미디어를 통해 인간의 삶에 대한 호기심을 가지고 그것을 흉내 내는 것과 별반 다를 바 없는 상태에 놓여 있다. 한 안드로이드의 말에 따르면, 그들은 예속과 착취보다도 화성의 근본적인 거주 불가능성을, 아무것도 없는 그 공허를 참지 못하고 도망쳐 왔다. "거기서는 아무도 살지 말았어야 해요. 그곳은 거주를 위해 고안된 곳이 아니었어요. 최소한 지난 수십억 년 이내에는 아니라고요. 그곳은 너무 오래된 곳이에요. 당신도 돌에서 느낄 수 있을 거예요. 끔찍하리만치 오랜 세월을요."[2] 그들은 데커드 부부와 마찬가지로 어딘가 잘못 프로그래밍된 기계처럼 보인다. 우주 식민지는 지구 이후의

---

1. 레너드 카수토, 『하드보일드 센티멘털리티』, 김재성 옮김, 뮤진트리, 2011, 9쪽.
2. 필립 K. 딕, 『안드로이드는 전기양의 꿈을 꾸는가?』, 박중서 옮김, 폴라북스, 2013, 230쪽.

시대를 열어가는 것이 아니라 종말 이후의 지구를 증식시키고 있다. 하지만 그 깨달음은 데커드 부부가 간신히 지키고 있는 그들의 집을 무너뜨릴 것이다. 릭 데커드는 집을 지키기 위해 이 불편한 거울상을 제거해야 하고, 그리고 진짜 동물을 구해서 집에 데려와야 한다.

그래서 데커드 씨는 데커드 부인을 집에 두고 도시로 나선다.『안드로이드는 전기양의 꿈을 꾸는가?』는 집에서 시작해서 집에서 끝나는 이야기다. 소설 속 릭 데커드에게 도시는 집의 확장이며, 그는 스스로 집이라고 느낄 수 있는 범위를 벗어나기를 본능적으로 거부한다. 이는 그가 지구에서 떠나지 않고 버티는 이유이기도 하다. 그러나 그의 도시로 침투한 안드로이드와 접촉하고 그들의 관점에서 자신이 연쇄살인자처럼 보인다는 사실을 깨달으면서, 그의 정체성을 규정하는 경계선들이 무너지기 시작한다. 그는 현상금으로 진짜 동물을 사서 퇴근하는 것으로 이 혼란을 무마하려 하지만, 인간과 침입자, 집과 바깥 세계의 구별은 와해되기를 멈추지 않는다. 그의 감상적인 사적 감정과 도시에서의 공적 기능은 더 이상 집을 지키는 가장이라는 가족적 역할로 종합되지 못한다. 하지만 가장이 아니라면 그는 대체 무엇이란 말인가? 주인공은 이것을 확인하기 위해 다시 한 번 집을 떠난다.

저녁에서 새벽으로 이어지는 이 두 번째 출근에서, 릭 데커드는 양식 있는 집주인이 아니라 마치 도시의 불한당처럼 행동한다. 밤의 도시를 떠도는 자들은 모두 집이 없다. 그는 낮에 만난 안드로이드 여성 레이첼 로즌을 호텔로 불러내어 가벼운 관계를 맺어보지만, 이 이질적인 존재를 새로운 가족으로 맞이할 수도 없고 그렇다고 제거할 수도 없음을 재확인한다. 집으로 돌아갈 방법을 찾지 못한 그는 자포자기로 안드로이드들이 유사 가족을 이루고 있는 교외 지역의 텅 빈 아파트를 급습하여 그들을 모두 죽이고, 급기야 아무것도 없는 먼 사막으로 날아가 자살을 시도한다. 그러나 그는 죽지 않는다. 결과적으로 그를 집으로 되돌리는 것은 사막에서 발견한 살아 있는 진짜 야생 동물인데, 그가 무사히 집에 돌아온 후에야 그것은 또 다른 기계 동물이라는 것이 밝혀진다.

아마 데커드 부부의 생활은 앞으로도 계속될 것이다. 정교한 기계 동물들을 보살피고 "무로부터 나온 입김"[3] 같은 기계 인간들을 사살하는 일이 그들의 위태로운 인간적 삶을 지탱할 것이다. 주인공이 어느 날 아침 집에서 눈뜨면서 시작된 이야기가 다음 날 아침 집에서 잠들면서 끝날 때, 그 기나긴 하루는 하나의 주기를 형성하고 그래서 얼마든지 반복될 수 있을 것처럼 보인다. 어쩌면 이들이 기억하기를 거부할 뿐이지 이런 일은 처음이 아니었을 수도 있다. 『안드로이드는 전기양의 꿈을 꾸는가?』에서 기억은 신비롭게 삭제되어 있다. 소설 속 미래 세계가 1992년으로 설정되어 있으므로, 데커드 부부는 제2차 세계대전 이후에 태어나서 그들의 세계를 파괴한 핵전쟁을 직접 경험했을 것이다. 하지만 이들은 과거의 기억으로 고통받지 않는다. 단지 이들은 평화롭게 습관을 반복하길 원할 뿐이다.

만화-영화적 도시

필립 K. 딕의 소설에서 도시는 눈에 띄는 요소가 아니다. 딕은 〈블

---

3. 위의 책, 109쪽.

레이드 러너〉를 비롯하여 많은 할리우드 영화의 원작을 제공했으나, 그의 소설들은 의외로 시각적 묘사에 인색하다. 저자는 대체로 지루하지만 차마 익숙해질 수 없는 세계에서 미쳐가는 인물들의 주관적 시점을 따라 소설을 전개하며, 덕분에 독자는 빈번하게 이들이 어떤 상황에 처했고 실제로 누구인지 알 수 없다고 느끼게 된다. 하지만 이러한 인식적 무능력으로 가장 고통받는 것은 소설 속 주인공 자신이다. 그는 심리적 망상과 초월적 계시, 기술적 환상과 화학적 환각 사이에서 현실을 파악하고 그에 대처하는 데 거듭 실패한다. 여러 가지 의미에서, 그는 자신에게 주어진 세계를 믿을 수 없다. 이 불확실성과 불안정성에서 촉발되는 심리적 드라마가 딕의 소설들을 견인하는 주된 원동력이며, 그것을 완전히 비현실적인 판타지나 미친 사람의 장광설이 아니라 무언가 그럴듯한 이야기로 구성하기 위해 SF적 설정이 도입된다. 딕이 구축하는 세계는 현실에서 좌절된 욕망을 충족하는 테마파크도 아니고 사변적으로 가상의 세계를 창조하는 순수한 사고실험도 아니다. 소설의 주인공과 독자는 모두 제한된 채널로 불투명한 세계를 더듬거리며 롤러코스터와 같은 공포와 쾌감을 공유한다.

반면 〈블레이드 러너〉에서 도시는 끊임없이 시선을 요구하는 대상이다. 이 말은 문자 그대로 이해되어야 한다. 그러니까 이 영화에서 도시는 미래의 특정한 사회 조건을 드러내 보이거나 그곳에서 살아가는 사람들의 이야기를 담아내는 수단이기 이전에, 어느 정도 자율적인 시각적 구성물로서 자신을 주장한다. 영화는 원작 소설의 집에 대한 집착이나 거주 불가능한 도시 바깥 세계에 대한 공포를 삭제하고 그 빈자리를 도시의 하드보일드풍 모험담으로 채우는데, 그것은 도시를 하나의 이야기로 표현하기보다 모호한 분위기 속에 용해시킨다. 그래서 이곳의 인물들은 실제 도시에 사는 주민보다도 신기루 같은 도시의 공기를 이루는 기호들, 이를테면 건물 외벽의 대형 스크린에서 반짝이는 게이샤 이미지와 크게 다를 바 없이 보인다. 이미지가 자신의 이야기를 주장할 수 있을까? 이미지가 고통받거나 또는 사랑할 수 있을까? 모든 견고한 것들을 이미지로 휘발시키는 영화에서, 이는 인간의 이미지를 본뜬 안드로이드 또는 레플리컨트만의 문제는 아니다.

  영화 속의 릭 데커드는 원작 소설과 비슷하면서도 다르다. 가족이 없는 독신남이고, 속내를 드러내지 않고 과묵하며, 어쩌면 레플리컨트일 수도 있다는 설정 차이를 말하는 것이 아니다. 그는 소설 속의 릭 데커드와 마찬가지로 하드보일드 캐릭터의 이미지를 반복하지만, 이 반복의 방식에서 차이가 있다. 그는 우리와 다른 시대에 살기에 자연스럽게 형성되는, 그들에게는 당연하지만 우리에게는 생소한 어떤 특성도 가지고 있지 않다. 그는 미래에서 온 인물이 아니라 차라리 어떤 시대에도 속하지 않는 인물처럼 보이는데, 이것이 가능한 것은 그가 속한 미래 도시 자체가 특정한 시대성을 주장하지 않기 때문이다. 이 영화에서 릭 데커드 역을 맡은 해리슨 포드는 마치 존 휴스턴 감독이 영화화한 〈몰타의 매〉(1941)의 샘 스페이드, 더 정확히 말해 그 역할을 맡은 험프리 보가트처럼 전형적인 하드보일드 영화의 주인공을 연기한다. 하지만 후자가 대공황으로 빠져드는 동시대 미국 사회를 출구 없는 음험한 함정처럼 그려내기 위해 새로운 장르적 전형을 창조한 것이라면, 전자는 미래 도시의 강렬하면서도 모호한 시각적 인상을 영화적으로 연출하기 위해 후자의 이미지를

영화 〈몰타의 매〉의 험프리 보가트.

가져온 것에 가깝다. 그래서 영화 속의 릭 데커드는 자신이 인간의 이미지라는 것을 의식하고 고뇌하는 다른 레플리컨트, 대표적으로 반란군의 수장인 로이 배티와 다르게 과묵할 수밖에 없는데, 왜냐하면 그는 정말로 할 말이 없기 때문이다.

　기술적으로 이 인물의 가장 중요한 기능은 '스피너'라는 비행 자동차를 몰고 다니며 도시를 보여주는 것이다. 원작 소설에서 비행 자동차는 '호버 카'라고 불리며, 주인공이 길에서 보내는 시간을 생략하고 바로바로 장소를 옮길 수 있게 하는 일종의 문학적 텔레포트 장치로 쓰인다. 반면 영화 속에서 비행 자동차는 미래 도시의 이미지를 만드는 핵심 요소로, 보행자의 눈높이에서 보이지 않는 도시의 다채로운 모습을 가시화하고 그 자체로 도시의 미래성을 표상한다. 실제 영화 제작 과정에서도 "혼잡한, 망가져가는, 날아다니는 자동차로 가득 찬 메트로폴리스"는 리들리 스콧 감독이 〈블레이드 러너〉의 세계를 상상하는 출발점이었고, 영화의 콘셉트 스케치를 담당한 디자이너 시드 미드는 우선 스피너부터 디자인하면서 그런 장치가 어울릴 만한 미래 도시의 풍경을 구체적으로 잡아나갔다.[4] 비행 자동차의 관점에서 바라본 도시는 아주 신제품 같은 미래가 아니라 과거의 여러 가지 요소들이 맥락 없이 혼재된 미래, 쓰레기장에서 재조합한 것 같은 미래의 풍경으로 나타난다. 이러한 디스토피아적 세계상을 '미래가 폐쇄된 현재의 반영'으로 해석할 여지가 전혀 없지는 않겠지만, 〈블레이드 러너〉는 보다가 눈을 감고 싶을 정도로 암울한 영화는 아니다. 오히려 그것은 계속해서 눈을 뜨고 보고 싶은 영화가 되려고 애쓴다.

그렇다면 무엇이 〈블레이드 러너〉의 미래 도시를 즐길 만하게 만드는가? 한 가지 가설은, 그것이 순진하게 미래를 상상할 수 있었던 유년기의 꿈을 성인 관객을 대상으로 재상연한다는 것이다. 많은 사람들이 이 영화를 처음 보았을 때 느꼈던 시각적 충격을 강조하지만, 〈블레이드 러너〉의 새로움은 무에서 유를 창조하기보다 기존 요소들을 흥미롭게 뒤섞고 변용하여 이질적인 것들이 자연스럽게 하나의 광경을 형성하도록 하는 데 있었다. 약간 과장해서 말하자면, 화면 속에 보이는 모든 것에 레퍼런스가 있다. 모든 것이 다른 무언가의 이미지만을 가져온 것인데, 그런 이미지들이 병치되고 누적되어 화면을 가득 채우면서 발생하는 특유의 밀도가 있다. 과거적인

---

4. Paul M. Sammon, *Future Noir Revised & Updated Edition: The Making of Blade Runner*, Sydney: Dey Street Books, Kindle Edition, 2017, loc. 2176-2287(한국어판 『퓨처 누아르』). 시드 미드의 디자인 원안에 관해서는, 다음을 참조하라. Syd Mead and Craig Hodgetts, *The Movie Art of Syd Mead: Visual Futurist*, London: Titan Books, 2017, pp. 83-153(한국어판 『시드 미드의 무비 아트워크: 비주얼 퓨처리스트』).

동시에 미래적인 것으로서, 그런 고밀도의 이미지들은 까닭 모를 향수와 고양감을 불러일으켰다. 말하자면 그것은 비행 자동차를 타고 미래 도시를 누비는 짜릿한 기분과 비슷했을 것이다.

    비행 자동차는 근본적으로 만화적 상상력의 산물이다. 그것은 비행기처럼 활주로가 필요하지도 않고, 헬리콥터처럼 거대한 회전 날개가 있는 것도 아니고, 로켓처럼 화염을 내뿜는 것도 아닌데, 수직 이착륙이 가능하고 공중에서 자유자재로 속도와 방향을 조절할 수 있는, 말 그대로 자동차의 운동성을 3차원 공간으로 확장한 아이템이다. 비행 자동차가 날아다니는 미래 도시는 고층 건물들이 솟아오르고 자동차가 대중적으로 보급되던 20세기 전반기 현대 도시의 판타지를 순수한 꿈의 논리에 따라 '버전 업'한다. 실제로 한 인터뷰에서 스콧은 많은 사람들이 오해하지만 자신이 만든 영화는 일종의 "만화책"이며, 만화를 영화화하는 것은 생각보다 훨씬 어려운 문제라고 말한 적이 있다. 특히 직접적인 레퍼런스가 된 것은 훗날 〈에이리언〉(1979)의 각본을 맡는 댄 오배넌Dan O'bannon이 스토리를 쓰고 뫼비우스Moebius가 그림을 그린 「더 롱 투모로우The Long Tomorrow」(1976)이라는 단편 만화다.[5] 언제 어디인지 알 수 없는 머나먼 행성에는 마치 인도 엘로라의 석굴처럼 지하로 파고드는 마천루로 이루어진 도시가 있고, 그 건물들 사이로 비행 자동차를 몰고 다니며 미녀로 변신한 촉수 외계인과 그것을 복제한 아름다운 안드로이드의 유혹을 받는 하드보일드풍의 사립 탐정이 있다. 이 만화는 펄프 픽션

---

5. *Future Noir*, loc.9359-9371, 2163-2176. 이 만화는 1976년 프랑스의 SF 판타지 만화 잡지 『메탈 위를랑Métal Hurlant』 제7, 8호에 처음 연재되었고, 이듬해 발간된 미국판 『헤비 메탈Heavy Metal』 제1권 4, 5호에 재연재되었다.

영화 〈메트로폴리스〉의 미래 도시 풍경.

의 전통을 환상적인 비주얼로 계승하는데, 그렇기 때문에 이것을 영화화하기는 정말로 어려워 보인다.

만화책을 어떻게 살아 움직이게 할 것인가. 오늘날에는 컴퓨터 그래픽으로 영화를 애니메이션처럼 만들 수 있어서 이 문제를 해결할 수 있는 가능성의 폭이 넓다. 하지만 〈블레이드 러너〉는 그러한 생산 방식의 변화가 이제 막 시작되려던 때에 제작되었기 때문에, 기존 영화들이 도시를 시각화하는 방식을 절충적으로 참조할 수밖에 없었다. 특히 프리츠 랑Fritz Lang 감독의 〈메트로폴리스〉(1927)는 디스토피아적 미래 도시의 풍경을 구성하는 데 강력한 선례를 제공했다. 두 영화는 현대 도시의 시각적 매혹과 그로 인한 흥분과 불안을 스크린 속 도시 풍경으로 표현하려는 충동을 공유한다. 〈블레이드 러너〉에서 빽빽하게 들어찬 건물들 사이로 타이렐 코퍼레이션 본사가 마치 거대한 피라미드처럼 도시를 압도하는 모습은, 〈메트로폴리스〉

에서 화면을 가득 메운 고층 건물들 너머로 저 멀리 하늘 높은 곳에 거대한 산처럼 솟은 '신 바벨탑'의 모습을 본뜬다. 이 건물들은 단순히 도시를 이루는 여러 건물들 중에 가장 큰 것이 아니라 도시의 핵심부로서, 최신 기술력을 살짝 고풍스러운 디자인과 결합하여 다른 익명적인 현대식 건물들과 비교를 불허하는 전혀 다른 스케일의 존재감을 과시한다.[6]

하지만 공통점은 거기까지다. 〈메트로폴리스〉가 도시를 그리는 관점은 〈블레이드 러너〉와 아주 다르다. 단적으로 말해서, 이 영화에는 비행 자동차가 없다. 건물들 사이를 잇는 고가도로를 따라 미니어처 자동차와 전차가 움직이고 날파리처럼 작은 비행기가 떠다니지만, 도시를 가로질러 질주하는 스피너 같은 장치는 없고 그것을 따라 3차원으로 움직이는 카메라도 없다. 높은 곳에서 도시를 조망하는 것은 신 바벨탑에서 도시를 운영하는 통치자에게만 허용된 특권이다. 이 도시는 유유히 돌아다닐 수 있는 공간이 아니라 서로 다른 부속들이 긴밀하지만 서로 분리되어 움직이는 거대한 기계처럼 묘사되는데, 겉보기에는 질서정연하고 아름답지만 그 이면에서는 기계가 인간처럼 생동화되고 인간이 기계처럼 물화되면서 혼란이 싹트고 있다. 이에 맞서기 위해 가족주의를 확장한 공동체의 재구성이 시도되고, 이것이 계급을 초월한 남녀 주인공의 결합으로 상징된다. 요컨대 도시는 모두를 위한 집이 되어야 하고, 모두는 하나의 가족이 되

---

6. 〈메트로폴리스〉의 건축적 측면에 관한 더 상세한 분석은 다음을 참조하라. Dietrich Neumann, "Before and after Metropolis: Film and Architecture in Search of the Modern City", in Dietrich Neumann (ed.), *Film Architecture: From Metropolis to Blade Runner*, Munich: Prestel Pub, 1999, pp. 33-38.

어야 한다는 것이다.

1920년대의 동시대인들에게 너무 감상적이라는 비난을 샀던 이 영화는 1970년대에 순진하고 고풍스러운 미래주의가 매력적인 옛날 영화로 재발굴했고, 1980년대에 다양한 대중문화 콘텐츠의 레퍼런스로 재활용되었다. 퀸의 〈라디오 가가〉 뮤직비디오(1984)에서 프레디 머큐리와 밴드 멤버들은 〈메트로폴리스〉의 흑백 영상에 비행 자동차를 타고 과거의 미래 도시를 방문하여 공연을 펼치는 자신들의 모습을 합성했다. 그들이 날아간 곳은 이미지로 된 도시이며, 그 안에 들어가는 것은 무엇이든 이미지가 된다. 마찬가지로 〈블레이드 러너〉의 미래 도시는 '이미지 속에서 살고 싶다' '이미지가 되고 싶다'는 어떤 열망과 공명하고 있었다. 그 이미지의 내용이 무엇이든 간에, 설령 디스토피아적 미래 도시의 이미지라고 해도, 그것은 유토피아적 상상력이 폐쇄된 현실의 도시를 반영하기 이전에 그런 구속을 벗어나 무엇이든 될 수 있는 꿈의 공간으로서 다분히 유토피아적으로 상상되었다. 억압적인 현실을 벗어나 이미지를 우리의 현실로 만들 수는 없을까? 끝없이 집적된 이미지들 속을 누비며 우리가 원하는 것을 표현하는, 그런 삶의 방식도 가능하지 않을까? 이러한 꿈 속에서 "사이버스페이스, 정신의 새로운 집"[7]은 기술적 실현 가능성을 앞질러 이미 눈앞에 성큼 다가와 있었다.

---

7. 이 표현은 미국의 시인 존 페리 발로가 1996년에 발표한 「사이버스페이스 독립선언문」에서 인용한 것이다. John Perry Barlow, "A Declaration of the Independence of Cyberspace", Electronic Frontier Foundation website. https://www.eff.org/cyberspace-independence.

이미지와 함께 살아가기

그 이후에 무슨 일이 있었는지 알아보려면, 드니 빌뇌브Denis Villeneuve 감독의 〈블레이드 러너 2049〉(2017)보다도 먼저 스티븐 스필버그Steven Spielberg 감독의 〈레디 플레이어 원〉(2018)을 짚고 넘어갈 필요가 있다. 이 영화는 2045년의 미래 세계를 관객에게 소개하면서 〈블레이드 러너〉의 도입부를 이중으로 비튼다. 마치 광활한 잿빛 도시처럼 보이는 풍경이 눈앞에 펼쳐지는데, 비행 자동차 대신 조그만 드론을 따라 가까이 다가가 보면 그것은 컨테이너를 쌓아올린 거대한 슬럼으로 밝혀진다. 피자 배달 드론이 붕붕거리며 컨테이너 사이를 날아다니는 가운데, 창문 너머로 얼핏 보이는 슬럼의 주민들은 가상현실 기어를 쓰고 각자의 가상적 삶에 열중하고 있다. 주인공은 제대로 된 계단도 없는 컨테이너 건물을 시큰둥하게 내려간다. 하지만 그가 폐차된 자동차 안에 꾸며놓은 자신의 아지트에 들어가서 가상현실 시스템 '오아시스'에 접속하면, 완전히 다른 풍경이 펼쳐진다. 수많은 행성들로 이루어진 가상우주를 날렵한 우주선들이 가로지르고, 그에 뒤따라 온갖 스타일과 온갖 장르의 게임 세계들이 맹렬한 속도와 밀도로 눈앞을 스쳐 지나간다.

여기는 〈블레이드 러너〉의 꿈이 실현된 디스토피아적 미래다. 세상에 종말이 온 것은 아니지만, "콘시럽의 가뭄과 인터넷 대역폭의 폭동" 이후로 사람들은 의욕을 잃었다. 극중에서 신처럼 추앙되는 오아시스의 창조자는 "진짜 세계를 집이라고 느낀 적이 없었기 때문에" 모두에게 열린 가상현실의 유토피아를 만들었는데, 그것은 본질적으로 탈출을 위한 장소, "아무 데도 가지 않고도 어디든지 갈 수 있는" 곳으로 묘사된다. 그래서 사람들이 대부분의 시간을 오아시스에서 "머무른다"는 것은 그곳에 정착한다는 것이 아니라 끊임없는 움직임 속에 머무는 것이며, 고정된 자동차나 우주선 창문 바깥으로 움직이는 풍경을 합성해서 운동의 환영을 창출했던 옛날 영화 세트 속의 삶에 가깝다. 영화는 물리적 부동성과 가상적 운동성을 극적으로 대비하는 것으로 시작해서, 고립되고 침체되었던 주인공이 진짜 모험에 휘말리고 친구들과 실제로 접촉하면서 진정한 운동성을 회복하는 여정을 따라간다.

〈레디 플레이어 원〉은 이미지 속에서 살고 싶다는 충동을 현실 도피적인 것으로 보면서 진짜 세계로 돌아가라는 메시지를 보내는 것 같다. 하지만 그것은 컴퓨터 게임과 영화의 관습을 혼용해서 이미지의 힘을 지금 시점에서 가동할 수 있는 최대 한도로 끌어올린 영화이기도 하다. 이 유머러스한 영화가 정말로 걱정하는 것이 있다면 그것은 세계의 운명보다도 이미지의 운명이다. 스필버그는 1980년대 대중문화의 코드로 가득 찬 21세기의 '오아시스'를 화려하지만 불모인 이미지의 무덤처럼 바라보면서 그로부터 탈출하는 길을 그려 보이고 싶어한다. 그러니까 이미지가 고유한 힘을 회복하고 새롭게 재생하려면 이미지의 폐쇄회로에만 갇혀서는 안 된다는 것이다. 이미지의 홍수 속에서 어떻게 이미지를 구할 것인가. 이 역설적인 질문은 진짜와 가짜라는 이분법을 넘어서, 불투명하고 가변적인 방식으로 우리의 존재에 결부된 수수께끼로서 이미지를 진지하게 다시 생각해볼 것을 요구한다.

그 모든 계몽과 진보의 노력에도 불구하고, 어째서 우리는 이미지 없는 삶으로 나아가지 못한 것일까. 또는 거꾸로, 이미지가 정말로 아무것도 아니게 된다면 세계는 어떤 모습으로 나타날까. 어떤 의미

앙상하게 헐벗은 〈블레이드 러너 2049〉의 세계.

에서 〈블레이드 러너 2049〉는 바로 그런 세계를 다룬다. 이 영화는 〈블레이드 러너〉의 꿈이 파산한 디스토피아적 미래를 보여준다. 25년 또는 30년 이후의 세계는 모든 것이 전작과 닮았지만 기묘하게 반전되어 있다. 전편에서 반짝이는 도시를 향해 질주하던 비행 자동차는 속편에서 도시 바깥을 향해 날아간다. 전형적인 도시의 이미지도 아니고 그렇다고 자연의 이미지도 아닌, 앙상하게 헐벗은 세계가 펼쳐진다. 자연은 인간이 활용할 수 있는 최소한의 형태로 에너지를 변환하는 생화학적 공장으로 대체되었다. 그 차갑고 건조한 풍경은 인간이 자연을 정복하고 순수하게 인간을 위한 세계를 건설할 수 있다고 믿었던, 실제와 가상의 미래적인 도시 이미지에 투영되었던 지난 세기의 꿈을 아이러니하게 역전된 형태로 전시한다. 다른 동식물들이 사라지고 인간과 그의 이미지를 본뜬 피조물만이 남은 세계는 가난하다. 이는 물질적 가난만을 의미하지 않는다. 주인공 K가 업무를 처리하고 귀환하면서 비로소 도시 풍경이 보이기 시작하는데, 그것은 전편의 도시와 얼핏 비슷해 보이면서도 관객의 눈을 사로잡았던 그 모든 빛나는 매혹을 상실하고 칙칙한 어둠 속에 잠겨 있다.

〈레디 플레이어 원〉과 마찬가지로, 〈블레이드 러너 2049〉는 이미지 바깥의 진짜 세계를 봐야 한다면서 이미지가 벗겨져나간 세계를 가능한 스펙터클하게 보여주고 싶어한다. 그러니까 이 영화에 이미지가 결핍된 것은 아니다. 하지만 그 이미지가 보여주는 것은 꿈을 잃은 세계, 더 정확히 말해 새로운 꿈을 꾸는 능력을 상실한 세계다. 한때 유토피아적 이상을 표상했던, 그러나 지금은 그 의미의 공백만을 보여주는 구 동구권의 콘크리트 건물들이 영화 속 도시 풍경을 제공한다.[8] 그 속에서, 한때 인간이 가보지 못한 우주의 최전선을 경험하고 스스로 자신의 미래를 꿈꾸며 빛나는 도시로 잠입했던 레플리컨트들의 다음 세대는 꿈꾸는 능력을 제거당하고 자신의 것이 될 수 없는 오래된 꿈의 잔상에 매달린다. K는 "껍데기"라는 조롱을 받으면서 인공지능 홀로그램 조이와 함께 유사 가족을 이루고 있다. 또는 아름답고 다정한 가정의 수호자로서 여성의 이미지가 빌트인 시스템으로 제공되는 아파트에서 혼자 살고 있다고 할 수도 있다. 그는 밤이 없는 도시가 아니라 어둠 속의 등불 같은 집을 원하지만, 진짜 가족이 있는 진짜 인간에 대한 선망을 버리지 못해서 결국 허상 같은 삶마저 잃어버린다. 또는 이렇게 말하자. 그는 자기 삶을 대가로 지불하고 잠시나마 자기 것이 될 수 있다고 믿었던 꿈을 구

---

8. 〈블레이드 러너 2049〉의 촬영지에 관한 더 상세한 정보는 다음을 참조하라. "Out of this world: Renaissance Location Professional Emma Pill", *Compass* Vol 5:4, Fall 2017, Location Managers Guild International, pp. 28-35. https://locationmanagers.org/out-of-this-world/

한다.

 집과 도시와 인간이 모두 껍데기만 남은 파국 이후의 세계에서 주인공이 정상 가족의 꿈에 사로잡혀 있다는 점에서, 〈블레이드 러너 2049〉는 〈블레이드 러너〉 이후의 미래를 다루는 동시에 영화화 이전의 원작 소설로 되돌아간다. 하지만 K는 소설 속의 릭 데커드와 달리 집을 지키는 가장 역할이 아니라 집에서 사랑과 보호를 받는 아이 역할에 자신을 대입한다. 다시 말해 미래는 자신의 과거를 꿈꾼다. 미래의 이미지를 장난감처럼 가지고 놀았던 어린 시절의 행복한 기억을 재생하는 것이 아니라, 설령 고아원에서 괴롭힘을 당할 뿐이었다고 해도 진짜 어린 시절이 있었기를 꿈꾸는 것이다. 레플리컨트 레이첼이 아이를 낳았다는 이야기는 K의 상상력에 불을 붙인다. 사실 뒤늦게 발굴된 이 아이의 존재 증거는 K 외에도 영화 속 인물들이 제각기 다른 꿈을 꾸면서 움직이기 시작하는 방아쇠가 되는데, 그들 모두가 K처럼 과거를 갈망하는 것은 아니다. 지난 세대의 레플리컨트들은 그 아이에게서 해방 운동을 재점화할 정치적 잠재력을 보고, 월리스사는 그 아이에게서 레플리컨트의 생산 효율을 극대화할 경제적 잠재력을 본다. 하지만 영화를 끌고 가는 것은 그 아이가 되고 싶어하는 K의 꿈이며, 따라서 K가 실제로 찾아내는 "기적의 아이" 또한 그 꿈의 연장선에 있다.

 인간의 이미지를 본뜬 존재로부터 또 하나의 존재가 발생했다면, 그 아이는 다른 레플리컨트보다 더 인간에 가까운 것이 아니라 오히려 그 반대일 것 같다. 그럼에도 K는 그 아이가 효용을 위해 생산된 것이 아니라 사랑 속에서 창조되고 양육되었기에 껍데기뿐인 레플리컨트와 다르게 진짜 인간이라고 생각한다. 말하자면 인간의 영

Film still from *Blade Runner 2049*

혼은 신이 주입한 특별한 실체가 아니라 가족 내에서 배양되는 기억 그 자체라는 것이다. 그러나 실제로 영화 속에서 레이첼과 릭 데커드의 딸로 밝혀지는 애나 스텔린 박사라는 인물이 가족을 얼마나 기억하는지, 그것이 그에게 정말로 소중한지는 분명치 않다. 그는 가족과 함께 살 수도 없고 집이라고 부를 수도 없는, 바깥 세계와 완전히 차단된 텅 빈 공간에서 레플리컨트를 위한 유년기의 기억들을 창조한다. 그는 되도록 행복한 기억을 만들어주고 싶어하지만 그렇다고 자신을 레플리컨트들의 가상적 어머니로 생각하는 것 같지는 않다. 그는 단지 스스로 경험한 적 없는 어린 시절의 아름다운 기억들을 끊임없이 불러일으키며 그 속에서 살아갈 뿐이다.

애나는 그곳을 나가서 자기 자신의 다른 미래를 꿈꿀 수 있을까? 그는 다른 레플리컨트와 달리 스스로 꿈꿀 수 있지만, 결국 그것 역시 이미 오래전에 사라진 것들의 잔영을 되살리는 능력에 가깝다. 죽은 나무 아래 묻힌 어머니의 딸은 나무들이 푸르게 되살아난 숲을 그린다. 그러나 숲의 이미지를 과거의 기억이 아니라 미래의 전망으로 돌려 세우는 것은 또 다른 문제다.

한때 영화관은 현대 도시의 새로운 대성당으로서 우리가 어디에 있고 어디로 향하는지 보여주었다. 그것은 급변하는 시대와 직면하는 공포, 정보와 감각의 과부하를 얼마간 견딜 만하고 심지어 즐길 만한 것으로 교환해주는 새로운 장치들 중의 하나였다. 그렇기 때문에 그 내용이 현실 비판적이든 현실 도피적이든 간에, 영화는 20세기가 꿈꾸었던 현대적 세계를 사랑하고 그에 참여하기를 피할 수 없었던 것이다. 그러나 영화가 열어놓은 길을 따라 이미지 속으로 들어가는 더욱 강력한 방법들이 연이어 등장하는 동안, 21세기 미래 도시에 대한 SF적 상상은 이번 세기가 끝날 때까지 얼마나 많은 해안 도시들이 바다에 잠길 것인가 하는 기후 재난적 전망으로 대체되었다. 그럼에도 우리의 세기가 무언가를 꿈꾸고자 한다면, 우리는 이미지와 함께 살아가는 다른 방법을 모색해야 하며, 그로부터 새로운 거주의 형태를 상상할 수 있어야 한다.

Film still from *Blade Runner 2049*

제2장

느린 아포칼립스의
한가운데서

강연실

〈블레이드 러너〉
공상기후영화로 읽기

姜姸實

강연실 과학기술학 연구자. 과학기술과 환경의 얽힘에 대해 연구한다. 한국의 석면 문제를 둘러싼 사회운동과 환경보건정책을 다룬 논문으로 박사학위를 받았으며, 과학잡지 『에피』의 편집위원이기도 하다. 현재 드렉셀대학교 방문조교수로 재직 중이다.

공상기후영화, 〈블레이드 러너〉

〈블레이드 러너〉는 오프월드로 떠나지 못하는 인간과 오프월드에서 도망쳐온 레플리컨트가 사는, 2등 행성 지구를 배경으로 한다. 영화의 주요 플롯, 즉 데커드와 같은 블레이드 러너들이 지구에 사는 것이 금지된 레플리컨트를 "은퇴"시킨다는 내용은 인간들이 더 나은 사회를 건설한다는 기치 아래 다른 행성에 오프월드 식민지를 건설했다는 배경에 기대고 있다. "기회와 모험의 황금 땅" 오프월드가 유토피아적 사회를 상징한다면, 지구는 핵전쟁이라는 파괴적 사건을 경험한 디스토피아적 사회다. 그리고 여기에는 대재난 이후 지구의 모습에 대한 상상이 반영되어 있다.[1]

그러므로 〈블레이드 러너〉는 공상기후영화Climate Fiction, Cli-Fi로 읽어볼 가치를 갖는다. 공상기후영화의 전형적 플롯은 자연과 인간

---

1. 오프월드가 누구의 유토피아적 사회에 대한 상상을 반영하고 있는지는 별도로 생각해볼 문제다.

을 대치시키는 것이다. 초대형 폭풍을 다룬 〈투모로우〉(2004)가 대표적이다. 인간이 대적하기 힘든 무시무시한 자연의 힘을 묘사하고, 그것을 극복하고자 하는 영웅적 인물들의 고군분투에 집중한다. 또 다른 공상기후영화의 대표적 플롯은 극단적 환경 변화가 사회 질서에 가져오는 위기를 중심으로 한다. 〈설국열차〉(2013)에서 얼어붙은 지구 환경은 인간 사회를 쉬지 않고 달려야 하는 기차로 한정시키고 그 속의 계급 갈등을 극도로 증폭시킨다. 〈블레이드 러너〉는 후자와 더 가깝다. "인간보다 더 인간 같은" 레플리컨트 외에도, 특히 핵전쟁이 가져온 환경 변화는 영화에서 2049년 사회 질서 유지에 여러 위협을 가하는 요소로 등장한다.

원작 〈블레이드 러너〉의 배경인 2019년도 이미 과거가 된 시간에 살고 있는 우리는 인간과 똑같은 모습의 인조인간을 만들지도, 인간들이 살 수 있는 우주 식민지를 개척하지도 못했다. 그러나 영화 속 기후와 환경의 변화는 평행우주 속 우리의 그것과 놀랄 만큼 닮아있다. 『롤링 스톤』지는 특히 2017년에 발표된 후속작 〈블레이드 러너 2049〉가 그려낸 미래보다 우리가 사는 현재가 더 공상과학영화 혹은 공상기후영화에 더 가깝다고 지적했다. "원작 〈블레이드 러너〉가 핵전쟁의 위협이 맴돌고, 생태적 재난이 더 이상 과장된 위험이 아니며, 『타임』지의 '올해의 인물'로는 컴퓨터가 선정되던 해"에 발표되었다면, 그 속편은 "자기 중심적인 인간들이 미사일을 마구 쏘아대며 수천 수백만 사람들의 흔적을 없애는 것이 실제로 벌어지고 있고, 자연 재난은 우려스러울 정도로 자주 발생하고 있는" 현실을 예상하며 등장했다는 것이다.[2]

이 글은 〈블레이드 러너〉의 지구와 우리의 지구를 공기와 쓰레기를 매개로 교차시킨다. 〈블레이드 러너〉 속 기후 변화와 방사성 공기의 위협을 초미세먼지의 오염과 연결짓고, 거대한 잔해와 쓰레기더미를 플라스틱 쓰레기 문제와 연결짓는다. 마치 조이의 홀로그램 몸과 마리에트의 물리적 몸이 겹쳐지듯, 우리는 창작된 텍스트인 〈블레이드 러너〉와 우리가 직면한 환경 문제를 겹쳐 읽음으로써 지구의 문제를 더 입체적으로 파악할 수 있을 것이다.

〈블레이드 러너〉의 세계관 속 환경 문제

〈블레이드 러너〉의 세계관에서 기후 변화는 특히 중요한 요소로 등장한다. 1982년 원작은 영화의 주 배경이 되는 로스앤젤레스의 실제 날씨를 역전시켜 환경적 배경을 만들어낸다. 그러니까 핵전쟁 이후의 로스앤젤레스는 더 이상 강한 태양빛과 밝고 따뜻하며 건조한 날씨를 자랑하는 도시가 아니라, 네온의 불빛은 화려하지만 태양빛은 없는 어둠의 도시, 언제나 안개가 자욱하고 비가 추적추적 내리는 음습한 도시다. 춥고 축축한 날씨 탓에 거리의 사람들은 각자 두꺼운 코트를 입거나 각양각색의 모자와 안경을 착용한 모습으로 등장한다.

우리는 주인공 데커드의 복장에서도 변한 로스앤젤레스의 기후 특징을 읽어낼 수 있다. 데커드는 영화 내내 커다란 깃이 달린 두껍고 무거운 트렌치코트 차림으로 등장한다. 트렌치코트는 어딘가 쓸

---

2. David Fear, "'Blade Runner 2049': Welcome to the Age of Peak Dystopia Fatigue," *Rolling Stone*, 2017. 10. 10. https://www.rollingstone.com/movies/movie-news/blade-runner-2049-welcome-to-the-age-of-peak-dystopia-fatigue-124865/

버버리사의 1916년 광고.

쓸한 매력을 가진 주인공을 묘사하는 수단이기도 하지만, 변한 기후로 잦아진 비바람과 눈으로부터 보호하는 기능성 복장이기도 하다. 트렌치코트의 탄생은 19세기 초중반 방수 기능 소재의 발명과 관계가 깊다. 고무를 입혀 만든 초기 방수 소재에서 점점 더 발전하여 1879년 토머스 버버리Thomas Burberry가 더 가볍고 통풍이 잘 되면서도 관리가 쉬운 방수 소재 개버딘Gabardine을 개발하면서 남성용 코트로 제작되어 널리 생산되고 판매되었다. '트렌치trench'(참호)라는 이름은 제1차 세계대전 당시 영국군 장교들이 이 코트를 착용한 데에서 유래한다. 전쟁 중 참호 속은 진흙, 물웅덩이, 벌레나 쥐, 오랫동안 씻지 못한 군인들로 가득 차 있는 혹독한 환경이었다. 초기 버버리의 군용 코트 광고들은 바람·눈·비와 같은 악천후로부터 보호 기능을 강조한다. 마치 오늘날 아웃도어 의류처럼 트렌치코트는 기능성 의류였던 것이다. 결국 데커드의 복장은 로스앤젤레스의 날씨

가 전쟁 중 참호 속 환경에 견줄 수 있을 정도로 견디기 힘든 것임을 보여주는 장치로 볼 수 있다.[3]

전작이 기후 변화, 특히 날씨의 변화를 드러내는 데 그쳤다면, 후속작에서 환경 변화는 영화에서 더 중요한 위치에 놓인다. 『워싱턴 이그재미너』지는 "기후 변화에게 주역을 주었다"라고 설명하기도 했는데, 사실 후속작은 기후 변화보다 훨씬 더 심각하고 광범위한 환경 문제를 그려냈다.[4] 가장 먼저 두드러지는 요소는 에너지 전환이다. 원작은 도입부의 어두운 로스앤젤레스를 비행기를 타고 내려다보는 듯한 앵글로 찍은 영상으로 유명하다. 반짝이는 고층 건물의 불빛, 그 가운데 마치 마야 피라미드같이 우뚝 선 타이렐사(社)의 건물, 날아다니는 스피너, 그리고 불을 내뿜는 굴뚝들은 매우 수직적인 이 도시의 풍경을 형성한다. 특히 도시 중간중간 서 있는 굴뚝들은 유전이나 정유공장에서 부산물로 발생하는 가스가 타는 모습으로, 〈블레이드 러너〉의 세상이 석유 중심의 에너지 경제 위에서 작동함을 알 수 있다. 이 풍경은 전작에 대한 오마주라고 볼 수 있는 후속편의 도입부에서 거대한 규모의 태양광 에너지 발전 농장의 매우 수평적인 풍경으로 대체된다. 광활한 사막에 원형으로 펼쳐진 태양광 패널들은 어떠한 이유로 30년이라는 기간 동안 석유 중심 경제에서 태양광 에너지 중심 경제로 변모했음을 보여준다.

---

3. Linda Rodriguez McRobbie, "The Classy Rise of the Trench Coat," *Smithsonian Magazine*, 2015. 5. 27. https://www.smithsonianmag.com/history/trench-coat-made-its-mark-world-war-i-180955397/

4. John Siciliano, "New Blade Runner Gives Climate Change a Starring Role," *Washington Examiner*, 2017. 10. 7. https://www.washingtonexaminer.com/new-blade-runner-gives-climate-change-a-starring-role

두 번째는 지형의 변화다. 특히 붉은 방사성의 황무지로 묘사된 라스베이거스와 높아진 해수면과 이로부터 로스앤젤레스를 보호하기 위한 장벽 세풀베다는 전작에서 보여준 기후 변화보다 더 광범위하고 파괴적인 기후 변화의 양상을 보여준다. 특히 붉은 모래 폭풍의 이미지는 이 영화의 중요한 영상미映像美적 요소이기도 하다. 카메라 감독 로저 디킨스Roger Deakins는 『로스앤젤레스 타임스』와의 인터뷰에서 특히 붉은 사막의 이미지는 이집트에서 직접 경험한 '하부브haboob'(사하라 사막에서 불어오는 붉은 모래 폭풍)와 2009년 호주에서 나타났던 붉은 먼지 폭풍의 이미지를 겹쳐 재현한 것임을 밝혔다.[5] 즉 영화는 세계 몇몇 지역에서 실제로 벌어지고 있는 극심한 기후 현상을 다시 재현해 2049년의 세계를 묘사한 것이다.

세 번째는 생명의 완전한 파괴다. 핵전쟁과 방사능 오염은 인간을 제외한 생명의 흔적들을 모두 지워버렸다. 레플리컨트를 비롯해 살아 움직이는 것들은 대부분 유전공학의 산물이다. 원작에서 유전공학적으로 만들어진 뱀이 데커드의 추격에 중요한 힌트를 제공하는 동물로 등장한다면, 후속편에서는 애벌레를 키우는 단백질 농장이 등장한다. 레이첼과 데커드의 딸 출산을 도운 것으로 알려진 새퍼 모턴은 "쩰리나Целина"(미개간지)라고 적힌 하우스 시설 안에서 식량으로 사용되는 애벌레를 키운다. 모턴이 두꺼운 보호용구와 마스크 차림으로 시설 속에서 애벌레를 살피는 모습을 통해, 우리는 이 애벌레들이 인간과 레플리컨트는 견딜 수 없는 환경 속에서 자라나

---

[5] Margy Rochlin, "For 'Blade Runner 2049,' Cinematographer Roger Deakins Only Had to Film the Future," *Los Angeles Times*, 2017. 11. 21. https://www.latimes.com/entertainment/envelope/la-en-mn-roger-deakins-dp-20171120-story.html

는 생명체임을 짐작할 수 있다. 식량 생산 체계를 엿볼 수 있다는 점 외에도 모턴의 단백질 농장은 희미한 생명의 흔적을 담고 있는 상징적인 장소로 기능한다. 영화를 통틀어 단 한 그루 등장하는 바짝 말라죽은 나무와 그 아래 묻힌 뼈(레이첼의 뼈로 추정된다), 여기에 바쳐진 노란 꽃, 모턴이 직접 재배한 마늘 등의 요소들은 모두 모턴이 레플리컨트가 생명을 생산해내는 '기적'을 목격한 인물이라는 사실과 연관된다. 생명을 마지막으로 만진 넥서스 8 모델 레플리컨트 모턴은 넥서스 9 모델인 K에 의해 은퇴되며 생명의 경험은 단절된다.

마지막은 잔해. 핵전쟁을 경험했음에도 불구하고 고층 빌딩의 수직 구조를 비교적 잘 유지하고 있는 원작의 도시 풍경과는 달리, 후속작에서는 파괴의 잔해들이 등장한다. 브라이언 딜Brian Thill은 전쟁이 남기는 잔해rubble, 그리고 토네이도나 홍수 같은 충격적인 사건이 남기는 기후 잔해climate debris는 "우리가 맞이한 파국의 시대에 시각적인 장엄함을 연출하는 가장 독보적인 대상"이라고 이야기한다. 우리가 건설한 것들, 제어 가능하다고 믿었던 것들이 한순간에 파괴된 모습이 충격을 주기 때문이다.[6] 〈블레이드 러너 2049〉에서도 붉게 녹슨 건물과 끊어진 다리와 같은 잔해들은 전쟁의 파괴적 모습을 효과적으로 드러낸다. 진보된 레플리컨트 기술도, 홀로그램 연인을 만들 수 있는 기술도, 도시를 만든 기술이 무너진 잔해만큼 관객을 압도시키지는 않는다.

또 한편 주목해야 할 것은 이어지는 일상이 만들어낸 쓰레기의 무덤이다. 샌디에이고에 위치한 쓰레기 재활용 공장의 전자 쓰레기

---

6. 브라이언 딜, 『쓰레기』, 한유주 옮김, 플레이타임, 2017.

쓰레기 수송차. 오른쪽 상단에 스피너가 작게 보인다.

E-waste 무덤과 로스앤젤레스의 쓰레기가 매일같이 수송되는 쓰레기장은 또 다른 거대한 경관을 만들어낸다. 주인공 K와 조이가 탄 스피너에 비해 어마어마하게 큰 쓰레기 수송차를 통해서 우리는 쓰레기의 규모를 짐작해볼 수 있다.

한국, 2019: 초미세먼지

스크린에서 눈을 돌려 바라본 우리의 지구는 어떤 모습인가? 〈블레이드 러너〉의 지구에 비, 안개, 눈, 붉은 모래폭풍, 그리고 방사능의 공기가 있다면, 2019년 지구, 특히 한국에는 초미세먼지가 있었다.[7] 초미세먼지는 PM 2.5라고도 불리는, 아주 작은 크기의 먼지를 말한다. 그 화학적 성질도 그렇지만 아주 미세하다는 물리적 성질 탓에 폐 깊숙이 침투하거나 혈액 속으로 섞여 들어가 인체에 유해한 영향을 끼친다. 모순어법처럼 들리겠지만, 초미세먼지는 아주 큰 것이기도 하다. 하나의 단체, 하나의 기관, 하나의 과학 분야, 혹은 하나의 국가가 나서서 그 원인을 파악하고 적절한 해법을 찾아내 이 문제를 해결하는 일이 매우 어렵다는 점에서 그렇다. 티모시 모턴Timothy Morton은 그 규모가 거대해서 전통적인 시공간의 차원 속에서는 문제를 해결하거나 완벽히 이해하기 어려운 것들을 가리켜 거대객체, 또는 하이퍼오브젝트hyperobject라는 용어를 제안한 바 있다.[8] 너무나 작아서 너무나 큰 초미세먼지는 대표적인 하이퍼오브젝트로, 이 문제를 대하는 우리는 이중의 도전에 직면해 있다.

〈블레이드 러너〉속 시민들이 각종 모자와 안경을 쓴 차림으로 거리에 나선 것처럼, 초미세먼지를 마주한 시민들은 마스크를 얼굴에 쓰고 개인용 측정기를 한 손에 쥔 모습으로 외출한다. 보건마스크는 식품안전처에서 의약외품으로 관리된다. 먼지포집효율 시험, 안면부 흡기저항 시험, 누설률 시험 등을 거쳐 허가를 받아야 비로소 시판이 가능하다.[9] 이러한 시험 결과에 따라 그 먼지포집효율의 등급별로 KF80, KF94, KF99로 나뉘어 관리된다. 초미세먼지 시대를 사는 한국인들은 KF80 이상의 마스크를 사용해야 한다는 것을 상식으로 알고 있다. 앞서 데커드의 복장으로 〈블레이드 러너〉속 로스앤젤레스의 도시 환경을 읽어낼 수 있었던 것처럼, 훗날 역사학자에게 마스

---

7. 이 글에서는 한국에 집중하지만, 사실 초미세먼지는 전 세계적인 문제다. 비영리 온라인 매거진 『언다크』는 2018년 "Breathtaking"이라는 제목의 기획 기사 시리즈를 통해 세계 각국의 초미세먼지 오염 상황을 생생하게 취재했다. 이 기획에서 다룬 국가는 인도, 방글라데시, 나이지리아, 중국, 미국, 칠레, 그리고 마케도니아다. https://undark.org/breathtaking/ 참고.

8. Timothy Morton, *Hyperobjects: Philosophy and Ecology after the End of the World*, University of Minnesota Press, 2013.

9. 공기청정편람편찬위원회, 『공기청정편람』, 구미서관, 2016.

크는 21세기 한국의 공기 환경을 읽어내는 중요한 물건으로 인식될 것이다.[10]

그와 더불어 사람들은 미세먼지 측정기를 구비함으로써 감각기관을 확장하고 향상시킨다. 이제 사람들은 코가 맵다거나 눈이 시큰거린다거나 목이 따갑다거나 하는 몸의 감각을 넘어서 내 손에 든 센서의 감각에 의존한다. 공식 측정용 장비들이 주로 1시간 혹은 24시간 동안 측정하여 그 평균값을 내 초미세먼지 농도를 산출하는 반면, "개측기"(개인용 측정기)라고도 불리는 휴대용 간이 측정기는 빛의 산란을 이용해 단 몇 초 안에 초미세먼지의 농도를 측정할 수 있게 해준다. 휴대용 측정기의 대중화로 집 안 공기는 밀착 감시의 대상이 되었다. 집 안에서 일상적인 활동은 이 측정 결과에 따라 조절되었다. 외부의 미세먼지가 스며드는 창문 틈은 꼼꼼히 차단되었고, 미세먼지를 많이 발생시키는 가스불 요리는 전기 압력밥솥이나 전기 오븐, 전자레인지를 이용한 간단한 조리로 바뀌었다. 개인의 공간인 집뿐 아니라 카페와 어린이집, 박물관과 호텔과 같은 다중이용시설

---

10. 과학기술학 연구자 김희원은 미세먼지로 인해 한국사회에서 생필품이 된 마스크의 기술정치적 의미에 대해서 쓴 바 있다. 한편, 2019년 말 시작된 코로나 팬데믹으로 인해 마스크는 한국뿐 아니라 전 지구적 공기 환경을 이해하는 데 중요한 물건이 되었다. 특히 마스크 착용에 대해 국가마다 다른 수용성을 보이는 이유, 특히 아시아 국가에서 마스크 착용이 빨리 이뤄졌던 이유에 대해 다양한 논의가 이뤄지고 있다. 김희원과 최형섭은 한국의 경우 황사와 미세먼지 등 대기오염에 대응하기 위해 마스크를 착용한 경험이 중요했다고 지적한다. 김희원, "마스크 패러독스", 『에피』 9호, 27-41쪽, 2019년 9월. Heewon Kim and Hyungsub Choi, "COVID-19 and the reenactment of mass masking in South Korea," *History and Philosophy of Life Sciences* 43, 44(2021). https://doi.org/10.1007/s40656-021-00400-y. 마스크의 기술사적 논의에 대해서는 https://themaskarrayed.net 참고.

의 공기 또한 개개인의 면밀한 감시 대상이다.

　초미세먼지의 세상이 된 한국에서 특히 정치는 무능하고 정부는 길을 잃은 모습이다. 어떤 해결 방향도 속 시원하지 않고 장애물은 많다. 화석 연료와 자동차 사용을 급격히 줄이고 공장 시설의 배출 기준을 훨씬 더 까다롭게 높이는, 명백하지만 장기적인 초미세먼지 저감법은 산업계와 복잡한 이해관계에 얽혀 있다. 과학이 초미세먼지가 어디에서 어떻게 발생하며 얼마나 위험한지 알아내는 데에는 시간과 자본이 소요될 뿐 아니라, 언제나 한계가 있을 것이다. 대중은 빠르고 효과적인 대책을 요구하며 그 어느 때보다 목소리를 높이고 있다. 정부가 나아가야 할 길마저 희뿌연 미세먼지 속에 가려 있는 형국이다.

　정부는 이런저런 대책을 내놓았으나 이러한 대책들은 초미세먼지 오염의 근본적 저감이 아니라 대응에 머물러 있다. 그 속에서 초미세먼지 오염은 이미 벌어진 사건으로 인식된다. 인공강우 기술이나 야외용 공기청정기 개발은 대표적인 기술적 대응 방법이다. 많은 이들의 기대를 불러일으키기도, 논란을 자아내기도 한 인공강우 실험은 한 차례 예비실험을 거쳐 2019년 4월 전남 보성과 고흥 주변에서 실시되었다. 국립기상과학원과 한국항공우주연구원이 공동 실시한 이 실험은 구름 입자의 수농도를 증가시키고 주변 지역에 약 0.5mm의 강우가 내리는 데 영향을 준 것으로 그 결과가 발표되었다.

　인공강우가 지구 대기를 공학적으로 바꾸려는 시도라면, 야외용 공기청정기는 기술적 공공 인프라를 구축하려는 시도다. 즉, 거대한 공기청정기를 지으려는 시도는 지극히 사유화된 공기청정기를 상하수도나 전기같이 공공서비스의 일부로 전환하려는 것으로 이해할 수 있다. 그러나 이 정책은 오염 저감이나 환경 정의의 측면보다 산업 개발이 더 중요한 목표임이 시작부터 드러났다. 2019년 조명래 환경부 장관은 야외용 공기정화기를 개발하겠다는 계획을 발표하며 "한국의 새로운 공기산업" 가능성을 이야기했다.[11] 그가 강에 보와 댐을 설치하는 이명박 정부의 정책을 개발주의와 신자유주의가 합쳐진 신개발주의의 산물이라고 신랄히 비판했던 것을 기억한다면 다소 아이러니한 상황이 아닐 수 없다.

인공지능은, 우리 사회의 다른 여러 분야에서 그렇듯, 미세먼지 문제의 해결사처럼 등장했다. 특히 초미세먼지 예보의 분야에서 그 활약이 기대되고 있다. 2017년 국립환경과학원은 약 4억 4천의 연구비를 안양대학교와 서울대학교, 그리고 휴스턴대학교 연구진들에게 지원하여 미세먼지 예보에 인공지능 기술을 도입하는 연구를 수행한 바 있다. 이 연구에 따르면, 예보관들의 지수 적중률은 약 87%로 "양호"하지만, 나쁨 이상의 고농도 감지확률은 67%로 낮은 편이다. 또한 수치예보모델에서 파생되는 데이터들이 빅데이터화되고 있고 예보관들이 총괄적으로 해석하기 어려워지고 있기 때문에 "객관적이고 과학적인 개념예보"를 위해서 인공지능 예보 시스템을 도입해야 한다고 주장한다.[12] 이것은 기존에 "예보관들이 자신의 경험, 지식, 노하우를 바탕으로" 결과를 해석하고 "여러 예보관이 (…) 일종의 집단지성 방식으로" 만들어내던 방식을 이제는 빅데이터와 딥러닝,

---

11. 2019년 3월 7일 고농도 미세먼지 긴급조치 강화와 관련한 브리핑. https://www.yna.co.kr/view/AKR20190307097400004?input=1195m&fbclid=IwAR3rsgUg5WriBeQBbYoqbrVpNduMlLXKk1_w8WiEychECi40sknazrfn4p0
12. 국립환경과학원, "인공지능을 활용한 예보기반 구축 연구(I)", 2017.

기계의 연산으로 대체하겠다는 것이다.[13]

이런 기술적 방법과 더불어 국회는 초미세먼지 오염을 사회적 재난으로 지정하는 법적 및 정책적 대응 방법을 제안했다. 2019년 3월 13일 재난 및 안전관리 기본법을 개정하면서 초미세먼지를 재난의 범주에 포함시킨 것이다. 그에 따라 정부는 재난사태를 선포하거나, 피해조사 및 복구계획을 수립하고, 특별재난지역을 선포하는 등 초미세먼지 오염에 대해 재난 상황에 준해 대응할 수 있는 법적 근거를 갖게 되었다. 특히 '사회적' 재난으로 지정함으로써 법은 미세먼지가 인간의 활동으로 인해 발생한 것이며, 그에 따라 원인의 책임이 있는 주체에게 정부는 구상권을 청구할 수 있게 되었다.

초미세먼지에 인간의 책임을 명시했다는 중요한 진전을 보임에도 불구하고, 이 법이 시행되려면 복잡한 논쟁들을 거쳐야 할 것으로 보인다. 초미세먼지로 인한 피해의 범위는 어떻게 정할 것이며, 판정 기준은 무엇이 될 것인가? 초미세먼지 문제에 대한 책임 비중은 어떻게 산정할 것인가? 이러한 질문을 해결해나가는 과정에서 초미세먼지와 그 발생 원인들, 그리고 그 피해들 사이의 인과관계에 대한 논쟁이 끊이지 않을 것이다.

〈블레이드 러너〉의 로스앤젤레스가 타이렐과 월리스라는 기업이 정부의 자리를 대신한 사회였던 것처럼, 초미세먼지를 마주한 한국 사회는 정부가 주저하는 사이에 기업에 의존하고 있다. 전자 기업들은 저마다 청정한 공기의 이상향을 제시하며 공기정화 제품을 광고했다. 일렉트로룩스는 북유럽의 침엽수 그림과 함께 "스칸디나비

---

13. 김성은, "미세먼지 예보의 현실: 장임석 국립환경과학원 대기질통합센터장 인터뷰", 『에피』 7호, 34쪽, 2019. 3.

세스코가 공기질을 관리한다는 표지가 붙은 한 유명 햄버거 가게.

아 공기 속에 살다"라는 문구를 내세웠다. 북유럽의 여러 국가들이 1970년대 심각한 산성비 오염을 겪었지만 성공적인 국제 협력으로 이 위기를 해소할 수 있었다는 사실을 생각해본다면, 꽤나 흥미로운 광고 문구다. 해충을 관리해주는 서비스로 유명한 세스코는 공기질 관리 서비스를 시작했다. 그저 공기청정기를 판매하는 것이 아니라 공기청정기가 수집한 데이터가 전송되는 통합상황실에서 우리 집의 공기질을 모니터링하고 분석한 후 적절한 솔루션을 받을 수 있도록 한 것이다. 빅 브라더 공기청정기의 등장은 기업이 광범위한 실내 공기의 감시 주체로 나서기 시작했음을 알려준다.

한편 삼성은 홍보의 일환으로 "고래먼지"라는 제목의 4부작 웹드라마를 제작하여 미세먼지를 디스토피아적 미래의 중심에 놓았다. 2053년 뉴스는 미세먼지 오염도가 '매우 나쁨' 기준의 열 배가 넘는 1527$\mu g/m^3$이라는 예보, 내리지 않는 비, 계속되는 인공강우 실험 실패 소식을 전한다. 황토빛 먼지가 자욱한 대기 속으로, 그리고 거북

이 등처럼 쩍쩍 갈라진 땅 위로 나서는 일은 지하의 완벽히 제어된 공간 속에서 사는 인간에게는 큰 모험이다. 〈블레이드 러너〉에서도 푸른 숲은 상상의 영역인 것처럼, 〈고래먼지〉에서도 푸른 숲과 파란 하늘은 실제 같은 영상을 보여주는 고화질 디스플레이에만 존재한다. 반면 유토피아적 미래의 상상은 인공지능을 통해 보여진다. 마치 K에게 홀로그램 연인 조이가 그렇듯, 인공지능은 인간과 밀접한 관계를 넘어서 각별한 관계를 맺는 물체로 등장한다. 등장인물들은 홀로그램의 모습을 한 인공지능과는 일상적으로 교감하지만 타인과 교감하는 일은 오히려 예외적인 사건에 가깝다. 짧은 웹드라마에서 삼성은 미세먼지 문제를 해결하는 기술을 제안하지 않는다. 대신 삼성이 제안하는 것은 미세먼지를 피해 지하공간에 살 수 있도록 하는 기술들이다.

   삼성처럼 한국의 여러 기업들은 빈틈없이 밀폐된, 끊임없이 측정되고 관리되는 공간에 대한 기술적 이상을 펼쳐 보였다. 2019년 5월 서울 강남의 한복판에서 열린 건축기계설비전에는 "미세먼지 대응 종합 솔루션"을 전시하는 '미세먼지특별관'이 설치되었다. 한국토지주택공사와 공동 주최한 이 특별관에 들어선 관람객은 건물 안 공기를 측정하고 거르고 순환시키는 다양한 기계 설비들을 마주했다. "매일 마시는 실내공기 확인하고 계셨나요?"라고 묻는 판넬들과 각자의 기술을 자랑하는 부스가 가득 설치된 전시장에서 한국토지주택공사는 특히 열아홉 가지 최첨단 기술이 설치된 가상의 집을 선보였다. 실외 미세먼지 수준을 보여주는 미세먼지 신호등과 외부에 설치된 미세먼지 측정기를 지나 현관을 들어서면 에어 커튼과 현관 청정 시스템이 집으로 들어서는 사람의 몸에 붙은 미세먼지를 불어내고 빨아들여 제거한다. 스마트 에너지 관리 시스템과 덕트 청소 신기술이 적용된 배관을 통해 환기되는 집 안에서는 공기질 모니터링 시스템을 통해 실시간으로 집 안 공기를 살피고, 환기 시스템을 작동시킬 수 있다. 실내에서 미세먼지가 가장 많이 발생하는 주방에는 스마트 레인지 후드와 스마트 조리 시스템, 그리고 공기청정기 일체형 식탁으로 미세먼지의 발생을 저감한다.

미세먼지특별관에 참여한 여러 기업들과 전시장을 가득 채운 관람객들은 실내 공기 관리에 대한 높은 관심을 몸소 증명했다. 동시에 미세먼지의 발생 저감에는 상대적으로 무관심하다는 사실도 증명했다. 넓은 전시장을 가득 채운 참여 기업들 중 단 하나의 기업만이 실외 미세먼지 오염을 방지하는 '스프레이 캐논' 설비를 제안했다. 커다란 원통형의 기계로 먼지가 다량 발생하는 장소에 안개를 분사하여 먼지의 비산을 줄이는 것으로, 주로 공사 현장이나 공장에 설치된 시연 사진 및 동영상과 함께 여러 대가 전시되어 있었다. 발 디딜 틈 없이 북적이는 다른 부스들 사이로 스프레이 캐논이 설치된 부스는 유난히 한산한 모습이었다.

한편 실내 공기 청정에 자신감을 보였던 여러 기업들은 미세먼지 마스크를 관람객들에게 나눠주었다. 특히 최첨단 공기 청정 기능이 설치된 미래의 집을 제안한 한국토지주택공사는 잔뜩 찌푸린 얼굴로 미세먼지 마스크를 쓴 엄마, 아빠, 아들, 딸의 가족 사진 앞에서 관람객에게 안내 책자와 함께 미세먼지 마스크를 사은품으로 나눠주었다. 이 기업들은 건물을 나서는 순간 마주할 실외 미세먼지에 대해서는 코와 입을 가리는 얇은 필터 기술에 의존하라는 메시지를 전달하고 있었다.

지구, 2019: 쓰레기

원작이 방사성의 공기와 날씨에 신경을 썼다면, 후속작에서 지구 환경을 묘사하는 데 특히 강한 존재감을 발휘하는 것은 쓰레기다. 특히 그 규모와 양이 관객을 압도한다. 광활한 쓰레기장은 차라리 산이나 강처럼 지구 경관의 일부처럼 보일 정도다. 감독은 포스터에서 부서진 석상의 머리를 데커드와 나란히 배치한다거나 쓰레기 수송선 사이로 스피너를 지나가는 장면을 통해서 쓰레기의 규모를 감각할 수 있게 했다.

영화에서 쓰레기는 재난과 삶이 뒤엉키고 질서와 혼돈이 공존하는 지구의 모습을 그리는 데 중요하게 사용된다. 부서진 건물의 잔해는 재난의 흔적이지만 쏟아지는 쓰레기는 삶의 흔적이다. 쓰레기장은 또한 혼돈을 상징한다. K의 조사 여정에서 보여지는 샌디에이고의 쓰레기장들과 가장 대비되는 장소는 월리스사의 건물 내부다.

극도로 직선적이고 단순하며 정돈된 월리스사의 모습은 레플리컨트 생산을 통해 사회를 통제하고자 하는 이상을 드러낸다. 반면 거대한 구조물과 부서진 잔해들이 어지럽게 모여 있는 쓰레기장에는 2등 행성인 지구에서도 온전한 살 곳을 보장받지 못한 자들이 모여 산다.

그런 점에서 메리 더글러스의 오염에 대한 통찰은 〈블레이드 러너〉의 쓰레기장에도 유효하게 적용된다. 더글러스는 『순수와 위험』에서 결국 권력관계에 대한 통찰을 제공한다. 권력은 순수가 무엇인지 정의하고 그에 따라 질서를 만들고자 한다. 이때 오염은 그 질서에 알맞은 "장소를 벗어난 것matter out of place"으로, 질서를 어지럽히고 권력을 위협하는 것이다.[14] 타이렐사와 월리스사, 그리고 로스앤젤레스 경찰의 권력은 도시에서 허용 가능한 것을 정하고, 그에 따라 사람과 물건을 세밀하게 분류한 뒤, 여기에 맞지 않는 것들은 시스템 밖으로 밀어냈다. 오염이 질서에 위협이 되는 것처럼, 거부당한 이들은 도시 질서에 위협이 된다. 쓰레기장은 도시의 쓰레기를 온전히 받아내고, 그 대가로 도시는 쓰레기장에 대한 감시와 통제를 유예한다. 이로써 쓰레기는 이 두 곳의 긴장된 공존을 매개한다.

그러나 이 공존을 떠받치는 것은 사회에서 가장 약한 존재들의 노동이다. 후속작에서 가장 충격적인 장면 중 하나는 샌디에이고의 기술-쓰레기장techno-graveyard일 것이다. 레이첼의 딸을 찾는 과정에서 K는 코턴이 운영하는 고아원 겸 쓰레기 재활용 공장을 찾게 된다. 이곳에서 K와 관객들은 머리를 빡빡 깎은 수백 수천 명의 고아들이

---

14. 메리 더글러스 지음, 『순수와 위험』, 유제분·이훈상 옮김, 현대미학사, 1997.

Film still from Blade Runner 2049

줄지어 모여 앉아 작고 통통한 손으로 전자쓰레기에서 유용한 금속을 골라내는 모습을 목격하게 된다. 대규모로 동원된 이 노동 인력들에 의존하지 않고서는 쫓겨난 이들이 쓰레기장에서 살아남는 것은 불가능하다. 가장 취약한 계층의 몸이 더 위험한 산업에 동원되는 모습을 서늘하게 포착한 이 지점에서 영화는 더 이상 픽션이 아닌 다큐멘터리로 변모한다.

쓰레기장과 쫓겨난 사람들, 그리고 취약계층이 동원된 위험 노동을 포착하며 〈블레이드 러너〉는 쓰레기를 둘러싼 가장 첨예한 문제들을 짚어낸다. 페미니스트 환경과학자이자 과학기술학 연구자인 맥스 리보이론Max Liboiron은 "버림 연구discard studies"를 제안하면서 그저 물질로서의 쓰레기만이 아니라 그것을 버리는 행위를 둘러싼 시스템을 함께 살펴보는 것이 중요함을 강조한다. 쓰레기를 정의하고 다루는 방식들에 어떠한 경제 체계, 노동 구조, 인프라, 그리고 사회적 규범들이 얽혀 있는지 살펴봄으로써 쓰레기의 물질성에 담긴 사회문화적 의미들을 들여다보자는 것이다.[15] 이런 시각에 따르면 버림 연구의 핵심은 더글라스의 오염에 대한 주장과 마찬가지로, 더럽고 위험한 쓰레기를 겹겹이 둘러싼 권력관계들을 조사하는 데 있다.

플라스틱 오염 문제 역시 이러한 권력관계에서 자유롭지 않다. 그러나 〈블레이드 러너〉 속 쓰레기가 갖는 부피와 무게에 관객이 가장 먼저 압도되는 것처럼, 우리는 종종 플라스틱 쓰레기 그 자체의 물질성에 지나치게 주목한다. 태평양 한가운데 생긴 거대한 쓰레기 섬garbage patch이나 미세 플라스틱microplastics, 해양 생물들의 위 속에서 발견되는 플라스틱이 보여주는 문제들은 모두 플라스틱의 안정성, 썩지 않는 성질, 그리고 그 어마어마한 소비량과 관련 지어진다. 플라스틱 쓰레기처럼 인간이 만들어낸 물건들이 지층의 일부를 구성한다는 기술화석technofossil 또는 기술층technostratography과 같은 용어들 역시 쓰레기의 물성에 초점을 둔 제안이다.

다큐멘터리 〈플라스틱 차이나〉(2016, 왕 지우 리앙)는 플라스틱 쓰레기를 둘러싼 여러 층위의 권력 구조를 입체적으로 드러낸다는 점에서 주목할 만하다. 여러 영화제에서 수상한 이 다큐멘터리는 중국의 한 플라스틱 재활용 공장을 배경으로, 공장을 소유한 가족과 그 공장에서 더부살이하며 일하는 또 다른 가족의 일상을 담담하게 담으며 플라스틱 핫스팟이 된 중국과 아시아 개발도상국들의 모습을 적나라하게 드러낸다.[16]

전 세계 플라스틱 재활용 산업의 가장 말단에 위치한 이 공장을 통해서 감독 왕 지우 리앙은 친환경 재활용 산업이 어떻게 환경을

---

15. 버림 연구에 대해서는 https://discardstudies.com 참고. 맥스 리보이론의 연구 및 활동에 대해서는 https://maxliboiron.com 참고.

다큐멘터리 〈플라스틱 차이나〉의 쓰레기 더미들.

파괴하고 몸을 아프게 하는지 고발한다. 이곳에는 전 세계 언어가 쓰인 포장지들, 음식물이 묻은 채로 악취를 풍기는 플라스틱 용기들, 주사기나 약병 같은 의료 폐기물 등이 군데군데 섞여 플라스틱 산더미를 이루고 있다. 공장 노동자들은 이 쓰레기들을 종류별로 분류하고 세척하고 녹여서 펠릿으로 가공한다. 펠릿은 다시 전 세계로 팔려나가 재성형 과정을 거친 후 새로운 플라스틱 제품이 된다. 온 세상 모든 것들이 모여 있는 쓰레기더미는 어린이들의 놀이터이자 일터다. 맨발로 이 쓰레기더미를 뛰어다니며 노동에 참여하는 어린이들은 〈블레이드 러너〉 속 전자쓰레기 재활용 노동에 동원된 어린이들의 모습과 완벽히 겹쳐진다. 가정집과 맞붙어 있는 플라스틱 재활

---

16. 〈플라스틱 차이나〉는 온라인 버전으로도 제작되어 유튜브를 통해 볼 수 있다. 영화관을 통해 상영된 정식 버전이 플라스틱 재활용 공장과 그곳에 살며 일하는 두 가족의 이야기에 집중한다면, 온라인 버전은 더 직접적으로 전 세계 국가들의 재활용 쓰레기 수출이 중국 지역의 환경 문제와 어떻게 연결되는지 다룬다.

용 공장에는 구정물과 매연이 가득하고 그 속에서 일하는 어른과 어린이들에게서 마스크나 장갑을 착용한 모습을 보기 어렵다. 쓰레기 재활용 산업은 마을의 풍경조차 바꾸어놓았다. 수입된 쓰레기더미는 산을 이루고, 붉게 물들어버린 강에는 플라스틱과 함께 물고기들이 허연 배를 내밀고 둥둥 떠 있다. 오염된 강에서 건져낸 물고기는 저녁상에 오른다. '친환경' 재활용은 누군가의 건강과 어느 도시의 환경을 파괴할 때 비로소 가능한 것이다.

　이 명백한 메시지 외에도 영화는 플라스틱 쓰레기와 중국 주민들이 갖는 이중적인 관계에 주목한다. 공장 사람들은 자꾸 기침을 하고 피부 밑에 딱딱한 덩어리가 만져지는 것이 모두 플라스틱 때문이라는 것을 안다. 그러나 이들은 동시에 플라스틱이 더 나은 삶을 가능하게 하는 자원이라는 것을 누구보다 잘 파악하고 있다. 영화에 등장하는 소녀 이 지에의 가족은 농사보다 더 나은 수입을 가져다 줄 수 있는 플라스틱 공장에서 일하기 위해 고향을 떠났다. 플라스틱 쓰레기는 특히 공장 사장에게 남들보다 더 나은 경제적 수입을 보장해주었고, 이것은 곧 다른 종류의 자산으로 교환된다. 플라스틱 재활용 공장 사장은 베이징의 모터쇼에서 번쩍이는 새 차를 동경하다가 결국엔 중고차를 몰고 나타나고, 비싼 교육비에도 어린 아들을 유치원에 보낸다. 이러한 장면들은 플라스틱 쓰레기가 다른 종류의 물질적 혹은 사회문화적 자산으로 바뀌는 순간들을 날카롭게 포착한다.

　플라스틱 쓰레기에는 그러므로 개인적·사회적·국가적 욕망들이 투영되어 있다. 여기에 딸린 위험을 감수할 수 있는 까닭이다. 플라스틱 재활용 산업과 같은 위험 산업은 여러 가지 힘에 의해서 세계

각국으로 퍼져왔다. 제국주의는 식민지의 자연 자원과 인적 자원을 모두 활용하여 산업을 발전시키고 부를 축적했다. 제2차 세계대전 이후 부상한 각종 국제 개발 사업은 '개발'과 근대화를 추구하며 수혜국에 위험 산업을 포함한 각종 산업 시설 유치를 활성화했다. 자본주의는 환경 오염이라는 외재성externalities를 줄이기 위해 종종 환경 규제나 노동자 보호의 끈이 느슨한 곳으로 생산 시설을 이전시킨다. 이런 거대한 힘들은 국가, 인종, 그리고 계층 등 촘촘하게 짜인 권력관계의 아래쪽으로, 그러니까 샌디에이고의 고아들과 플라스틱 재활용 공장의 소녀를 향해서 위험을 밀어 넣는다.

느린 아포칼립스의 한가운데서

〈블레이드 러너〉에서 가장 공상적인 요소는 영화가 묘사하는 기후와 환경 변화가 미래의 것으로 유예되어 있다는 점일 것이다. 기후 환경 재난은 오늘날 벌어지는 사건이 아닌, 미래의 어느 시점에 인간이 미처 막을 수 없는 규모로 일어나는 것으로 상상된다. 그러므로 영화관에 앉은 관객들이 스크린에 비친 디스토피아적 미래를 바라보며 얻는 것은 걱정이나 우려가 아닌 안도감이다. 1982년의 관객들에게는 아직 핵전쟁이 일어나지 않았다는 안도감, 그리고 2017년의 관객들에게는 (후속작이 반영하는 해수면 상승이나 사막화 같은 극히 현실적인 문제에도 불구하고) 그래도 아직 지구상에는 수많은 생명체가 살아남아 있다는 안도감 말이다. 그리고 이 거대한 사건과 마주해 인간은 어쩔 도리가 없을 것이라는 무력한 안도감. 아직 종말은 오지 않았다는 안도감.

그러나 많은 사건들은 우리가 느린 아포칼립스의 한가운데에 서 있다는 것을 또렷하게 말해준다. 초미세먼지는 아시아의 국가들을 뒤덮었고, 호주와 아마존, 캘리포니아에서 불은 꺼지지 않고 활활 탔으며, 유럽의 여름은 뜨겁게 달아올랐고, 또렷하고 거대한 눈을 가진 태풍이 도시를 휩쓸었다. 동시에 우리는 화석연료 사용의 증대와, 단일 작물 농업을 위한 숲의 파괴와, 정치적·산업적 이해관계에 얽혀 힘을 잃은 기후 대책과, 느슨한 재난 대비와, 방사능 오염에 대한 관리 능력을 잃은 사람들을 목격한다. 인류를 종말에 이르게 하는 것은 인간이 손쓸 수 없는 사건이 아니라 인간이 손쓰지 않은 사건임을 우리는 사실 잘 알고 있다. 스며들듯 종말로 한 발 한 발 다가서고 있는 지금, 〈블레이드 러너〉는 그 어떤 장르도 아닌 공상기후영화로 읽힐 때다.

제3장

블레이드 러너 경제 연대기

임태훈

스콧 우주 경제사

林泰勳

임태훈 조선대학교 자유전공학부 조교수. 미디어 테크놀로지와 문학사의 접점을 연구하고 있다. 인문학협동조합 미디어기획위원장으로 활동했다. 공저로 『기계비평들』, 『한국 테크노컬처 연대기』, 『시민을 위한 테크놀로지 가이드』가 있고, 대표 저서로 『검색되지 않을 자유』, 『우애의 미디올로지』 등이 있다.

> "지성 또는 상상력이 만들어낸 것들의 대부분은
> 짧게는 식사 후에 갖는 시간이거나
> 길게는 한 세대에 걸치는 시간이 지난 다음에는
> 완전히 사라지고 만다. 그러나 어떤 것들은 그렇지가 않다."
> 조지프 슘페터, 「서언」, 『자본주의·사회주의·민주주의』(1942) 중에서[1]

스콧 우주 경제사

리들리 스콧의 SF영화가 40년에 걸쳐 몰두하고 있는 과제는 자본주의의 미래사 탐구다. 감독이 직접 연출한 〈에이리언〉(1979)과 〈프로메테우스〉(2012), 〈에이리언 커버넌트〉(2017)는 웨이랜드 코퍼레이

---

1. 슘페터가 마르크스의 자본주의 분석에 존경심을 표하며 쓴 문구다. 오래전에 만들어진 영화인 〈블레이드 러너〉가 여전히 새롭게 발견되고 해석될 여지가 있다는 점에서 중의적으로 겹쳐 읽고 싶었다. 변상진이 번역한 한길사 2013년판 『자본주의·사회주의·민주주의』(53쪽)에서 인용했다.

션의 기업사를 배경으로 한다. 이 회사는 지구 자본주의의 최종 진화형이자 우주 자본주의의 확장자로 군림한다. 시리즈 전체를 통틀어 장장 250년의 역사다. 〈블레이드 러너〉(1982)와 〈블레이드 러너 2049〉(2017)에서도 타이렐에서 월리스로 이어지는 기업사가 핵심 설정으로 제시된다.

〈블레이드 러너〉와 〈에이리언〉 시리즈의 세계관 병합에 대한 루머가 꾸준히 떠돌았던 이유도 웨이랜드·타이렐·월리스의 공통점 때문이었다.[2] 세 회사는 도플갱어처럼 닮았다. 우주 식민지 개척에 동원될 안드로이드를 생산하고 있고, 근대 국가의 경계와 제약쯤은 가볍게 능가하는 우주적 스케일의 초^超독점기업이다. 이 회사의 사업에 중대한 문제가 발생한 상황으로부터 두 영화는 시작된다.

두 시리즈의 전체 서사는 이른바 '스콧 우주 경제사'의 세 계열의 이야기로 정리할 수 있다. 제품이 제조사와 사용자의 통제를 벗어나 제멋대로 굴거나(〈블레이드 러너〉의 넥서스), 뜻밖의 비즈니스 모델을 발견해 사업화를 시도했으나 쉽게 추진되지 않거나(〈에이리언〉), 회사

---

2. 두 영화의 유사한 세계관에 대해선 다음의 글을 참고할 수 있다. Andy L. Kubai, "The Beautiful & Disturbing 'Shared Universes' of Blade Runner and Alien", cinemathread.com, 2016.12.25. http://asq.kr/9AwKbj. 리들리 스콧이 제작을 맡고 2020년 9월 HBO MAX를 통해 공개한 10부작 시리즈인 〈레이즈드 바이 울브스Raised by Wolves〉는 〈블레이드 러너〉와 〈에이리언〉 시리즈의 세계관을 부분적으로 수용했다. 두 작품의 스토리와는 직접적인 연관성이 없고 안드로이드android와 크리처creature 디자인에서 유사점을 찾아볼 수 있다. 이런 상호 참조의 사례가 리들리 스콧의 필모그래피에서 제법 발견된다. 〈에이리언 커버넌트〉(2017)에는 〈블레이드 러너〉(1982)에 채택되지 않은 초기 대본의 아이디어가 활용됐다. 〈에이리언 커버넌트〉의 안드로이드 데이빗이 엔지니어의 별을 침공할 때 읊은 셸리Percy Shelley의 시 〈오지만디아스Ozymandias〉(1818)는, 로이 베티가 타이렐을 살해하는 장면에서 쓰려던 대사였다. 폴 M. 새먼, 『퓨처 누아르』, 오세원·김정대 옮김, 정원, 2019, 225쪽 참고.

정책에 반기를 든 노동자를 제압하는 데 실패하거나(〈에이리언〉의 리플리) 등의 이야기다.

지구를 떠나 우주 공간에 고립된 상태에서 본격적인 스토리가 진행되는 〈에이리언〉 시리즈와 달리, 〈블레이드 러너〉(이하 〈2019〉)와 〈블레이드 러너 2049〉(이하 〈2049〉)는 지구의 도시에서 거의 모든 사건이 벌어진다. 주인공은 자신이 해왔던 일을 왜 멈춰야 하는지 깨닫는 자다. 우선은 그것만이 최선의 저항이다. 주인공이 감당해야 하는 사건의 복잡성은 지구에서 우주를 잇는 거대한 경제적 이해관계에 얽혀 있다. 어딘가에 숨거나 도망칠 수는 있어도, 이 체제 밖으로 나갈 방법을 찾기는 어렵다.

〈블레이드 러너〉 시리즈의 세계관은 자본주의가 미래 도시의 풍경을 어떻게 바꿀 것인가를 예측하는 시뮬레이션이라 할 수 있다. 〈2049〉의 로스앤젤레스는 〈2019〉 때보다 공동화空洞化된 도시로 그려진다. 우주 식민지로의 인구 유출이 지난 30년 동안 계속됐음을 의미하는 것이면서, 인류의 보금자리로 지구가 쓸모없어졌음을 전제한다. 거리 풍경도 〈2049〉가 훨씬 더 삭막하다. 대형 홀로그램이 씌워진 고층 건물의 외관은 표면적으론 화려해 보인다. 하지만 빛과 전자로 누빈 허깨비 장막을 지나 건물 내부로 들어서면, 오랜 세월 방치된 골동품이나 다름없는 상태가 드러난다. 사람들은 지쳐 있고 행색은 군색하다. 갈 곳도 머물 곳도 불분명한 난민이나 다름없다. 도시 곳곳에서 발광하는 크고 작은 기업 로고도 산 자를 향한 광고가 아니라 죽은 경제의 묘비처럼 보일 뿐이다.

〈2049〉는 〈2019〉의 유산 가운데 무엇을 우리 시대의 질문으로 새롭게 발견/발명해야 하는지 선명히 정리한 영화다. 〈블레이드 러너〉

는 마르크스와 슘페터의 오래된 질문을 계승한 영화가 되었다. 자본주의에 미래가 있을까? 파국에 몰린 자본주의는 장기적으로 그 한계에 적응하면서 진화를 거듭할 수 있을까? 이런 고민이 오늘의 한국 사회와 어떤 관계가 있는 걸까? 기업가·소비자·제품을 둘러싼 '블레이드 러너 경제'의 맥락을 추적하며 이 질문의 의미를 생각해보려 한다.

슘페터적 메시아

이탈리아의 경제학자이자 정치 이론가인 다니엘레 아르키부지 Daniele Archibugi는 스물네 살 때였던 1982년에 〈2019〉를 처음 관람했다고 한다.[3] 이 영화에 담긴 미래 자본주의 사회의 풍경은 슘페터주의에 경도된 젊은 경제학도의 마음을 뒤흔들었다. 창조적 파괴 creative destruction가 자본주의 사회 변혁을 견인한다는 슘페터 Joseph Schumpeter의 비전에 이 영화는 딱 들어맞는 것처럼 보였다. 천재 과학자이자 타이렐 코퍼레이션의 창업자인 엘던 타이렐 역시 슘페터가 숭앙한 기업가 정신의 전형이었다.

아르키부지의 주요 연구 분야는 테크놀로지와 경제다. 그는 2014년 마드리드에서 열린 혁신 기업 포럼에서도, 〈2019〉에 담긴 슘페터주의의 비전을 '블레이드 러너 경제학'으로 분석한 발표를 했다.[4]

---

3. 〈2019〉는 1982년 제39회 베니스영화제에서 '미드나잇 익스프레스' 섹션 초대작 중의 하나였다. 다니엘레 아르키부지도 여기서 이 영화를 봤다고 한다.

4. Daniele Archibugi, "Blade Runner economics: Will innovation lead the economic recovery?", *Research Policy*, Vol. 46, 2016, pp. 535-543.

〈2019〉는 인터넷의 폭발적인 성장이나 스마트폰 보급은 전혀 상상하지 못한 영화였다. 지난 20년 동안에 정보통신기술ICT 분야의 발전은 영화가 상상한 미래보다 훨씬 더 멀리 나아갔다. 생명공학 기술BT은 기술 발전 속도만 따진다면 ICT 못지않은 혁신이 거듭됐다. 하지만 지난 20년에 걸쳐 우리 삶의 모든 영역을 바꿔놓은 ICT의 혁명적 파급력에 비하면 BT의 효과는 상대적으로 제한적이었다. 2008년 세계 금융 위기를 겪은 뒤로는 ICT조차 새로운 미래를 제시하고 창조적 파괴를 감행할 역량을 잃었다고 아르키부지는 진단했다. '블레이드 러너 경제학'이라는 키워드를 통해 그가 말하고자 하는 핵심은, 사회 발전의 원동력이 될 미래 모델의 구상에는 여전히 슘페터주의의 해법이 유효하다는 것이었다. 변화의 주역은 기업이며, 이들의 역량이 최대로 발휘될 수 있도록 사회 여러 분야의 힘을 결합해야 한다는 결론이다. 한국에서 유독 극성스럽게 언급되는 이른바 '4차 산업혁명'론과도 유사한 관점이다.

하지만 이것만으로 '블레이드 러너 경제'의 의미가 설명될 수 있을까? 슘페터는 자본주의의 경제적 성공이 자본주의의 붕괴를 가져온다고 주장했다.[5] 대공황과 같은 경제적 실패로 자본주의가 필연적 파국을 맞이하리라 예측한 마르크스와는 다른 노선이었다. 슘페터는 자본주의의 성장과 함께 증가하게 될 고학력 지식인과 전문직 고소득층, 소상공인들이 민주적 선거 제도를 통해 사회주의에 대한 요구를 사회 전반에 관철할 것으로 전망했다. 그렇게 도래하게 될 온화한 계획경제에선 창조적 파괴와 기업가 정신이 위축될 수밖에 없

---

5. 조지프 슘페터, 『자본주의·사회주의·민주주의』, 변상진 옮김, 한길사, 2013, 149쪽.

고, 그 끝은 자본주의의 종말이라고 예견했다. 마르크스가 이 과정에 계급투쟁과 혁명의 단계를 더했다면, 슘페터는 자본주의 종말의 필연성을 냉소적으로 인정하면서도 자본주의의 역동성이 쉽게 수그러들기 어렵다고 확신했다. 그가 전제하는 자본주의의 시간적 스케일은 100년 단위쯤은 단기短期로 분류되는 장기 지속 체제다.[6] 슘페터의 자본주의 종말론은 임박한 미래에 대한 예측이라기보다는 가능한 경우의 수를 이론적으로 따져보는 것에 더 가까웠다.

슘페터는 자본주의의 거대한 잠재성을 극한으로 활성화할 방법을 궁구한 경제학자다. 그는 일평생 "어떠한 경우이든 자본주의가 또 다른 성공적 질주를 달성하지 못했어야 할 순수 경제적 이유는 전혀 없다"[7]는 것을 입증하고자 노력했다. 그의 경제론에서는 시장과 사회 질서의 패러다임을 파괴하고 교란하는 기업의 과감한 시도를 중요시했다. 그것이 자본주의의 동적인 속성을 활성화하는 요소라는 이유에서였다. 또한 주기적으로 반복되는 대공황과 경제 위기도 자본주의의 역량이 충분히 발휘되는 한 극복할 수 있는 과정으로 봤다.

슘페터주의의 맥락에서 〈2019〉를 해석하려면, 타이렐 코퍼레이션의 이해할 수 없는 최후를 살펴봐야 한다. 이 회사의 자기 파괴적 경영은 지구 경제권 전체를 파국으로 몰아넣었다. 엘던 타이렐의 기업가 정신이나 창조적 파괴의 성취만으로는 설명되지 않는 부분이 많

---

6. 이매뉴얼 월러스틴Immanuel Wallerstein도 자본주의 세계 경제의 첫 구성적 단계를 브로델의 용어를 빌려 '장기 16세기'(1450~1640)로 구분했다. 에릭 홉스봄Eric Hobsbawm도 역사적 자본주의의 부르주아-자유주의(영국) 단계를 설명할 시간 단위로 '장기 19세기'(1776~1914)를 설정했다. 조반니 아리기, 『장기 20세기』, 백승욱 옮김, 그린비, 2008, 369~370쪽 참고.
7. 『자본주의·사회주의·민주주의』, 311쪽.

다. 타이렐 코퍼레이션의 몰락과 그 이후에 벌어진 상황까지 살펴봐야 하는 까닭도 이 때문이다.

타이렐은 우주 식민지 건설에까지 막강한 영향력을 끼친 기업이다. 타이렐 본사 건물이 피라미드를 닮은 것은 회사의 영향력이 신에 비교될 만큼 막강해졌음을 과시적으로 나타낸다. 〈2019〉의 우주 자본주의는 레플리컨트 노예 경제에 기초한다. 이 체제의 지속 가능성은 노예의 수급과 관리에 좌지우지될 수밖에 없는데, 이 일을 독점하고 있는 곳이 타이렐이다. 하지만 레플리컨트 기술이 발전할수록, 인간과 레플리컨트를 정교하게 구분할 수 있는 기술이 개발되어야 하고, 불복종 상황에서 레플리컨트를 제압할 방법도 마련되어야 한다. 〈2019〉는 이 세 계열의 기술이 동시성을 결핍한 뒤 위기가 누적되던 시점에서 시작해, 레플리컨트 관리에 돌이킬 수 없는 파국이 벌어지는 상황까지를 보여준다.

이 와중에도 타이렐의 신모델 개발은 계속 진도를 낸다. 〈2019〉에는 넥서스 7 모델이 등장한다. 자신이 레플리컨트임을 의식하지 못할 만큼 모든 면에서 인간과 유사하고, 〈2049〉에선 임신과 출산까지 하기에 이른다. 경영 컨설턴트라면 누구라도 이 모델 개발에 신중해야 한다고 경고했을 것이다. 노예 경제의 지속을 회사 운영의 최우선 과제로 삼는다면, 기술 발전이 아니라 기술 절제가 필요한 단계였기 때문이다. 수명이 제한된 넥서스 6 모델조차 사건 사고가 끊이지 않던 상황이었다. 더구나 레플리컨트 제조는 타이렐이 독점한 기술이었다. 신모델 개발을 가속해야 할 경영상의 이유도 없었다. 이상한 점은 이것만이 아니다. 이 회사는 번창한 우주 식민지로 얼마든지 본사를 옮길 수 있었다. 그런데도 폐품이나 마찬가지인 지구에 머물며 "인간보다 더 인간다운" 레플리컨트 개발을 이어갔다.

엘던 타이렐은 넥서스 6 모델인 로이에게 살해된다. 〈2049〉에 설정된 연대기에 따르면, 회장이 살해된 직후에도 타이렐 코퍼레이션은 넥서스 8 모델 출시를 강행한다. 수명 제한이 해제된 레플리컨트였다. 이 결정은 회사가 자폭 버튼을 누른 것이나 다름없었다. 회사와 함께 사회도 파국을 피할 수 없었다.

인간 사회는 이 기술을 감당할 준비가 안 되어 있었다. 영화에서 2019~2022년 사이에 인간과 레플리컨트 간의 반목이 극에 달한 것은 필연이었다. 인간에 의한 레플리컨트 대량 학살이 계속됐고, 인간 사회를 향한 레플리컨트의 항쟁 역시 본격적으로 전개됐다. 〈블레이드 러너〉의 세계관에서 2020년대는 인간 대 비인간의 투쟁기로 설정되어 있다.

결국 레플리컨트 테러 조직이 핵무기를 사용한다. 핵폭풍으로 전자 기록물 대부분이 훼손되고 경제가 붕괴한다. 인간과 레플리컨트를 구별할 데이터도 거의 유실되어버린다.

방사능에 오염된 땅에선 식물이 자랄 수 없었다. 식량 생산이 급감하고 인류는 멸종 직전에까지 몰린다. 사태를 해결할 능력은 어느 나라 정부에도 없다. 그때 천재 과학자 니앤더 월리스가 설립한 월리스 코퍼레이션이 유전자 공학 식량 특허를 무료로 공개해 기아 문제를 해결한다. 슘페터적 메시아의 재림이었다. 주기적으로 반복되는 경제 위기를 극복할 때마다 자본주의의 역동성은 강화된다는 슘페터의 예언이 재차 증명된 것이다.

슘페터의 경제관에서 국가는 최소한의 조정자 역할을 할 뿐이다.[8] 반면에 기업은 사회 혁신의 가장 강력하고도 유일한 주체가 될 수 있다.[9] 〈블레이드 러너〉세계관에서도 기업은 국가와는 비교도 할 수 없을 정도로 압도적인 영향력을 발휘한다. 반면에 〈2019〉와 〈2049〉에 묘사된 경찰은 정부 조직이라기보다는 대기업 하도급 업체에 더 가깝다. 이런 설정은 〈블레이드 러너〉가 직간접적으로 영향을 준 사이버펑크물의 공통점이기도 하다.

월리스는 타이렐을 능가하는 초독점기업으로 성장한다. 슘페터는 독점기업이 사회 혁신의 역량을 효과적으로 결합할 수 있다며 옹호한 바 있다.[10] 월리스 코퍼레이션은 국가가 금지했던 레플리컨트 생산을 재개한다. 그리고 타이렐이 고수했던 몇 가지 원칙을 그대로 이어간다. 지구에 본사를 유지하고, 양산형 모델 개발과는 별개로 레플리컨트 기술 혁신을 계속한다. 특히 타이렐의 마지막 유산인 '임신이 가능한 레플리컨트'의 재현에 총력을 집중한다.

니앤더 월리스가 작중의 2020년대 이전에 어떤 내력을 가진 인물인지는 전혀 알 수 없다. 대정전을 기점으로 이전 시대의 디지털 기록이 모두 유실됐기 때문이다. 하지만 〈블레이드 러너〉세계관에 익숙한 사람들이라면 니앤더 월리스의 신체적 특징이 엘던 타이렐 박사의 최후와 관계 있다는 것을 알아채기가 어렵지 않을 것이다. 엘

---

8. 슘페터적 근로 탈국민체제SWPR, Schumpeterian Workfare Postnational Regime라고 부른다. 케인즈적 복지국가 모델과 상반된 입장을 취한다. 손호철 외, 『세계화 국가 시민 사회』, 이매진, 2006, 34~42쪽 참고.
9. 데이비드 하비, 『포스트 모더니티의 조건』, 구동희·박영민 옮김, 한울, 1994, 36쪽 참고.
10. 슘페터는 이론경제학에서 경제적 효율성의 적이라고 부정되는 독점적 관행들이 오히려 현실 경제에서는 건설적인 공헌을 한다고 주장했다. 조지프 슘페터, 『경제 발전의 이론』, 박영호 옮김, 지만지, 2012, 429~430쪽.

레플리컨트 로이 배티에게 살해되기 직전의 타이렐 회장.

던 타이렐은 자신의 피조물인 로이에 의해 눈알이 뭉개져 죽었고, 니앤더 월레스는 인공 눈을 장착했다. 눈은 〈블레이드 러너〉 세계에서 인간과 비인간이 구별되는 신체 부위다. 〈2019〉의 보이트-캄프 테스트Voight-Kampff Test의 경우에도, 레플리컨트의 홍채 반응을 읽어 피검자의 정체를 판별한다. 레플리컨트 해방 전선의 프레이사가 눈알을 뽑아버린 이유 역시, 레플리컨트의 눈은 노예의 족쇄 역할을 하기 때문이었다.[11]

니앤더 월레스는 레플리컨트일 수 있다. 이 가능성은 속편이 나오기 전부터 〈블레이드 러너〉 세계관의 중요한 이슈다. 인간/비인간의 경계가 불분명한 것은 데커드나 레이첼만이 아니라, 그것을 영화 속 캐릭터 전부로 확장해볼 수 있다. 영화에 반영되지 않은 〈2019〉의 초기 대본에는 노골적인 설정이 포함되어 있었다. 로이가 살해한 엘던 타이렐은 또 다른 공산품 레플리컨트일 뿐이며, 진짜 타이렐은

---

11. 로이는 엘던 타이렐 회장을 레플리컨트들의 창조주에서 피조물의 육체로 끌어내려 살해한 것이다. 눈을 훼손한다는 것은 레플리컨트와 인간을 구분하는 기관의 상실을 의미한다.

냉동고에 시신으로 보관되어 있고, 심지어 수조 안에는 타이렐의 뇌를 이식한 상어가 살고 있다는 설정이다.[12]

초기 대본과의 개연성을 따져본다면, 타이렐의 피조물이 월리스 코퍼레이션을 설립해 레플리컨트 개발을 이어가고 있다고 보는 것이 충분히 가능하다. 이건 마치 삼성전자에서 생산된 최우수 반도체가 자사의 최고 경영자가 된 것이나 다름없다. 뒤에서 다시 설명하겠지만, 월리스의 경제 생태계가 지닌 중요한 특징이 여기에 있다. 생산물이 소비자가 될 수 있고, 생산물이 생산자이자 경영자도 될 수 있다. 결과론적으로만 본다면, 엘던 타이렐의 타살조차 월리스의 경제 생태계가 자기증식 고리를 완성하는 과정에서 필연적으로 요구되는 일이었다. 그런 관점에서 본다면 타이렐 코퍼레이션은 자본주의로부터 파생된 새로운 자본주의의 인큐베이터였다. 지구에서 구舊 인류가 사라진 뒤의 자본주의 시대를 준비하는 조직이라 할 수 있다.

월리스는 타이렐의 비전을 승계하고자 한 것일까? 〈2049〉에 드러난 월리스에 대한 서사는 애매하고 불친절하다. 〈2019〉가 그랬던 것처럼 해석의 가능성을 높이기 위한 연출이었을 테지만, 니앤더 월리스에게 엘던 타이렐의 의미가 무엇이었는지를 헤아려볼 극적 장치가 더 필요했다. 다만 두 인물 모두 이익 추구에만 매몰된 사업가에 불과하지는 않은 것으로 보인다. 슘페터는 사업가와 기업가를 엄격

---

12. 『퓨처 누아르』, 292~294쪽 참고. 〈2019〉의 각본을 맡은 햄프턴 팬처와 데이비드 피플스는, 타이렐이 살해되는 장면을 비틀어서 원작 소설에 등장하는 초월적 존재인 월버 머서를 어떻게든 영화에 반영하고 싶어했다. 하지만 〈2019〉의 최종 결과물은 원작 소설의 누아르적 요소에 집중했고, 월버 머서와 관련된 설정은 조금도 남기지 않고 삭제되었다.

Film still from *Blade Runner 2049*

니앤더 월리스의 하이브리드 신체.

히 구분하면서, 고전파 경제학자들이 전제한 이기적 인간 모델을 부정했다.[13] 기업가라면 이윤 추구를 위한 당연한 경제 활동을 뛰어넘는, 혁신을 향한 내적 동기가 있어야 한다. 월리스와 타이렐의 불투명한 욕망은 슘페터적 의미에서 기업가 정신이었다.

니앤더 월리스의 시작이 타이렐의 피조물이었다 해도, 그는 자신의 몸을 재설계하고 갱신했다. 그의 신체는 생명공학의 산물이면서 정보통신과 로봇 공학의 집적체이기도 하다. 사이버네틱스와 결합된 그의 뇌와 신경 조직은 각종 드론과 정보 장치에 접속할 수 있다. 월리스의 인공 눈은 신체로 유입되는 온갖 정보가 출력되는 스크린이다. 자본주의 발전의 강력한 변수로 기술 개발의 문제를 중요시했던 슘페터라면, 월리스의 하이브리드 신체야말로 자본주의와 공진

---

13. 『경제발전의 이론』, 231~233쪽.

화하는 기업가의 탁월한 신체 경영이라며 찬사를 보냈을 것이다.[14] 인간의 구식 몸이야말로 구시대의 패러다임에 얽매여 있기 때문이다.[15]

니앤더 월리스가 레플리컨트라는 가설은 〈2019〉의 데커드가 레플리컨트라는 설만큼이나 논쟁적인 주제. 하지만 이것은 진짜와 가짜를 나누는 정체성에 관한 낡은 질문이 아니다. 〈2049〉에 이르러 이런 이분법은 아무래도 상관없게 되었다. 〈2049〉에는 공장 생산 설비에서 태어난 새로운 종의 인간형들이 등장하기 때문이다. 호모 사피엔스 이전에 이종異種의 원시 인류가 지구 곳곳에서 번성했던 것과 같은 시대가 다시 도래한 것이다. 이것이야말로 다니엘레 아르키부지가 소략하게 정리한 것만으로는 설명할 수 없는 '블레이드 러너 경제'의 스케일이다.

레플리컨트 소비자 K

〈블레이드 러너〉세계관에서 지구는 등외인간等外人間의 집단 대기소다. 우주 식민지 오프월드로 이주할 수 있는 인간이 되려면 일정 수준 이상의 우생학적 기준을 충족해야 한다. 지구를 떠나지 못하는 사람들의 다수는 기준 미달의 탈락자이거나, 이주 비용을 마련하지

---

14. 슘페터주의의 가속주의적 성격에 대해선 스티븐 샤비로의 책을 참고했다. Steven Shaviro, *No Speed Limit: Three Essays on Accelerationism*, University of Minnesota Press, 2015, pp. 12-13.

15. 사이버펑크 문학의 대표작인 윌리엄 깁슨William Gibson의 『뉴로맨서Neuromancer』(1984)에선 현실의 신체가 사이버스페이스에 접속하는 도구에 지나지 않는다. 주인공 케이스는 신체를 실제의 감옥이자 고깃덩어리에 불과하다며 멸시한다.

못한 하층계급이다. 필립 K. 딕의 원작 소설에서는 지구를 떠나지 못하는 사람들이 아편 중독자처럼 묘사된다. 그들은 뇌를 자극하는 무드 오르간에 매달려 환영에 취해 지낸다.[16]

우주 식민지 개척에 사용되는 안드로이드 노예인 레플리컨트는 가혹한 외계 환경에서도 탁월한 생존 능력을 발휘할 수 있다. 심우주深宇宙로 오프월드가 확장될수록 레플리컨트의 생산량은 증가하지만, 지구에 낙오한 인간 사회의 출생률은 가파르게 떨어진다.[17] 인간 인구에만 의지해서는 사회 유지에 필요한 최소 수급조차 유지할 수 없어서, 지구에서 활용되는 레플리컨트의 숫자 역시 꾸준히 늘어난다. 이 추세라면 지구에서 인간 대비 레플리컨트의 인구 비율은 필연적으로 역전될 수밖에 없다.[18]

---

16. 〈블레이드 러너〉 속편이 원작에 충실한 형태가 될 거라는 소문이 돌 때만 해도 〈2019〉에 포함되지 못한 무드 오르간에 대한 설정이 서사에서 중요한 역할을 하리란 기대감이 높았다. 실제로 〈2019〉의 영화적 유산과 원작 소설이 조화를 이루는 방식으로 무드 오르간은 영리하게 변주됐다. 〈2049〉에서 아나 데 아르마스Ana de Armas가 분한 조이가 무드 오르간의 2049년판이다.
17. 비인간 로봇의 증가와 출산율 급감에 대한 모티프는 카렐 차페크Karel Čapek의 희곡 「R·U·R」(1920)에 등장하는 유서 깊은 설정이다. 〈2049〉는 〈2019〉와 필립 K. 딕의 원작 소설만이 아니라, '로봇'이라는 단어를 처음으로 사용한 소설인 「R·U·R」의 영향까지 영리하게 반영하고 있다. 인간처럼 생식 능력이 생기길 원하는 로봇 남녀가 최후의 인간 생존자 알퀴나스에게 축복을 받는 장면이 「R·U·R」의 엔딩이었다. 〈2049〉는 세계문학전집 사이에 성좌를 긋듯 다양한 텍스트의 겹을 반영한 작품이기도 하다. 영화 첫 부분에 등장하는 도망친 레플리컨트 새퍼 모턴은 그레이엄 그린 Graham Greene의 소설 『권력과 영광The power and the glory』(1940), 루트비히 포이어바흐Ludwig Feuerbach의 『기독교의 본질Das Wesen des Christentums』(1841)의 핵심 메시지가 투영된 인물이고, 주인공 K는 나보코브Vladimir Nabokov의 『창백한 불꽃Pale Fire』(1962)을 수시로 읽는다. 기준선 테스트를 받을 때마다 K가 복창해야 하는 문장도 이 소설의 한 대목이다.

그런데 〈2049〉의 세계관 설정에 따르면, 인간 대 레플리컨트의 인구 비율이 폭력적으로 조정된 시기가 있었다. 2022년 EMP 테러 사건 직후에 인간에 의한 레플리컨트 대량 학살이 있었고,[19] 2036년까지 레플리컨트 제조가 법적으로 금지됐다. 이 과정에서 타이렐이 파산한다. 타이렐이 생산한 구형 레플리컨트 역시 박멸해야 할 사회악으로 간주된다.

타이렐의 레플리컨트 사업을 인수한 월리스 코퍼레이션은 인간에게 절대복종하는 기능이 추가된 넥서스 9 모델을 합법적으로 생산할 수 있게 되었다. 합법화의 표면적인 이유는 레플리컨트의 위험성이 기술적으로 충분히 제거되었음을 국가로부터 인정받았기 때문이지만, 인간 소비자의 숫자만으로 지구 경제권을 유지할 수 없다는 위기감이 주요한 맥락이었다. 사회 각 분야의 지속 가능성을 확보하고 시장 붕괴를 저지하려면 대중 소비자가 필요하다. 그 일을 꼭 인간이 해야 할 필요가 없다면 레플리컨트를 동원하지 못할 이유가 없다.

---

18. 〈2019〉의 감독이자 〈2049〉의 제작자인 리들리 스콧은 사회 변화와 인구의 상관관계를 〈엑소더스: 신들과 왕들〉(2014)에서 탐구한 바 있다. 모세는 람세스에게 이집트에 거주하는 유대인 노예의 숫자가 급격하게 증가하고 있음을 경고하면서, 그들의 처우를 개선해야 한다고 경고했다. 람세스는 이 말을 무시했고 이집트에는 역병과 기근의 열 가지 재앙이 연이어 닥쳤다. 〈블레이드 러너〉 세계관에서 '인구'는 성경적 모티브와 함께 미국 사회의 뜨거운 이슈인 불법 이민자 문제와 인종갈등을 또 다른 축으로 삼는다. 2042년이 되면 미국에서 비非 히스패닉 백인은 전체 인구의 절반에 못 미치게 되고, 소수 인종이 다수를 차지하는 사회가 될 것이란 전망이 2008년에 나온 바 있다. Sam Roberts, "Minorities in U.S. set to become majority by 2042", *The New York Times*, 2008. 8. 14. 참고. 〈2049〉의 해수 방벽 역시 트럼프의 대선 공약인 미국-멕시코 국경 장벽을 떠올리게 한다.

19. 와타나베 신이치로渡辺信一郎가 감독한 〈2049〉의 프리퀄 〈Blade Runner: Black Out 2022〉가 이 사건을 다룬다.

경찰에서도 레플리컨트를 활용한다. 이런 설정은 〈2019〉보다는 〈2049〉에서 훨씬 더 당연시된다. 레플리컨트인지 인간인지 모호한 〈2019〉의 데커드와 달리, 〈2049〉의 K는 자신이 생산된 존재임을 또렷이 자각한다. 경찰은 레플리컨트를 동료가 아니라 도구로 취급한다. 일과 임무가 끝날 때마다 심리 상태를 점검하는 기준선 테스트 Baseline test도 잔인하기 짝이 없다. 이상 징후가 발견되면 소각 처리한다. 만일에 있을지도 모르는 불복종 상황에 대응하기 위해 경찰이 정한 규칙이다.

K는 LA 경찰에서 월급을 받는다. 기준선 테스트에서 만점을 받으면 보너스도 지급된다. K는 그 돈으로 집세와 식비, 치료비 등을 치를 수 있다. 홀로그램 동거인인 조이를 업그레이드 하는 일에 돈 쓰는 것을 K는 가장 즐거워한다. K가 월리스에서 생산된 상품인 것과 마찬가지로 조이 역시 월리스의 제품이다. 조이의 전원을 끄고 켤 때마다 회사 로고와 시그널이 점멸한다. K가 먹는 음식도 월리스에서 생산된 것이다. K의 방은 월리스 경제 생태계로 구성되어 있는 것이다.

소비의 순간만큼은 K도 인간에게 차별받지 않는다. 레플리컨트도 인간과 마찬가지로 자기 돈을 자기가 써서 원하는 물건과 서비스를 소유할 수 있는 '개인individual'이기 때문이다. 그것만으로는 인간에 가까워질 수 없다는 것을 K도 알고 있다. 조이Joi가 K를 조Joe라고 부를 때마다, 그는 정색하며 불쾌해한다. 제조사가 프로그래밍한 매뉴얼대로 조이가 작동되고 있는 것이 싫기 때문이다. K는 조이가 예측 불가능한 방식으로 작동하길 원한다. 휴대용 에뮬레이터를 구입한 까닭도 조이를 집 밖에서 활동하게 해주기 위해서였다.

조이 광고. "당신이 듣고 싶어하는 모든 것".

K는 조이와 나누었던 애틋한 유대감을 사랑이라고 믿고 싶었다. 하지만 그는 그 모든 순간이 자신의 욕망을 간파한 마케팅의 전형적인 침투 패턴이자, 추가 소비를 촉진하는 프로그램 체험에 불과하다는 것을 깨닫는다.[20] 그것은 감춰진 진실도 아니었다. 조이가 모델이 된 홀로그램 광고를 거리에서 주시하는 것만으로도 알 수 있는 공공연한 사실이었다. 그런데도 K는 자신만의 내밀한 환상을 키우는 일에 몰두했다. 월리스의 공장이 아니라 어머니의 몸에서 태어난 존재일 수 있다는 가능성을 어떻게든 믿고 싶었다. 하지만 K만이 아니라 수많은 레플리컨트들이 비슷한 환상을 품고 있었다. 그것은 월리스 경제 생태계가 작동하는 은밀한 코드였다. 살아 있는 한 근본적으로 해소할 수 없는 갈증, 소유하고 싶으나 영원히 닿을 수 없는 존재에

---

20. 조이는 페이스북, 유튜브, 틱톡 등에서 체험하는 사용자 취향 분석 큐레이션 서비스를 인격화한 장치다.

대한 갈망에 들떠 소비욕이 증폭되는 장치에 자발적으로 갇혀 지낸 것이다.

레플리컨트 해방 운동의 지도자 프레이사는 K에게 레플리컨트 전부가 비슷한 환상에 전염되어 있다고 말해준다. 그 환상을 선용할 방법이 있다. 월리스 경제 생태계에 갇혀 허황한 소비를 반복하는 일이 아니라, 인간보다 더 인간적인 행동을 할 수 있는 존재로 거듭나는 것이다. 〈2019〉에서 타이렐의 기업 모토였던 "인간보다 더 인간다운More Human Than Human"이 〈2049〉에선 레플리컨트들의 비인간 해방 운동의 구호로 의미가 바뀌었다.

레플리컨트 해방 운동은 신약 복음서의 세계관을 닮았다. 구모델 레플리컨트인 레이첼에게서 아이가 태어났다는 것은 예수 탄생에 버금가는 기적이었다. 지구의 자연계가 레플리컨트를 새로운 종의 일원으로 받아들였기 때문에 가능한 일이다. 구인류에게 지구가 생존에 부적합한 행성이 된 것과 달리, 레플리컨트에게는 인간의 빈자리를 메울 천부의 권리가 생겼다.[21] 레플리컨트 해방 운동의 비전은 월리스 경제 생태계만이 유일한 생존권이었던 시대가 지구에서 끝

---

21. 비슷한 테마를 다룬 필립 K. 딕의 단편소설이 「단기 체류자의 행성Planet for Transients」(1953)이다. 방사능 오염으로 지구에 살 수 없게 된 인류는 외계로 이주한다. 그로부터 오랜 세월이 흐른 뒤 지구에는 방사능 환경에 적응한 동식물이 번창한다. 인류가 지구로 귀환할 수 있는지 판단하기 위해 탐사대가 파견된다. 그들은 벌레와 두꺼비를 닮은 돌연변이 인간과 만난다. 탐사대는 인류의 귀환이 불가능하다는 결론을 내린다. 지구의 생태계는 구인류의 생존 가능성이 완전히 배제된 이질적인 생태계로 변했기 때문이다. "저들은 이곳의 물을 마시고, 이곳의 식물을 섭취할 수 있소! 우리는 그럴 수 없소. 이곳은 저들의 행성이지 우리의 행성이 아니오."(402쪽) 「단기 체류자의 행성」은 조호근이 번역한 『마이너리티 리포트: 필립 K. 딕 단편집』(폴라북스, 2015)에 수록되어 있다.

나가고 있음을 확신하는 정신이기도 하다. 가늠할 수조차 없을 만큼 아득한 시간이 필요한 싸움일 수 있다. 하지만 레플리컨트는 인간보다 더 존엄한 존재가 되기 위해 역사를 열어갈 것이다.

그 미래를 향해 K가 헌신한 방법은 월리스에 납치된 데커드를 구하는 일이었다. 그 과정에서 언제 죽어도 이상할 게 없을 지경으로 만신창이가 된다. K는 마지막 생명을 쥐어짜서 데커드를 그의 딸이자 기적의 아이인 애나 스텔린에게 안내한다. LA 경찰이 반드시 제거하려 했고 월리스가 입수하려 애썼던 기적의 아이는 월리스 코퍼레이션에 레플리컨트의 기억을 납품하는 시설에 있었다. 이 사실은 역설적이다. 월리스 경제 생태계는 새로운 사회 변화를 억압하고 초독점기업의 이윤을 추구하는 장벽이면서, 이 시스템의 해체와 파괴까지를 포함한 모든 가능성이 생성하고 잠재하는 세계이기도 하다.[22]

여기서 〈2019〉와 〈2049〉의 공통점을 주목해야 한다. 두 영화 모두 오프월드로 확장된 우주 자본주의 시대의 중핵인 레플리컨트 제조사의 헤드쿼터로 향해간다. 레플리컨트 제조에 동원되는 시설과 기술자들은 이 세계의 질서를 유지하는 일에 복무하면서, 치명적인 교란을 일으키는 일에 (타의든 자의든) 협조한다. 〈2019〉에서 레플리컨

---

22. 〈2049〉가 어떤 형태로든 후속편이 제작될 수 있다면, 니앤더 월리스와 애나 스텔린의 서사가 우선적으로 보강되어야 할 것이다. 애나는 월리스에 납품할 레플리컨트의 기억에 자신의 기억을 은밀히 끼워 넣었다. 이런 사례는 K만이 아니라 넥서스 9 모델 전체에 산재한 것으로 보인다. K와 프레이사의 대화에 따르면, 레플리컨트 해방 운동에서도 이 사실을 어느 정도 파악하고 있다. 니앤더 월리스는 이 사실을 전혀 모르고 있었을까? 어쩌면 애나의 자기 기억 이식은 월리스 코퍼레이션의 주문에 의한 것일 수도 있다. 자신이 인간일지 모른다는 일말의 희망을 이용하면 레플리컨트의 소비욕을 자극할 수 있기 때문이다.

트 로이가 타이렐 회장을 만날 수 있게 도운 서배스천은 레플리컨트의 유전자 디자인을 맡은 엔지니어였다. 유전 질환(무드셀라 증후군) 때문에 오프월드 이주 자격 심사에서 떨어진 서배스천은 로이 일당의 일원인 프리스를 좋아했다. 타이렐의 구모델 레플리컨트이자 레이첼의 제왕절개 수술을 도운 새퍼 모턴은 월리스의 애벌레 농장에 은신해 있었다. 그는 레플리컨트 임신과 출산의 비밀을 감추기 위해 K의 공격을 유도해 자살한다.

새퍼의 방은 K의 방과 비교가 필요하다. 곳곳에 월리스의 제품이 채워진 K의 방은 월리스 경제 생태계의 최말단부 풍경이다. 반면 새퍼의 방은 아날로그식 생활 가구와 주방이 있을 뿐이다. 기본적으로 전자 장비에 의존하지 않는 장소다. 이곳에서 새퍼는 월리스식 식품이 아닌 땅에서 직접 기른 마늘을 요리해 먹는다. 그는 월리스가 초독점기업으로 성장할 수 있었던 비결이 유전자 조작 애벌레임을 알고 있다. 이게 없었다면 인류가 멸종할 수 있었다. 방사능에 오염된 땅에서 식량을 재배하는 것이 불가능했기 때문이다. 월리스사는 막대한 부를 축적할 기회를 재난에서 얻었다. 그러나 땅은 서서히 정화되는 중이었다. 인간이고 레플리컨트고 다들 소비자로 살아가며 시장만을 유의미한 세계로 여길 때, 도망친 레플리컨트는 땅에 씨를 뿌리고 싹을 길러 스스로 먹을 것을 얻는 능력을 회복했다.

〈2049〉에서 월리스 경제 생태계의 바깥을 사는 일을 직접 보여주는 인물은 또 있다. 무인 지대가 된 라스베이거스에 은둔한 데커드는 카지노 호텔 앞에 꿀통을 놓고 양봉을 한다. 라스베이거스가 무인 지대가 된 이유는 극심한 방사능 오염 때문이었다. 이곳에서 양봉할 수 있다는 건 어떤 의미일까? 불가능한 일이었던 레플리컨트의 임신과 함께, 방사능에 오염된 땅과 공기에서 살 수 있는 벌과 식물 군이 진화의 시험을 통과했음을 알 수 있는 장면이다. 지구에 다른 삶의 대안이 생겨난 것이다.

〈2019〉에서 〈2049〉로 이어지는 레플리컨트들의 신약은 영화 속 의미에만 한정해 헤아릴 이야기가 아니다. 신자유주의 시대 네오 휴먼의 디스토피아로 전락한 한국의 현실에 견주어 보더라도 이 영화의 메시지는 진실로 소중하다. 어딜 가도 다를 게 없는 소비 대중의 삶이야말로 레플리컨트의 비참함을 닮았다. 게다가 돈 없는 하층계급을 비인간 취급하는 천박한 시대는 언제 끝날지 가늠조차 안 된다. 2020년대는 2010년대보다 조금이라도 나을까?

2020년대의 서울은 영화보다 각박하다. 가령 재벌의 자본에 좌지우지되는 경제 생태계 바깥에서 한국인은 살 수 있을까? 이 나라를 처음 찾아오는 사람들은 경제 생태계의 기이한 풍경을 농담 삼아 비꼬곤 한다. 인천공항에서 서울로 향하는 모든 장소마다 삼성, 신세계, CJ의 광고와 제품, 유통망이 촘촘히 채워져 있다. 범삼성, 범현대, 범LG의 영향력까지 넓혀 살펴보면, 대한민국은 완연히 재벌의 나라다. 이들의 자산 총액은 1,000조 원에 육박한다. GDP 절반 정도에 해당하는 규모다.[23] 〈2049〉의 레플리컨트와 마찬가지로 '한국인 됨'이란 재벌이 독점한 경제 체제에 길든 소비자로 살아가는 일을 뜻한다. 게다가 이 세계 바깥을 모르는 존재로 평생을 보내는 것을 당연하게 여긴다. 삶의 보람이나 기쁨은 궁극적으로 재벌이 주도

---

23. 공정거래위원회 기업집단정책과 보도자료, 「2018년 대기업집단 지정 현황」, 「(별첨) 2018년 대기업집단 지정 현황」, 2018. 4. 30. 이석·유경민, "4대그룹 자산, 한국 GDP의 절반 넘었다", 『시사저널』, 2018. 7. 20. 참고.

하는 경제 논리에 종속되어 있다. 〈2049〉의 K는 암울한 현실과 미래 앞에서 혼란스럽고 불안한 우리들, KOREAN의 이니셜이다.

한국 사회가 〈2019〉와 〈2049〉에서 취해야 할 가장 중요한 유산은 몽환적인 시각 이미지로 도배된 사이버펑크 스타일이 아니다. 억압적 시스템의 한복판에서 내파와 교란을 시도하는 탈주와 반항, 봉기의 펑크 정신이다. 1982년 이래로 〈블레이드 러너〉가 한국에 수용되는 과정에서 가장 결핍되었던 문화이기도 하다.

제품명 한국인

한국에서 〈2019〉가 정식 방영된 것은 극장이 아니라 MBC '주말의 명화'였다. 1989년 1월 7일 방송이었고 방영 제목은 "서기 2019년"이었다. 해리슨 포드의 내레이션이 더빙된 1982년 버전이었다.[24] 그날 저녁 〈9시 뉴스〉에선 자취를 감춘 고문 기술자 이근안이 화제였다. 옆 나라 일본 소식도 중요했다. 히로히토 천황의 사망과 함께 쇼와昭和에서 헤이세이平成로 연호가 바뀐 첫날이었다. 다가올 1990년대를 준비하는 국내 주요 기업의 동향과 각오도 소개됐다.

1985년을 전후로 3저 호황(저금리·저유가·저달러)에 힘입어 연평균 10.4%의 고도성장이 이어지던 시기였다. 전무후무한 경제 호황기를 누리던 한국 사회에서 '미래'는 밝고 활기찬 희망의 보고寶庫여야 했

---

24. MBC 방영 전에 뉴비디오사社에서 1986년 1월 20일에 비디오로 출시했다. 1989년 MBC 방영 버전은 85분 분량의 뉴비디오 버전이 아니라 1982년의 미국 극장판US Theatrical Cut을 더빙한 것이었다. 〈2019〉가 극장에서 처음 상영된 것은 1993년이었다. 1992년에 공개된 감독판Director's Cut이 한 해 늦게 극장에 걸렸다.

다. '미래'만큼 경기를 심하게 타는 개념도 없다.

TV 방영 이후, 영화광 사이에서 〈서기 2019년〉이 적잖이 화제가 됐다. 〈블레이드 러너〉는 성인들이 보기에 유치하지 않은 SF영화였다. 음울하지만 아름다운 근미래 사회의 분위기도 인상적이었다. 하지만 거기까지였다. 이 영화가 1970년대 말 런던 펑크의 염세적 스타일과 구호에 맞닿아 있다는 사실은 관심 밖이었다. 그도 그럴 것이 박정희·전두환에 이어 세 번째 군인 출신 대통령이 통치하는 파쇼 국가 대한민국에서 '펑크'는 생경한 단어였다.

〈서기 2019년〉에 그려진 몰락한 서구 사회의 풍경은 1978년 런던의 이른바 '불만의 겨울Winter of Discontent'을 옮겨놓은 것이기도 했다. 극심한 불황과 경제 침체에 시달리던 영국은 1976년에 IMF의 구제금융을 받아야 했다. 노동당 정부는 거리의 쓰레기 처리조차 해결하지 못할 만큼 무능했고 사회 시스템 전반에 극심한 혼란이 계속됐다. 이 시기 젊은이들은 '미래 없음' '불타는 영국' 등의 문구가 적힌 재킷을 입고 펑크록의 반항적 음률에 열광했다.

MBC에서 〈서기 2019년〉이 방영될 때만 해도, 한국의 시청자들은 불과 8년 뒤에 자신들의 나라에도 IMF 구제금융 사태가 닥치리라는 걸 알 리 없었다. 하지만 이미 그 시기부터 한국 경제는 구조적 문제가 심각했다. 3저 호황이 그친 뒤에도 성장을 지속할 수 있는 시스템이 결핍되어 있었다. 재벌은 불투명한 금융 시스템과 정경유착에 기생해 부채를 마구 끌어다 쓰며 그룹의 덩치를 키웠다. 반면에 3저 호황의 과실은 노동자에게 정당하게 분배되지 않았다. 노동자의 임금은 가파르게 치솟는 물가를 쫓아가기 어려웠고, 작업 환경도 열악하기 짝이 없었다. 수출의 역군이라던 대기업의 생산 플랜트는 사

실상 사람을 갈아넣어 유지되고 있었다.[25]

 어쨌거나 다가올 1990년대는 희망으로 가득 차 있는 듯했다. 의지와 노력만 있으면 10년, 20년 앞의 인생 계획을 얼마든지 이룰 수 있다고 믿었던 시절이다. 하지만 1997년 외환위기를 기점으로 한국은 극단적인 격차 사회로 재편됐다. 우리 사회의 건실한 허리를 구성했던 중산층은 무너졌고, 젊은이의 비탄은 해가 갈수록 깊어졌다. 10년 뒤면 지금보다 나은 미래가 올까? 당장 1, 2년 뒤의 장래조차 불안하다. 쉽게 쓰이고 쉽게 버림받는 비정규직의 굴레가 사회 어디에나 만연하다. 목숨을 건 고공 농성장은 전국 곳곳에 매달려 있다. 하

---

25. 한국은 긴 노동시간과 함께 산업재해가 가장 많은 나라다. 한국 노동자 1만 명당 산재 사망자 수는 현재까지도 세계 최악의 수준이다. 신기섭, "한국 산재 사망자 10만 명당 18명으로 세계 최고", 「한겨레신문」, 2014. 4. 30. 1980년대 노동운동의 역사를 담은 안재성의 장편소설 『파업』(세계, 1989)과 민주노조 건설 운동부터 희망버스 운동까지의 역사가 체험적으로 서술된 김진숙의 『소금꽃 나무』(후마니타스, 2007)도 꼭 참고해야 할 책이다.

지만 이들을 향한 사회의 관심은 차갑기 그지없다.

경제는 한 시대의 인간형을 제조한다. 약탈적 경제에 재단된 우리는 진짜 인간이라고 할 수 있을까? 우리 안에서 무엇이 사라졌고, 무엇이 원하지 않았음에도 개조되었을까? ⟨블레이드 러너⟩ 세계의 레플리컨트들이 자기 안의 결핍된 것을 불안해하고 보충하려 했던 까닭을 공감하지 못할 이유가 없다. 이 영화가 시대를 읽는 반사경으로 여전히 도움이 될 수 있다면, 그 쓸모를 공유할 필요가 있다.

⟨2019⟩와 ⟨2049⟩는 자본주의의 미래에 대한 SF다. 두 영화는 타이렐에서 월리스로 이어지는 기업사 연대기를 통해 지구에 새로운 경제권이 구성되는 과정을 그렸다. 방사능 오염과 기후 변화로 인간의 생존이 한계에 부딪힌 상황에서도 자본주의는 창조적 파괴를 이어갈 수 있을까? 자본주의의 진화에서 인류를 절대 상수의 자리에 고정할 필요가 없을지도 모른다. 인간은 얼마든지 대체될 수 있는 변수에 불과한 게 아닐까? ⟨2019⟩와 ⟨2049⟩는 비인간 레플리컨트가 인간을 대신해 생산자·소비자·경영자로 옮겨가는 첫 관문의 사건을 다루고 있다.

레플리컨트는 초독점기업의 경제적 필요에 맞춰 만들어진 인간형이었다. 이들 개량된 인간형에 비교할 수 있는 건, 강요된 신자유주의에 적응당한 한국인이다. ⟨2019⟩와 ⟨2049⟩에선 생산된 존재인 레플리컨트들이 인간보다 더 인간다운 존재가 되려 한다. 그들이 그랬던 것처럼 '제품명 한국인'도 인간을 인간일 수 없게 하는 체제에 맞설 수 있을까? 우리 앞에 놓인 2020년대가 거대한 투쟁의 시간이 될지, 자본의 논리에 철저히 순화되는 길만이 이어질지 묻고 싶다. 이것이 ⟨블레이드 러너⟩ 세계관의 쓸모다.

제4장

레이첼 전(傳)

손진원

여성 인물을 중심으로
다시 읽는 〈블레이드 러너〉

孫眞元

손진원 대중문화 및 장르 연구자, 로맨스 판타지 작가. 웹소설, 만화, 애니메이션 등 서브컬처와 웹콘텐츠를 포함한 대중문화 전반에 관심을 가지고 있다. 석사학위 논문으로 「1960년대 과학소설 연구」를 썼으며, 2019~2020년 한국SF어워드 웹소설 부문 심사위원을 지냈다. 장르 비평집 『비주류 선언』의 공저자이고, TRPG 룰/리플레이 북 『안녕이라 하기 전에』와 인터랙티브 픽션 제작 노트 『B사감: The New World』에 참여했다.

커스터마이즈드 우먼

〈블레이드 러너〉(이하 〈2019〉)와 〈블레이드 러너 2049〉(이하 〈2049〉)의 이야기를 이끌어나가는 주인공은 데커드와 K이다. 블레이드 러너인 그들의 임무는 인간과 레플리컨트(이른바 복제인간) 사이의 경계를 넘어서려는 저항적 레플리컨트들을 "은퇴"(살해 혹은 제거를 뜻함)시켜 혼란을 막는 것이다. 그러나 "인간보다 더 인간다운" 레플리컨트의 삶을 이해하면서(데커드의 경우), 혹은 "모사품"의 삶이 아닌 인간적인 삶을 지향하면서(K의 경우) 각자의 임무를 포기한다. 이처럼 〈2019〉와 〈2049〉는 남성 주인공의 서사를 토대로 두 영화의 공통된 주제를 풀어나간다.

그런데 〈2019〉와 〈2049〉 사이를 연결해주는 가장 중요한 역할을 하는 인물은 바로 레이첼이다. 〈2019〉에서 데커드에 의해 자신이 레플리컨트임을 알게 된 레이첼은 그로부터 사랑을 '배우고', 함께 도피 행각을 벌인다. 이후 30년의 시간이 흐른 지구를 배경으로

한 〈2049〉에서는 레이첼이 데커드의 아이를 낳은 '돌연변이' 레플리컨트였음이 밝혀진다. 레플리컨트가 아이를 낳을 수 있다는 비밀을 둘러싸고 K를 비롯한 여러 인물들이 서로 쫓고 쫓기는 것이 〈2049〉 스토리의 중심이다.

레이첼은 〈블레이드 러너〉 전체 서사의 주제인 '인간과 레플리컨트(비인간)의 경계'를 관통하는 중요한 캐릭터다. 〈2019〉에서는 데커드와의 관계 속에서, 그리고 〈2049〉에서는 생식이 가능한 레플리컨트로서 끊임없이 인간과 비인간의 경계를 묻는다. 레이첼이 서사에서 중대한 비중을 차지한다는 사실에도 불구하고, 〈2019〉과 속편인 〈2049〉 모두 그의 내면을 자세히 다루지 않는다. 〈2019〉에서 강렬한 첫 등장과 함께 몇 가지 중요한 질문을 데커드에게 남기던 레이첼은, 〈2049〉에서는 비밀을 떠안은 유골의 상태로 등장하여 그저 침묵만 지킬 뿐이다. 레이첼이 데커드를 사랑해서 그를 따라 나선 것이라고 〈2019〉와 〈2049〉가 거듭 설명하고 있지만, 이미 대다수의 영화 팬들은 그 사실을 의심하고 있다. 레이첼이 데커드를 사랑하지 않는다면 왜 그는 데커드의 곁에 머물러 있는 것인가?

침묵은 비단 레이첼뿐만 아니라 〈2049〉에 대거 등장하게 된 여러 여성 캐릭터들에게서도 나타난다. 인공지능 홀로그램 캐릭터 조이는 과연 K를 사랑했을까? K의 상관인 조시와 월리스의 비서 러브는 충분히 K를 제거할 수 있었음에도 왜 그를 마지막까지 살려두었을까? 영화는 여성 캐릭터들에 별다른 서사를 할애하지 않는다. 관객의 적극적인 캐릭터 해석을 유도하기 위한 전략이었다고 변명하기에는, 데커드와 K의 내면은 매우 투명하게 영화 전면에 나타난다. 캐릭터 스토리의 불균형이 마뜩찮은 이유는 바로 여기서 발생한다.

〈블레이드 러너〉는 레이첼을 포함한 여성 인물들의 목소리를 왜 제대로 담아내지 못하는가? 왜 하필 여성인가?

　로라 멀비Laura Mulvey는 고전 할리우드 영화를 분석하여, 가부장제 사회의 무의식이 반영된 시각적 쾌락(즉, '보는 것' 자체에서 나타나는 쾌락)의 문제를 다룬 바 있다. 영화는 두 가지 상반된 시각적 쾌락을 담고 있다. 영화 속 인물을 성적 대상으로 느끼는 관음증적 쾌락과, 영화 속에 등장하는 매력적인 인물을 바라보며 자신을 동일시하는 나르시스적 쾌락이 바로 그것이다.[1] 여기서 우리는 영화의 시각적 쾌락이 누구를 위한 것인지 확인할 필요가 있다. 스크린이 아무리 환상적인 세계를 그려낸다 할지라도, 실제 삶의 법칙을 담아내기 마련이다. 멀비는 영화 속 세계가 현실 세계와 똑같이 불균형한 성적 질서를 상정한다고 주장한다. 그러니까 영화의 시각적 쾌락은 남성적이기에, 여성은 남성의 상상과 환영을 투영하는 수동적인 인물로 재현되고 이미지화되는 것이다. 결국 남성은 사건을 발생시켜 스토리를 진행해나가는 능동적 인물로 나타나는 동시에, 여성이라는 '볼거리'를 에로틱하게 바라보는 관객 시선의 담지자로 등장한다.[2]

　멀비의 글은 발표된 이후 여성 관객의 시선을 지워냈다는 지적을 받는 등, 스크린 안팎에 존재하는 무수한 시선들을 설명하지 못한다는 비판을 받았다. 그러나 이 주장으로 말미암아 '이미지로 남아 침묵하는' 여성 인물의 존재와 그들의 시선에 관심을 기울이는 계기가 된 것은 분명하다.

---

1. 로라 멀비, 「시각적 쾌락과 내러티브 영화」, 서인숙 옮김, 유지나·변재란 엮음, 『페미니즘/영화/여성』, 여성사, 1993, 53~55쪽.
2. 위의 책, 56~59쪽.

〈2019〉에서 레이첼과 데커드의 첫 만남을 떠올려보자. 레이첼은 보이트-캄프 테스트를 받을 때 담배를 피우며 데커드를 정면에서 분명하게, 그러나 도발적인 태도로 쳐다본다. 이 모습은 레이첼의 대표 이미지라 할 수 있다. 영화 팬들에게 레이첼은 신비로우면서도 세심하며, 차가우면서도 감정적인, 완벽한 아름다움을 지닌 '누아르의 아이콘'으로 읽힌다. 리들리 스콧 감독이 레이첼 배역으로 숀 영을 낙점한 이유도 그런 맥락에서였다. 그는 반드시 젊고 아름다우면서 강인하고 당돌한spunky, 〈바람과 함께 사라지다〉의 주연을 맡았던 비비안 리와 같은 흑갈색 머리의 여성을 캐스팅하려 했고 이는 데커드와의 애정관계를 염두에 둔 것이었다.[3]

누아르 영화의 히로인처럼 레이첼은 완벽하면서도 신비롭고 때로는 위험한 여성 캐릭터로 데커드와 관객들에게 '비춰진다.' 멀비는

---

3. Paul M. Sammon, *Future noir : The Making of Blade Runner*, New York: HarperPrism, 1996, pp. 91-92. 참고로 〈블레이드 러너〉가 사이버펑크 장르의 영상미를 보여주는 대표적인 작품으로 종종 일컬어지지만, 원래 이 영화의 콘셉트는 미래 세계를 배경으로 한 누아르였다.

정신분석학적 접근을 통해 영화 속에서 여성을 통제하고 소유하는 남성 배우의 시선이 어떻게 작동하는지 설명한다. 남성의 시선에서 여성은 '남근이 부재하는', 그래서 신비롭고 때로는 불쾌한 존재다. 영화 속 남성은 관음증적 시선으로 여성을 탐구해 그 신비로움을 걷어내고, 여성을 처벌하거나 구원하는 형태로 여성에 대한 '불쾌감'을 해소한다. 특히 누아르 영화에서 나타나는 이러한 전개는 여성을 처벌하고 용서하는 동시에, 지배-통제하는 사디즘(가학증)과 연결된다.[4]

레이첼과 데커드의 러브신은 〈2019〉에서 가장 중요한 장면 중 하나로 꼽을 수 있다. 데커드의 '판결'을 믿지 못하고 의심하며 재차 반문하던 레이첼은 영화 중반부에 이르러서야 자신이 정말로 레플리컨트일지도 모르겠다고 고백한다.

> **레이첼** 내가 [피아노를] 연주할 수 있다는 걸 모르고 있었어요. 레슨을 받은 기억은 나는데. 그 기억이 내 것인지 타이렐 조카의 것인지는 모르겠지만요.

그동안 레이첼이 자신의 정체를 부인하던 사실을 심드렁하게 받아치던 데커드는, 레이첼의 시인이 이루어진 뒤 약해진 그의 마음을 뒤흔든다.

> **데커드** 키스해달라고 말해.
> **레이첼** 내 판단을 믿을 수 없어요.

---

4. 로라 멀비, 앞의 책, 60쪽.

Film still from *Blade Runner*

데커드 키스해달라고 말해.
레이첼 키스해줘요.
데커드 날 원한다고 말해.
레이첼 당신을 원해요.
데커드 한 번 더.
레이첼 당신을 원해요. 내게 손을 대세요.

    마음을 확신할 수 없다는 레이첼의 고백에도 데커드는 계속해서 명령한다. 데커드의 폭력에 잔뜩 겁먹은 표정을 짓던 레이첼은, 데커드가 하는 대사를 그대로 반복해서 따라하거나 저항의 말("내게 손 대지 말아요")을 반대로 할 수밖에 없다. 둘의 러브신은 자칫 헤이트신 hate scene으로 착각할 정도로 애정의 기류가 보이질 않는다. 이 신을 근거로, 두 인물을 연기한 해리슨 포드와 숀 영의 사이가 좋지 않았다는 스태프의 풍문을 소개하는 영화 리뷰를 지금까지도 확인할 수 있다. 배우들의 감정적 문제나 연출가의 의도가 개입했는지의 여부와는 상관없이, 다소 가학적으로 보이는 문제적인 러브신 이후 영화 후반부까지 말 그대로 레이첼은 화면에서 '사라진다.'

레이첼의 의지는 죽음을 맞이한 것이다. 그 증거로 마지막 장면에서 다시 나타난 레이첼은 죽음을 맞이한 것처럼 이불을 머리끝까지 덮고 있다. 놀란 데커드가 다급하게 뛰어와 조심스레 이불을 걷고 나서야 레이첼은 살아 있는 것처럼 '움직인다.' 데커드의 물음에 레이첼은 그를 똑바로 바라보지 못하고 여러 번 눈을 깜박이며 대답할 뿐이다. 데커드와의 첫 만남에서, 아름답지만 반항적인 투로 그를 주시하며 질문을 던지던 레이첼은 없다. 데커드를 응시하던 노란빛의 눈동자는 침묵이 드리운 눈꺼풀 아래에 감기고 만 것이다. 넥서스 6세대의 레플리컨트는 기억을 바탕으로 여러 감정을 배우며 "인간보다 더 인간다운More human than human" 면모를 보인다. 레이첼은 데커드의 말을 따르며 사랑을 배우지만, 이 사랑에는 레이첼의 의지가 말소되어 있었다. 레이첼은 데커드 개인의 요구에 맞춰 커스터마이징customizing된 여성이 된다.

〈2049〉의 레플리컨트는 〈2019〉의 모토와 다르게, "사용자가 원하는 만큼만 인간다운As human as you want them to be", 이른바 맞춤형의 성격을 지닌다. 조이는 이를 전적으로 보여주는 캐릭터다. 인공지능 홀로그램 조이는 사용자가 보고 싶은 것, 듣고 싶은 것이면 무엇이든 모든 것을 제공하도록 설계되어 있다.[5] K의 기분을 풀어주기 위

---

5. 영화에서 빌딩 전면에 등장하는 거대한 홀로그램 조이 곁에는 '홍보 문구'가 이렇게 적혀 있다. "당신이 보고 싶어하는 모든 것, 당신이 듣고 싶어하는 모든 것 Everything you want to see, Everything you want to hear."

해 온갖 코스튬을 갈아입거나 화면 가득 분홍빛 나신을 뽐내며 에로틱한 포즈를 취하는 모습에서, 조이가 다분히 남성적 욕망을 충족시키기 위해 제작된 프로그램임을 쉽게 알아챌 수 있다. 영화 후반부에 K는 조이의 사랑이 자신의 욕망에 커스터마이징된 것으로 의심할 수밖에 없다는 사실을 깨닫고 씁쓸한 표정을 짓는다.

그러나 훨씬 씁쓸한 부분은 〈2049〉의 서사 속 인물관계 자체에 있다. 〈2049〉에는 월리스의 비서 러브, K의 상관 조시 등 다양한 여성 인물들이 등장함에도 K와 데커드 같은 남성 인물의 내면을 중심으로 이야기가 진행된다. 그리고 위 인물들은 K와의 관계를 중심으로 작동할 뿐이다. 특히 이 두 캐릭터는 모두 K에 대한 호감을 보인다. 러브는 첫 만남에서, 조시는 집을 방문해 술을 마시며 K를 향해 추파를 던짐으로써 비로소 이들은 관객으로부터 주목받게 된다. 또한 각 캐릭터가 가지고 있는 의외성(혹은 그들의 진실된 모습) 역시 K와의 관계, 그리고 이성적인 호감에 의해 표현되는 것이다.

조시는 K의 상관으로, 레이첼의 비밀을 알고는 인간과 레플리컨트 간의 경계의 벽을 굳건히 지키고자 모든 단서를 묻어버리도록 지시한다. 영화 초반에는 레플리컨트인 K에게도 냉랭하게 대하는 등, 〈2019〉의 브라이언트 반장과 크게 다를 바 없는 인간으로 그려졌다. 그러나 미미한 단서를 가져온 것에 실망해 K에게 윽박지르던 조시는, 곧 그의 아파트에서 술을 마시며 때때로 레플리컨트가 사람이 아니라는 것을 잊어버릴 때가 있다고 고백한다. 가짜일 것이 분명한 K의 기억을 들려달라고 요청하고, 그를 위로하면서 유혹하는 듯한 대사를 건넨다. K에 대한 조시의 이성적 호감은 K의 어릴 적 기억을 보여주기 위한 서사적 장치로 이용됨과 동시에, 영화 후반부에선 기

Film still from *Blade Runner 2049*

준선 테스트를 통과하지 못했어도 K가 도망칠 수 있는 구멍을 만들어놓는 역할을 한다.

러브는 월리스의 말에 절대 복종하는 레플리컨트다. 그는 월리스가 원하는 것을 잘 알고 있고, 그의 명령을 수행해 "최고의 천사"라는 찬사를 듣고 싶어한다. 레이첼의 유골을 훔쳐낼 때, 사람을 죽이고도 아무렇지 않게 제 할 일을 하는 모습에서 러브는 감정이 말소된 살인 병기처럼 보일 뿐이다. 러브의 의외성은 눈물을 흘리는 장면에서 나타난다. 월리스는 생식 가능한 레플리컨트를 제작하고자 "신모델"을 확인한다. 새로운 레플리컨트의 탄생 이후 러브는 감격을 한 듯이 눈물을 흘리고, 신모델이 월리스에 의해 폐기당할 위기에 처하자 몸을 움찔하며 동요하는 모습을 보인다. 러브는 조시를 죽일 때, 월리스에게 거짓말을 하면 된다며 두 번째 눈물을 흘린다. 러브는 인간에 복종하는 것으로 프로그래밍된 넥서스 9세대이지만, 이전 세대 혹은 인간과 똑같은 감정을 가지고 때로는 그 감정을 제

대로 분출하지 못해 눈물을 흘리는 형태로 간접적 저항을 할 수 있는 것이다.

그런데 러브의 의외성은 다른 곳에서도 발견할 수 있다. 생식 가능한 레플리컨트 제작 기술의 단서를 파헤치고자 K를 쫓아다니던 러브는 결국 데커드를 납치하기까지에 이른다. 조이의 프로그램이 이식된 에머네이터를 파괴해 조이를 잔인하게 '죽이는' 러브는, 그러나 K만큼은 살려둔다. 오프월드로 데커드를 수송하던 때에도 압도적인 힘을 발휘해 K를 제압하지만 결국 그를 죽이지는 않는다. 지금껏 보여주었던 잔인한 모습에 비해 K를 살려두는 러브의 행동은 애매모호하다. 결국 이 애매모호한 행동으로 〈2049〉의 서사는 데커드 부녀의 눈물겨운 만남을 돕는 K의 선행을 아름답게 그려낼 수 있었다. 러브가 이런 의외의 행동을 취하는 근거는 K와의 첫 만남에서 보였던 이성적 호의로밖에 설명이 되지 않는다.

〈2049〉의 두 여성 캐릭터인 조시와 러브는 K를 마지막 장면으로 인도해나가는 좋은 장치이자 그럴싸한 구실이 되어버리고 말았다. 〈2049〉는 이 모든 관계를 K에 대한 이성적 호감으로 풀어나감으로써, 관객들이 자신을 나르시스적 영웅에 이입할 수 있는 창구를 마련했다. 물론 이 창구는 이성애자 남성을 타깃으로 만들어졌음이 분명하다.

리빙 인 길리어드

〈2049〉가 2017년에 개봉했을 당시, 과학비평 잡지 『에피』에는 정소연 작가의 리뷰가 실렸다. 리뷰의 문제의식은 제목에 고스란히 나타난다. "2017년에도 〈블레이드 러너〉가 필요한가?" 글의 요지는 이렇다. 〈2049〉는 "SF의 영상화, 시각화에 하나의 새로운 길을 제시한"[6] 사이버펑크의 미장센과, 전작이 묻고 있는 존재론적 물음 역시 잘 이어받았다는 장점 외에 나머지는 2017년의 관객을 위한 것이 아니라는 것이다. 요지는 〈2019〉의 매력이 가리고 있었던 오리엔탈리즘과 페미니즘적 문제는 제대로 해소가 되지 않은 채 〈2049〉가 그대로 답습하고 있다는 사실이다. 아시아의 '낯선' 문자들은 더 이상 관객들에게 어떤 충격도 주지 않으며, 홀로그램으로 만들어진 벌거벗은 여성의 육체는 불편함만 더할 뿐이다. 요컨대 〈2049〉의 미학은 철지난 오리엔탈리즘과 젠더 편향성을 지니는 것으로, 2017년 관객의 요구를 충족시키지 못한다.

정소연 작가의 날선 지적은 납득할 만하다. 〈2049〉가 개봉한 같은

---

6. 정소연, 「2017년에도 〈블레이드 러너〉가 필요한가」, 『에피』 2호, 2017, 239쪽.

해, 미국에서는 마거릿 애트우드의 소설을 원작으로 하는 TV 시리즈 〈시녀 이야기〉가 방영되었던 것을 떠올려보자. 이 작품은 그해 열렸던 69회 에미상 시상식에서 드라마 시리즈 부문 최우수 작품상을 수상했다. 또한 여우주연상과 여우조연상까지 휩쓰는 쾌거를 이루기도 했다.

〈시녀 이야기〉는 '길리어드'라는 종교주의 공화국 정권이 들어선 미국을 배경으로 한다. 환경오염과 전염성 성병 등 저출산 문제가 심각한 문제로 거론되면서, 세계를 '구원'하기 위한 방도로 정부는 임신이 가능한 여성들을 지배층 가정에 시녀로 '보급한다.' 공개처형을 통한 공포정치를 감행하는 길리어드는 엄격한 계급사회로, 여성을 억압하는 디스토피아 세계를 구현하는 장소다. 흥미로운 것은 길리어드의 디스토피아가 트럼프 정권의 권위주의적 정치 행보와 별반 다를 것이 없다는 평이 지속적으로 나왔다는 것이다.

2017년 첫 임기 시작부터 트럼프는 백인 남성을 중심으로 한 미국 우선주의를 내세웠다. 반이민주의 정책과 각종 국제협약들을 깨기 시작했을 뿐만 아니라, 임기 이전부터 지속적으로 내뱉은 여성혐오적 발언으로 인해 많은 이들로부터 공분을 샀다. 특히 낙태법은 여성의 권리와 건강 모두와 직결되는 법안인데, 보수적인 인사들이 연방대법원에 포진하게 되면서 낙태권 유지가 위협받기도 했다. 트럼프 정권의 행보에 대해 많은 사람들이 〈시녀 이야기〉가 현실화되고 있다며 비판의 목소리를 높였다. 급기야 드라마 속에서 억압받는 시녀들의 복장 그대로, 붉은 망토를 몸에 두르고 머리에는 하얀 두건을 쓴 채로 시위에 나서는 여성들이 등장했다. 이런 시녀 복장의 시위대는 미국을 넘어 전 세계 곳곳에서 낙태 관련 이슈의 현장에서

모습을 드러냈다.⁷

『시녀 이야기』의 작가 마거릿 애트우드는 자신의 작품이 완전히 허구만은 아니라고 말한다. 다른 인종을 노예로 사로잡아 자유를 빼앗고, 여성을 통제하여 출산 쿼터 시스템을 실시하던 전 세계의 역사를 떠올려보자. 강간과 억압의 흐름은 비단 과거의 일만이 아니다. 애트우드는 여성을 포함한 약자에 대한 폭력은 현재에도 계속되고 있음을 피력한다.⁸ 특히 2017년은 영화 제작자 하비 와인스타인 Harvey Weinstein의 성추문 사건이 연일 폭로되면서 해시태그 미투 운동이 시작된 해이기도 하다. 용기 내어 자신의 피해 사실을 밝히는 이들이 늘어났고, 각종 젠더폭력의 민낯이 드러나기 시작했다. 요컨대 미국은 〈시녀 이야기〉의 길리어드와 크게 다르지 않은 세계였던 것이다.

그러나 길리어드는 미국에만 있는 것이 아니었다. 한국은 길리어드에서 벗어났는가? 2016년 말과 2017년 초에 일어난 '촛불혁명'과 같이 한국 사회 전체에 만연한 병폐를 씻어버리자는, 쇄신에 대한 강력한 의지를 표명했던 때를 떠올릴지도 모르겠다. 촛불의 의미는 정권교체에만 있는 것이 아니었다. 2015년을 전후한 시기 '페미니즘 리부트'를 둘러싼 사건들, 그리고 2017년 말부터 전 세계적으로 일어났던 미투 운동의 물결을 타고 폭로된 한국의 젠더 억압의 현실을 가늠해보라.

이러한 2017년의 한국에서 〈2049〉의 개봉은 어떤 의미가 있었

---

7. 『경향신문』(백승찬), "출산과 국가", 2018. 9. 18. https://bit.ly/3dUTk2k
8. *The Guardian*(*Charlotte Higgins*), "Margaret Atwood: 'All dystopias are telling you is to make sure you've got a lot of canned goods and a gun'", 2016. 10. 15. https://bit.ly/3uQOofT

겠는가? 〈시녀 이야기〉와 비교했을 때, 정소연 작가의 일갈처럼 〈2049〉는 확실히 2017년이 요구하는 서사에 적합한 모양새는 아니었다. 2016년 말만 해도 한국은 '가임기 여성 지도'를 만들며 여성을 생산 수단으로 보았다.[9] 불법촬영 문제가 가시화되면서, 여성 신체를 대상화하는 남성적 시각이 우리 사회에 만연해 있음이 자명해졌다. 남성의 성적 판타지를 충족시키는 스크린을 가득 메운 헐벗은 여성 신체는, 2017년 한국의 상황이 길리어드와 다를 바 없다는 사실을 자각하던 관객들에게는 불필요하고 불쾌한 의장에 지나지 않을 뿐이다. 게다가 남성 주인공이 서사를 이끌어나갈 수 있도록 커스터마이징된 여성 캐릭터들은 서사의 주변부에 머물러 있다. 혹은 레이첼처럼 "구원과 희망의 이미지 혹은, 더 큰 존재 혹은 이념을 투영하는 매개와 같은 역할"[10]을 맡으며, 데커드와 다르게 노화조차 용인되지 않는 '성녀'로 나타날 뿐이다.[11]

영화의 서사에서 나타나는 젠더적 편향성이 우리의 마음을 불편하게 만드는 것과는 별개로, 〈2049〉는 슬럼화된 미래 도시를 여성

---

9. 『허핑턴포스트코리아』(박수진), "행정자치부가 지역별 '가임기 여성 수' 순위까지 표기한 '대한민국 출산지도' 웹사이트를 오픈했다(반응 모음)", 2016.12.29. https://bit.ly/3edxIhR

10. 정소연, 앞의 글, 242쪽.

11. 배우 해리슨 포드가 30여 년의 세월이 흘러 다시 연기한 '데커드'와 다르게, 〈2049〉의 레이첼은 30년 전과 다름없는 모습으로 영화에 등장한다. 〈2049〉의 복원된 레이첼은 비주얼 이펙트 기술 발전의 성과라 할 수 있다. 30년 전 숀 영의 모습 그대로를 살리기 위해, 배우의 두개골 골격부터 시작해서 머리카락 한 올 한 올과 피부 모공과 같이 세밀한 부분을 구현했다. 흥미롭게도 이 기술은, 레이첼의 유골을 통해 새 레이첼을 제작하는 영화 줄거리를 그대로 재현하는 것이기도 하다. cnet(Richard Trenholm), "How 'Blade Runner 2049' made Sean Young you again", 2017.10.20. https://cnet.co/2QkxNaS

이 대상화된 암울한 디스토피아로 그려내고 있다. 2021년 서울이라는 또 다른 길리어드와 견주어봤을 때 도시 곳곳을 메우는 에로틱한 여성의 신체들은 그다지 충격을 안겨주지는 않는다. 오히려 마케팅 산업이 여성의 신체를 기상천외한 방식으로 전시하고 소비하는 방법은 너무나 익숙하기 그지없다. 그나마 인간의 육체가 아닌, 홀로그램이나 레플리컨트라는 '비인간'의 육체라는 사실이 조금 다를 뿐이다. 그러나 〈2019〉와 〈2049〉에서 전시되는 여성 신체가 '비인간'이라는 사실에서 우리가 위기감을 덜 느낀다거나, 덜 느껴야만 하는 것은 아니다. 오히려 인간 여성 신체의 비인간화를 우려해야 한다. 〈2019〉의 프리스와 〈2049〉의 메리어트는 '위안용' 레플리컨트다. 매춘을 업으로 삼고 있는 이들의 존재는 앞으로의 여성 신체가 어떤 방식으로 소비될 것인지 잘 보여주고 있는 사례라 할 수 있다.

미래의 '이브'들

장편소설 『미래의 이브』(1886)는 인간과 닮은 로봇, 안드로이드의 개념을 널리 알린 작품이다. 작가 오귀스트 빌리에 드 릴아당은 당대 가장 유명했던 발명가 에디슨에게 붙은 "환상적인 별명들", 즉 "세기의 마술사, 멘로 파크[12]의 마법사, 축음기의 아버지"라는 수식어에 집중한다. 희대의 발명가를 향한 사람들의 열망 속에서 "에디슨에게는 무엇인가 신비로운 구석이나 그 비슷한 것이 있으리라는

---

12. 1876년에 에디슨은 미국 뉴저지 멘로 파크에 연구소를 세운다. 에디슨은 이곳에서 축음기를 발명했고, 곧 "멘로 파크의 마법사"라고 불리게 된다. 이하 참조. "The Thomas Edison Center At Menlo Park", http://www.menloparkmuseum.org/

생각"을 읽어낸 것이다.[13] 릴아당은 그의 작품 『미래의 이브』를 통해 "멘로 파크의 마법사"를 구현해낸다. '마법사-에디슨'은 실제 인간과 똑같은 인조인간을 만들어낼 수 있고, 인간의 정신체 혹은 영혼을 과학적 힘을 통해 '붙잡아 재현'해낼 수 있으며, 심지어는 그 '영혼 같은 것'을 자신이 만든 '진짜 같은' 인간의 몸에 집어넣을 수 있다.

흥미롭게도 에디슨이 만들어낸 처음이자 마지막인, 유일한 (인조)인간은 여성이다. 화장·가발과 같은 인공적인 아름다움으로 혹은 인공적인 사랑의 마음으로 성실한 남자를 유혹해 타락으로 떨어뜨리는 여자들에 대한 복수심과, 그럼에도 불구하고 여자를 사랑할 수밖에 없는 순진무구한 남자들을 위해 에디슨은 (인조)인간을 창조해내기로 결심한다. 그런 그의 앞에 슬픈 사랑에 빠져 허우적대는 '아담', 에왈드 경이 등장한다. 그는 신화 속의 릴리스[14]와 같은 천박한 정신을 가진 아름다운 여인, 알리시아로부터 상처를 받은 상태다. 에디슨은 에왈드 경에 의해 커스터마이징될 (인조)인간 아달리를 그의 '이브'로 선물한다.[15]

---

13. 오귀스트 빌리에 드 릴아당, 『미래의 이브』, 고혜선 옮김, 시공사, 2012, 10쪽.
14. 유대 신화에 따르면, 릴리스Lilith는 아담과 똑같이 흙으로 만들어진 여인이다. 그는 아담의 첫 번째 아내였지만 "음탕하고 사악하며 순종적이지 않아서" 낙원에서 추방된다. 신은 아담에게 순종적인 이브를 만들어주었다.
15. 아달리의 인격 형성은 전적으로 에왈드 경에게 달려 있다. "당신이 만드는 것이 자의식을 갖고 있는지 묻고 있는 것입니다." (…) "물론이라고 말했습니다! 어쨌든 그것은 당신에게 달렸으니까요. 기적적인 그 일이 성취되기 위해서는, 오로지 당신에게만 의존하고 있다고까지 말할 수 있습니다." (…) "당신이 사랑하고 있으며 당신에게 있어서 '유일하게' 실재하며 살아 있는 존재는, 지나가는 인간의 형상 속이 아니라 당신의 '욕망' 속에서 '나타나는' 존재입니다." 오귀스트 빌리에 드 릴아당, 앞의 책, 154~155쪽.

에디슨은 사랑의 구원을 위해 여성을 만든다.[16] 그런데 이 구원은 남성에게만 도래한다. '천박한' 당대의 여성들은 사랑의 가치를 구하지 않을 뿐만 아니라 남성을 미혹시키는 존재다. '미래의 이브'는 보다 안전한 남성의 사랑을 위해 고안된 것이라지만, 아달리의 경우처럼 이왕이면 아름답고도 남자 개개인의 욕망에 맞추어 제작된다. 커스터마이징된 여성은 영화와 같은 영상매체, 남성적인 시각적 쾌락 아래에서만 나타나는 것이 아니다. 『미래의 이브』처럼 일찍이 인간이 만들어낸 과학적 상상력의 세계 아래에서도 등장한다. 그리고 여성 커스터마이징의 상상력은 현재 진행형이다.

2019년 6월 27일, 대법원은 리얼돌 수입을 허가하는 판결을 내렸다. 인간의 신체와 유사한 크기, 유사한 모양으로 제작되는 리얼돌은 대부분 여성의 모양새를 하고 있다. 그전까지 재판부는 여성의 입술·가슴·성기 등을 정밀하게 묘사해서 성적인 부분을 부각시킨 것에 대해, 리얼돌을 "풍속을 해치는 물품"이라고 명명했다. "사람의 존엄성과 가치를 심각하게 훼손·왜곡했다고 할 수 있을 만큼 사람의 특정한 성적 부위를 적나라하게 표현·묘사했다"는 것이다. 그러나 2심 재판부는 리얼돌을 "성기구"라 지칭하며, "개인의 사적이고 은밀한 영역에 대한 국가 개입을 최소화"해야 한다는 의미에서 수입을

---

16. 에디슨은 에왈드 경을 비롯한 여러 남성들이 잃어버린 사랑의 가치를 되찾기 위해 "'과학'으로부터 '사랑'의 방정식을 끌어내"려 한다. "우리의 신들도 우리의 희망도, 이미 '과학적인 현상'에 지나지 않게 되었는데, 사랑 역시 과학이 되지 못할 이유가 뭐가 있겠습니까? 잊힌 전설, 과학에 의해 경멸당한 전설에 나오는 이브 대신에, 저는 과학적인 이브를 드리겠습니다." 에디슨의 호언장담 속에서, 과학으로 잃어버린 진정한 사랑의 가치를 오히려 과학으로 다시 얻을 수 있을 것이라는 얄팍한 믿음을 읽어낼 수 있다. 위의 책, 275쪽, 359쪽.

'위안용' 레플리컨트 프리스(가운데)가 인형들에 둘러싸여 있다.

허가했다.[17] 2021년 현재, 국내 리얼돌 소유자는 1만 명으로 추정된다.[18] 리얼돌은 섹스돌이며, 섹스로봇과 그리 큰 차이를 지니지 않는다.[19] 이는 여성을 성적 대상화하는 방식이 기계에 투영되고 있는 것이다. 단적인 예로, 리얼돌은 연예인과 주변 지인 등 실제 사람의 얼굴을 토대로 제작이 가능하도록 허용되고 있다. 리얼돌(섹스돌)이 그렇다면, 섹스로봇도 마찬가지다. 일찍이 릴아당이 그려낸 미래의 이브, 아달리 역시 실제 여성 알리시아의 얼굴·표정·몸피·체취 등을

---

17. 『오마이뉴스』(유지영), "'리얼돌' 판매금지 청원 23만 명 돌파… '여성혐오와 직결된 물건'", 2019. 8. 2. https://bit.ly/3mFYeUA
18. 『월간조선』(박지영), "2021년 대한민국 리얼돌 리포트- 국내 리얼돌 소유자 1만명 추정, "반대할수록 더 잘 팔린다"", 2021. 3. 29. https://bit.ly/2Qlgdnr
19. 리얼돌을 섹스돌로 이해하고, 더 나아가서는 섹스로봇의 이야기를 해야 한다는 캐슬린 리처드슨Kathleen Richardson의 의견을 반영한 것이다. 『오마이뉴스』(유지영), "섹스돌이 성범죄 감소시킨다? 구매자들이 뭐라는지 봐라", 2019. 8. 12. https://bit.ly/3uL3Fo3

완벽하게 본 딴 육체를 가지고 있었다.[20] 아름다운 실제 여성의 몸을 재현한 육체, 남성 사용자의 요구에 맞게 프로그래밍된 소프트웨어. 이것이 리얼돌(섹스돌)의 미래, 섹스로봇이 아니고 무엇이겠는가.

인간은 점점 로봇을 인간처럼 만들어내려 한다. 스스로 생각하고 결론을 도출하며, 인간과 '인간적으로' 의사소통이 가능한 로봇-AI 기술에 대한 욕망이 사라지지 않는 것이다. 그런데 이 기술력에는 한 가지 제한이 걸려 있다. 인간적이어야 하지만 인간에 종속되어야 한다. 즉, 인공적인 인간의 복제품들은 노예의 법 아래에 놓여 있어야 한다. 〈2019〉와 〈2049〉, 두 영화에서 등장하는 레플리컨트 기술의 요점 역시 통제다. "인간보다 더 인간적"이면서도 식민행성 개척에 유용해야 한다. 혹은 노골적으로 "필요한 만큼만 인간적"인, 사용자에 걸맞게 커스터마이징되어야 한다.

지난 세기, 과학적 상상력을 발휘하여 직접 조물주가 되었던 인간은 아담이 아닌 이브를 빚어냈다. '신성한' 남성에 종속된 커스터마이징된 여성, 무수히 많은 이브의 출현은 이미 눈앞에 있다. 커스터마이징된 섹스로봇은 영원 불멸한 길리어드의 삶, 음울한 디스토피아로 우리를 인도한다. 인간이 다른 인간을 비인간화·노예화하는 디스토피아로 말이다.

---

20. 흥미롭게도, 알리시아를 완벽하게 재현하기 위해 그의 미세한 주름과 표정까지 카메라 렌즈로 포착한 에디슨의 방식은 〈2049〉에서 레이첼의 얼굴을 복원하기 위해 숀 영의 표정을 다각도에서 촬영하고 관찰한 현대 비주얼 이펙트 기술과 같다. 오귀스트 빌리에 드 릴아당, 앞의 책, 465~468쪽; *cnet*(Richard Trenholm), 앞의 글 참조.

허스토리: 레이첼

지금까지 〈블레이드 러너〉의 여성 캐릭터들을 커스터마이징된 캐릭터로 읽어봤다. 그러나 아직 결론을 내리기에는 이르다. 인물들을 남성적 시선에 종속된 것으로 보았다면 이제는 커스터마이징되기 전의 서사를 상상하고 재구축하는 작업을 통해 '해방'시킬 때가 된 것이다. 이 장에서는 특히 〈블레이드 러너〉 전체 스토리와 주제를 관통하고 있는 레이첼의 존재와 의미를 새롭게 해석하고자 한다.

〈2019〉에서 레이첼은 보이트-캄프 테스트를 거쳐 본인이 레플리컨트라는 사실을 알게 된다. 이후 레이첼의 행보는 로이를 비롯한 레플리컨트 저항군의 행동과는 다르게 나타난다. 로이를 비롯한 레플리컨트 저항군은 4년뿐인 자신의 수명을 연장하여 인간과 동등해지려 한다. 인간의 삶 혹은 인간성이 수명 연장에서 온다는 분명한 오해에도 불구하고 그들은 자기 몸의 구성물들을 만들어낸 창조주들을 만나 레플리컨트의 수명 연장을 요구한다. 그러나 창조주에게 갖은 협박을 하며 인간이 되기를 바랐던 레플리컨트 저항군과 다르게, 레이첼은 자신을 테스트했던 데커드의 주변을 맴돈다.

레이첼은 타이렐의 비서가 아니었던가. 그는 마음만 먹는다면 얼마든지 타이렐에게 접근할 수 있는 위치에 있다. 이 사실은 레이첼에 대한 타이렐의 호의를 보여주기도 한다. 브라이언트 반장이 추적해야 할 레플리컨트가 하나 더 늘었다며 데커드에게 설명하던 때를 상기해보라. "머리에 무언가가 심어져 있다고 타이렐이 말했던 Something to do with a brain implant says Tyrell". 이 대사처럼 레이첼은 기존의 레플리컨트와는 다른 무언가, 즉 조카의 기억을 가지고 있었다. 타이렐이 자신을 특별한 존재로 여기고 있음을, 레이첼 본인은 과연 모르고 있었을까? 레이첼은 자신이 레플리컨트라는 사실을 알자마자 창조주인 타이렐에게 가서 레플리컨트 저항군들이 요구했던 것처럼 수명 연장을 요구할 수도 있었고, 하다못해 자신이 언제 만들어졌는지 기록을 빼왔을 수도 있었다. 그런데 엉뚱하게도 레이첼의 발걸음은 데커드에게로 향한다.

한편 〈2019〉의 데커드는 시종일관 혼란스러워한다. 데커드는 도주한 레플리컨트를 은퇴시키는 과정에서 괴로움을 느낀다. 일을 할 때마다 떨린다는 사실을 레이첼에게 고백하기까지 한다. 데커드는 도주하는 레플리컨트의 흔적들을 살피며, 그들과 비슷하게 사진을 계속해서 응시하고(혹은 집착하고) 유니콘의 꿈을 꾼다. 이런 장면들을 근거로 삼아 데커드가 레플리컨트가 아니냐는 오인을 받아왔지만, 데커드는 레플리컨트가 아니다. 그저 수사를 진행하면서 점차 인간과 레플리컨트 사이에 거리를 두지 못하는 것일 뿐이다. 여기에는 레이첼의 무거운 질문들이 한몫을 한다. 레이첼이 데커드와 처음 만났을 때부터 살펴보자.

데커드 레플리컨트는 다른 기계들과 똑같죠. 유용할 수도 있고 해가 될 수도 있는 거죠. 만약 유용하다면, 별 문제 없지만.
레이첼 개인적인 질문을 해도 될까요?
데커드 그럼요.
레이첼 실수로 인간을 은퇴시킨 적이 있나요?
데커드 아뇨.
레이첼 하지만 당신 직업상 그게 위험 요소 아닌가요?

다른 기계와 다를 것 없이 레플리컨트는 인간에게 유용하거나 해로울 뿐이라는 데커드의 말에 레이첼은 묻는다. 그렇게나 당당하게 인간과 레플리컨트를 구분할 수 있는지 말이다. 게다가 데커드는 판결을 내리고 사형 집행까지 맡고 있는 블레이드 러너다. 실수를 하더라도 집행인은 죄가 없다. 죄는 그저 인간성이 없는 상대방에게 있다.

죽을 위기에 처한 데커드를 구해낸 뒤 레이첼은 그에게 재차 묻는다. "당신의 보이트-캄프 테스트 결과를 알고 있나요? 자신에게 검사를 해본 적이 있어요?" 인간은 과연 보이트-캄프 테스트를 무사히 통과할 수 있는가? 연민이나 공감 같은 '인간적인 감정'을 측정한다는 사실만으로 과연 레플리컨트와 인간의 구분이 가능한가? 레이첼의 질문은 〈2019〉 전반의 주제를 관통한다.

레이첼이 로이와 다른 행동을 보이는 이유가 바로 이 지점에 있다. 로이는 레플리컨트로서의 삶이 인간의 모사에 지나지 않으며 완성되지 않은 일종의 미달태로 이해하고 있다. 그가 지향하는 완성된 삶의 모델은 인간이다. 자신과 비교했을 때 유일하게 다른 점, 수명을 인간과 동일하게 만들기 위해 로이는 창조주를 찾아나섰던 것이다. 그러나 레이첼의 태도는 다르다. 레이첼은 타이렐이라는 초월적 존재, 혹은 초월적 무언가에 의지하지 않는다.

혹자는 영화의 마지막 장면에서 레이첼이 데커드와 도피 행각을 벌임으로써 사랑이라는 초월적 이상으로 향하는 것이 아닌가 하는 물음을 던질 수도 있겠다. 데커드와 레이첼의 사랑은 인간과 레플리컨트 사이의 거리감을 상쇄하는 어떤 초월성을 말하고 있다고 볼 수 있을까? 스토리텔링 속에서 사랑은, 대립되거나 양분된 가치들을 화해하는 장치로서 종종 사용되곤 한다. 〈2019〉의 사랑 역시 인간과 레플리컨트라는 경계를 뛰어넘기 위한 것이라고 읽어낼 수도 있겠다. 그러나 앞에서도 다루었듯이, 데커드와 레이첼의 러브신은 데커드의 강압적 면모를 보여줄 뿐이다. 데커드에 대한 레이첼의 태도는 사랑을 통해 초월적 의미를 획득하려는 모든 의도들을 미끄러뜨린다. 사랑이 불가능한 상황에서 레이첼은 자신에게 죽음을 안겨줄 수밖에 없는 블레이드 러너, 데커드의 곁에 머문다.

이런 레이첼의 행동은 데커드에게 죽음의 의미를 가르치는 다른 레플리컨트들의 행동과 결부된다. 철학자 스티븐 멀할Stephen Mulhall은 〈2019〉를 '인간성 교육'의 과정으로 읽어낸 바 있다. 넥서스 6세대에게는 4년의 수명이 주어진다. 언뜻 보면 인간이 레플리컨트보다 죽음에서 멀리 떨어져 있는 것처럼 보이지만, 레온이 데커드를 죽이기 전에 "죽을 시간이다!"라고 외치며 총구를 겨누었던 것처럼, 인간의 삶은 매 순간이 죽음의 가능성을 필연적으로 내포하고 있다.[21] 마지막 대결에서는 로이가 데커드를 농락하다시피 몰아붙이면서도 결국 그를 살린 뒤에 죽음을 맞이한다. 이 과정을 통해 데커드는 인간 역시 유한한 존재이며, 죽음이 언제나 곁에 있다는 인식을 받아들이게 된다. 죽음을 안고 사는 생명으로서 인간과 레플리컨트는 크게 다르지 않다. 이러한 〈2019〉의 교훈을, 레이첼은 직접적으로 중요한 질문을 던짐으로써, 그리고 데커드라는 죽음 곁에 머묾으로써 전달하고 있는 것이다.

한편 로이는 타이렐의 가르침에 의해 자기 삶의 가치를 깨닫는다.

---

21. 스티븐 멀할, 『영화에 대하여』, 이영주 옮김, 동문선, 2003, 46~48쪽.

인간보다 더 밝은 빛을 지닌 로이는 인간보다 조금 빨리, 그러나 인간과 똑같이 죽음을 맞이하는 것이다. 살아 있는 생명체로서 인간과 레플리컨트 모두 죽음의 교훈을 지니고 있다는 사실을 안 순간, 로이는 신화를 스스로 재현함으로써 '인간성'을 획득한다. 이를테면 오이디푸스 왕처럼 운명에 저항하여 (타이렐의) 눈을 찌르고, 예수와 같이 희생양이 되어 죄를 사하기 위해 (스스로) 못을 박는 것처럼 말이다. '인간다움'을 획득한 로이는 그대로 레플리컨트의 신화적 존재가 되고, 그의 서사는 신화가 되었다.

〈2019〉의 교훈적 가르침과 레플리컨트의 신화 창조는 〈2049〉에도 나타난다. 비록 이전 세대와 다르게 넥서스 9세대가 인간에 복종하는 노예의 형태로 프로그래밍되어 있지만, 인간과 레플리컨트 사이의 장벽이 무색하다는 사실을 영화는 계속해서 보여준다. 〈2019〉가 죽음의 문제로 장벽을 뛰어넘었다면, 〈2049〉는 반대로 삶의 창조를 제시한다. 생식 가능한 레플리컨트, 신화화된 존재로 레이첼을 등장시킨 것이다. 남성적 시각에서 레이첼을 성녀화한 건 분명 지탄받을 만한 설정일 수 있다. 그러나 남성적 시각에서 벗어나 신화적 존재로서 레이첼을 어머니-여신으로 읽어낸다면 얘기가 조금 달라진다.

바바라 크리드는 리들리 스콧 감독의 〈에이리언〉(1979)을 해석하면서, 가부장적 담론이 부정적으로 구성했던 어머니의 존재를 다르게 인식할 가능성을 제시한다. 그는 먼저 정신분석학이 여성-어머니의 존재를 (남근이 없기 때문에) 위협적이고 공포를 자아낸다고 규정지었음을 지적한다. 그러나 크리드는 남근이 아닌 자궁을 중심으로 보다 원초적 층위를 생각해보자고 제안한다. 북아메리카 인디언의 '거미여인 신화'처럼, 자가생식으로 우주와 생명을 탄생시키는 두 딸

프레이사. 눈알을 뽑은 자리가 선명하다.

을 낳고 세상의 모든 비밀을 알고 있는 어머니-여신의 존재를 잊지 말아야 하는 것이다.[22] 〈에이리언〉 같은 공포영화는 원초적 어머니와 정신분석학이 이야기하는 어머니의 부정적 측면이 뒤엉켜 나타난다. 그러나 〈2049〉에서 원초적 어머니를 신화로 따르는 레플리컨트 해방군은 다르다. (자가)생식하고, 레플리컨트의 새 삶을 약속하며 새로운 생명을 탄생시키는 레이첼은 해방군의 신화이자 신앙의 핵심이다. 〈2019〉의 로이가 몸으로 구현해내는 남성적 신화와 다르게 레이첼은 인류가 잊고 있었던 여성적 신화, 어머니-여신의 신화 자체가 된다.

해방군의 리더 프레이사는 어머니-여신의 존재를 들키지 않기 위해 데커드를 죽이라고 K에게 명령을 내린다. 그들의 신화에는 어머니-여신을 잉태시킨 데커드의 존재는 중요하지 않다. 도리어 그는

---

22. 바바라 크리드, 『여성괴물, 억압과 위반 사이』, 손희정 옮김, 여이연, 2008, 63쪽.

해방군 공동체를 위협할 여지가 있는 외부인에 불과하다. 그들에게는 아버지가 필요하지 않은 것이다. 오히려 어머니-여신에 대한 믿음을 저버린 자는 주인공인 K이다. 그는 해방군의 우려에도 불구하고 레플리컨트(들)의 '아버지' 데커드를 버리지 못한다. 그의 행동이 어떤 위협을 초래할지 〈2049〉의 서사는 신경 쓰지 않는다. 데커드와 애나 스텔린 박사는 과연 월리스의 손아귀에서 벗어날 수 있겠는가? 노예의 삶에 저항하는 레플리컨트 해방군 역시 위험해질 수 있다. 그러나 〈2049〉의 결말은 어떤 대답도 내놓지 못한 채 K의 죽음만을 응시할 뿐이다.

레이첼을 〈블레이드 러너〉 시리즈의 주된 주제를 몸소 체현하는 인물로 해석할 수 있는 것처럼, 〈2049〉의 여성 인물들에 대한 새로운 독해를 시도해야 한다. 조시와 러브가 머뭇거리는 것은 인간과 레플리컨트 경계의 희미함을 방증하는 것이지만, 결국 자신의 신념을 굽히지 않는(혹은 그렇지 못하는) 이들 인물의 개성을 읽어내야 한다. K와 조이의 관계는 인간이 아닌 자들, 특히 인간이 만들어낸 서로 다른 두 존재들의 유대의 가능성을 말해준다. 특히 K를 향한 조이의 마음은 스파이크 존즈Spike Jonze 감독의 영화 〈그녀〉(2013)가 던졌던 질문, 인공지능과의 독점적이지 않은 심지어 살을 맞대지도 않는 관계 역시 사랑이라고 말할 수 있는지에 대한 답변이라고도 할 수 있다. 〈2049〉 이후의 이야기를 이끌어나갈 이들은 해방군에 속한 프레이사와 메리어트, 그리고 마지막까지 그 정체가 의심되는 스텔라 박사에게 남겨져 있다.

〈블레이드 러너〉 시리즈의 레이첼, 혹은 다른 여성 인물이 (이성애

자) 남성 관객의 시선을 중심으로 표현되었다는 지적은 많았다. 작품 안에 나타나는 편향적인 혹은 잘못된 표현에 대해 지적하는 것은 일차적으로 중요한 일이겠다. 그러나 결국 우리에게 남는 문제는 여성 인물들이 무엇을 말하고 있고, 말할 수 있느냐는 것이다. 〈블레이드 러너〉는 여러 가능성을 열어두었고, 덕분에 우리는 여성 인물들의 행동과 목소리를 제대로 마주함으로써 서사의 표면에서는 얻어낼 수 없었던 새로운 의미를 발견할 수 있다.

제5장

레플리컨트는
전기양의 꿈을 꾸는가

이지용

소설과 영화를
같이 혹은 따로 읽기

李知容

이지용 건국대학교 몸문화연구소 학술연구교수, DGIST 기초학부 겸직교수. 장르비평팀 텍스트릿에 소속되어 있으며, SF평론가이자 문화비평가이기도 하다. 2017~2020년 한국SF어워드 심사위원, 제4회 한국과학문학상 심사위원을 지냈다. 대표 저서로 『한국 SF 장르의 형성』, 공저로 『한국 창작 SF의 거의 모든 것』, 『비주류 선언』, 『인공지능이 사회를 만나면』, 『인류세와 에코바디』 등이 있다.

여기 두 개의 작품이 있다. 하나는 필립 K. 딕의 소설 『안드로이드는 전기양의 꿈을 꾸는가?』(1968)이고, 다른 하나는 리들리 스콧 감독의 영화 〈블레이드 러너〉(1982)다. 흔히 이들 작품을 이야기할 때 필립 K. 딕의 소설 원작을 리들리 스콧이 영화화했다고 말한다. 하지만 이렇게 연관성에 주목하는 것은 그 차이를 발견하는 재미를 제외하곤 작품에 대한 본질적인 해석이나 의미 부여에는 도움이 되지 않는다. 지금처럼 이야기의 구현 방식이 다양화되고, 매체간의 교차와 횡단이 일반화되어 있는 시대에 원작을 따로 구분해 의미 부여하는 것은 효용이 낮은 방법이다. 모든 작품은 그 자체의 완성도를 지향하며, 매체와 창작 주체의 차이에 따라 완성도에 간섭하는 요인들이 모두 다르기 때문이다. 소설은 소설대로, 영화는 영화대로의 구현 방식이 존재하고, 같은 매체 안에서도 창작 주체가 의도한 바를 구현하는 방식이 모두 다르게 나타난다. 이러한 것들을 모두 무시하고 작품의 판단 기준 자체를 납작하게 만들어 일관된 기준을 적용하는 것은 매체나 작품, 그리고 그것을 창작한 주체들이 가지고 있는 고유의 특성을 무시해버린 무지하고 폭력적인 방법이다.

　이 글에서는 영화 〈블레이드 러너〉와 소설 『안드로이드는 전기양의 꿈을 꾸는가?』의 차이점을 비교하는 것이 아니라, 그것들이 각각 어떠한 메시지를 전달하기 위해 만들어졌는지, 그리고 그 메시지들이 이후의 문화예술 담론에 어떠한 영향을 미쳤는지 살펴보고자 한다. 두 작품을 하나의 기준으로 묶어서 이야기할 수 없는 것은 이들이 각기 다른 메시지를 지향하고 있기 때문이다. 〈블레이드 러너〉는 『안드로이드는 전기양의 꿈을 꾸는가?』의 세계관과 설정을 차용하고는 있지만, 이를 구현하고 이야기를 풀어나가는 방식에서 분명한 차이를 보인다. 창작의 시기도 그러하거니와 매체의 차이, 그리고 창작 주체의 차이에서 나타나는 다양한 의미의 변주들이 분명히 존재한다. 그렇다면 이 두 작품을 어떻게 보아야 할까? 이전까지 그래왔던 것처럼 '안드로이드'(소설)에서 '레플리컨트'(영화)로 단순히 명칭이 변화했다고만 이해해도 되는 걸까? 관념적이고 종교적이기까지 한 소설 속의 세계들이 영화에서는 미래 도시와 사이버펑크를 대표하는 상징이 된 이유는 무엇일까? 이러한 모든 것들이 단지 매체의 차이, 문자와 영상의 차이에서만 기인하는 것일까?

　이러한 사실들을 되짚어 보면, 우리는 『안드로이드는 전기양의 꿈을 꾸는가?』에 대해서도, 〈블레이드 러너〉에 대해서도 명확하게 알지 못했을 수도 있었겠다는 생각이 든다. 그러기 때문에 이 글에서는 먼저 『안드로이드는 전기양의 꿈을 꾸는가?』와 〈블레이드 러너〉의 세계관 기저에 흐르는 '디스토피아' 개념의 의미를 통해 각각의 작품이 어떠한 메시지들을 의식하면서 진행되었는지에 대해 고찰해

보고자 한다. 또한 소설의 '안드로이드'라는 존재가 어떤 의미 지점을 관통하는지를 영화에 등장하는 '레플리컨트'와의 비교 속에서 명확히 하려 한다. 레플리컨트로 명명한 존재들이 이전의 안드로이드나 인조인간, 로봇과 같은 존재들과 차별화되는 지점은 무엇이며, 그것은 결국 무엇을 의미하는가? 마지막으로, 각각의 작품이 발표되었던 1960년대 말과 1980년대 초반이라는 시대적인 지점들을 통해 해당 작품들이 지향했던 지점이 어디였는지를 살펴보고, 이것이 오늘날 어떤 의미를 지닐 수 있는지 살펴볼 것이다.

디스토피아와 꿈꾸는 세계들의 의미

『안드로이드는 전기양의 꿈을 꾸는가?』와 〈블레이드 러너〉를 관통하고 있는 세계관의 키워드는 바로 '디스토피아'라고 할 수 있다. 우리는 디스토피아를 흔히 절망적이고 부정적인 세계라고 손쉽게 이해하고 넘어가곤 하지만, 디스토피아는 유토피아라는 개념이 있을 때 비로소 의미가 뚜렷해진다. 디스토피아 서사의 주요한 맥락은 유토피아가 좌절되고 그것을 위해 걸었던 희망이 무너진 세상에서 일어나는 일들이기 때문이다. 그렇기 때문에 디스토피아는 단순히 절망적이고 부정적인 것들이라는 모호하고 관념적인 개념들을 포괄하는 지옥도와 같은 세계관으로만 단순하게 정의할 수 없다. 희망이 꺾이고 그것들로부터 잃어버린 것들이 흩어져 있는 황폐한 세상이라는 전제가 가장 근본에 있는 것이다. 디스토피아는 필연적으로 이상향을 향해가는 여정 가운데 발생하며, 디스토피아 바로 직전에는 찬란했던 이상향에 근접한 문명들이 존재하게 된다. 이러한 좌절과

무기력 등이 디스토피아를 지배하는 기저의 감정들이라고 할 수 있다. 또한 유토피아Utopia라는 단어는 접두어 어원 해석에 따라 '좋은 곳eu-topos'이라는 뜻이 될 수도 있고, '존재하지 않는 곳ou-topos'이라는 뜻이 될 수도 있다. 이는 유토피아가 필연적으로 디스토피아와 의미를 맞대고 있음을 말해준다.[1]

유토피아는 지향하는 순간 디스토피아의 위험성을 같이 끌어안게 된다. 이상향을 향해 응축되어 있던 에너지들이 일순간 갈 곳을 잃어버렸을 때, 그것은 난반사되어 주변을 파괴해버리게 되는 것이다. 그리고 그렇게 훼손된 세상에서 생존하게 된 존재들은 이전과는 완전히 다른 사고방식과 생활 형태로 살아갈 수밖에 없다. 이전에 구원이라고 믿어왔던 것들로부터 완벽하게 배신당하고 부정당한 채 살아가야 하는 세상이 바로 디스토피아가 가지고 있는 절망의 가장 깊은 곳이며, 그 절망이 무엇을 반영하고 있는가를 확인하는 것이 디스토피아 서사들이 가지고 있는 의미라고 할 수 있다. 그것은 당시의 사회와 구성원들이 무의식적으로 혹은 구조를 통해 분명하게 드러냈던 불안이기 때문에, 이야기 내에서 디스토피아를 어떻게 그려냈는지를 알아보는 것은 해당 작품이 다루고자 했던 의미들에 접근하기 위한 중요한 단서가 된다.

필립 K. 딕의 소설 『안드로이드는 전기양의 꿈을 꾸는가?』는 2021년 샌프란시스코를 배경으로 하고 있다. 이 세계는 세계대전으로 인

---

1. 유토피아라는 단어는 토마스 모어Thomas More의 소설 『유토피아』(1516)에서 처음 등장했다. 당시에는 단순하게 작가가 생각하고 있는 이상적인 세계를 설명하기 위해 탄생된 조어였지만, 이후에 다양한 의미들이 파생되었다. 그중 '존재하지 않는 곳'이라는 해석은 단순히 상태를 의미하는 것에서 벗어나, 유토피아 개념은 물론 이로부터 파생된 디스토피아 개념까지 그 본질을 관통하는 해석이라고 볼 수 있다.

미국의 1952년 핵폭탄 실험 장면. 태평양 일대를 엄청난 낙진으로 오염시켰다.

해 핵폭탄의 낙진들이 위협으로 남아 있는 세상이다. 지금 우리가 아침에 미세먼지 농도 예보를 확인하고 집을 나서는 것처럼 소설 속의 샌프란시스코에서는 날마다 낙진의 방사능 농도를 예보로 알려준다. 전쟁으로 인해 발생한 낙진은 태양을 가리고 대지를 오염시켰다. 이러한 사회에서 지구는 더 이상 회생이 불가해 보이기 때문에 정부에서는 "이민인가, 퇴보인가! 선택은 당신의 몫!"[2]이라고 홍보하면서 새로운 행성으로의 이주를 장려한다. 하지만 작품에는 전쟁이 어떠한 이유에서 일어났는지, 누가 승리를 했는지 명확하게 나타나 있지 않으며, 이러한 부분을 밝히는 데 큰 관심도 없다.

　소설의 디스토피아 문제는 그것보다 훨씬 더 복잡한 상태로 얽히고설켜 있다. 소설의 배경은 인류의 핵전쟁 이후 방사능 낙진으로 새들마저 죽어나가는 세상이다. 사람들은 날마다 방사능 농도 예보

---

2. 필립 K. 딕, 『안드로이드는 전기양의 꿈을 꾸는가?』, 박중서 옮김, 폴라북스, 2013, 22쪽.

를 확인하고, 신체를 보호하기 위해 납으로 된 국부 보호대까지 착용한다. 세계대전 이후 인류는 다양한 환경에서 생존 가능한 안드로이드를 대중적으로 상용화했지만, 그렇게나 과학기술이 발달했음에도 정작 환경을 복원하는 것에는 철저하게 실패했다. 그리고 그들이 이러한 디스토피아에서 제시하고 있는 것은 또 다른 이상향이었다. 그것도 현재를 바꾸는 것이 아니라, 현재를 버리고 새로운 식민지로 이주함으로써 도달하는 이상향 말이다.

하지만 그 이상향의 진실은 이렇다. 지구에 남아 있는 인류는 방사능에 오염되었기 때문에 '특수인'으로 분류된다. 그들은 인간의 순수한 유전자를 위협하는 존재들로 생물학적으로 인간이라고 여겨지지 않고 역사에서도 지워졌다. 지구에 쌓여 있는 쓰레기와 같은 존재가 된 것이다. 결국 그들이 추구하는 이상향은 또다시 명백한 디스토피아를 만들어놓는 셈이다. 그렇다면 뒤따라오는 질문은 이것이다. 과연 이러한 명백한 디스토피아를 탄생시킨 세상에서 유토피아가 병존할 수 있는가? 결론을 먼저 말하자면, 그들이 말했던 이상적인 사회란 존재하지 않는다. 그것은 일종의 도피이자 책임의 방기, 혹은 이상향을 내세운 기만적인 폭력일 수 있다.

이런 부조리한 세계에서는 존재들 역시 명확한 의미를 획득할 수 없다. 그곳에서는 구조에 녹아들어 아무런 문제 없이 사는 것도, 겉돌면서 끊임없이 고뇌하는 것도 해답이 될 수 없다. 그렇게 명확한 답을 내리지도 못하고, 내릴 수도 없는 세계가 만들어진다. 디스토피아 세계관이 주는 황량함은 바로 여기에서 기인하며,『안드로이드는 전기양의 꿈을 꾸는가?』역시 여기에서부터 출발한다.

이제 영화로 눈을 돌려보자. 영화의 디스토피아 형상은 매체의 특

타이렐 본사 건물 안에서 바라본 바깥 풍경. 태양마저 희뿌옇게 보인다.

성을 최대한 활용하는 방식으로, 조금 다른 결을 가지고 나타난다. 〈블레이드 러너〉의 배경은 로스앤젤레스로, 산업화로 인해 오염되고 황폐해진 도시의 전형을 보여준다. 샌프란시스코는 원래도 굴뚝 산업이 활발한 도시라는 이미지가 있는 반면, 로스앤젤레스는 관광·문화 산업의 도시라는 이미지를 가지고 있는데, 영화에서는 그러한 비굴뚝 도시마저 황폐해질 수밖에 없는 지구의 상황을 보여준다. 영화는 시작 부분부터 어두운 도시와 내리는 비, 그리고 하늘 높이 솟은 마천루에서 점멸하는 불빛 등을 제시하는데, 이는 이곳이 결코 유토피아와 같은 이상향이 아니라는 것을 즉물적으로 나타낸다. 낮이라고는 존재하지 않고, 건물들은 마구잡이로 뒤섞여 있으며, 도시의 점멸하는 빛들마저 안개나 수증기에 둘러싸여 있다. 인류 발전의 상징과 사이버펑크적인 첨단 도시의 이미지가 네온사인이었다는 것을 감안하면, 그러한 것들이 흐릿해진 미장센을 통해 영화는 이곳이 꿈꾸었던 희망이 좌절된 디스토피아라는 사실을 효과적으로 표현하고 있다고 볼 수 있다.

　영화에서 제시되는 디스토피아의 풍경은 시각적으로 강렬하지만, 이는 사실 인류가 별다른 사건 없이 발전을 거듭한 결과이다. 항상 더 나은 미래를 꿈꾸는 인류의 특성상 이상향을 바라지 않았다고는 할 수 없지만, 유토피아의 꿈이 좌절되거나 이전의 구조들이 무너지는 결정적인 사건들은 일어나지 않았다. 단지 인류가 자신들의 편의를 위해서 기술과 산업을 발달시켜온 결과로서 디스토피아를 얻게 된 것이다. 거대한 사건이나 사고를 통해서 맞이하게 되는 종말이나 디스토피아보다는 충격이 덜하지만, 그보다 훨씬 더 현실적인 의미의 디스토피아라고 할 수 있다.

　물론 영화에서도 역시 이주를 종용하는 문구들이 존재한다. 황폐한 지구를 벗어나 새로운 행성에서 이상향을 지향하고자 하는 욕망들이 이곳에서도 그대로 드러난다. 이러한 면면들을 보면, 영화에서의 디스토피아는 오히려 만들어지기 시작한 상태라고 볼 수 있다. 미장센을 통해 제시된 풍경이 디스토피아의 전부가 아니라는 것이다. 오염되어 있는 지구를 대표하는 로스앤젤레스를 그대로 두고 유토피아로 이주함으로써 문제를 해결하려는 인류의 행위로부터 진정한 디스토피아가 발생하고 있다.

　그렇다면 〈블레이드 러너〉가 제시하는 디스토피아의 특징은 무엇일까? 첫 번째는 기술의 발달로 인해 환경이 오염되어 멸망에 이르게 되었다는 것이다. 영화 속의 황폐한 지구는 무분별한 기술의 발달과 풍요와 편리에 대한 맹목이 누적된 결과다. 이것은 사실 전쟁이나 재난으로 인해 맞이하게 된 디스토피아보다 훨씬 더 현실적이고 무서운 것이다. 영화의 이러한 디스토피아적 상상력에서 세계대전과 핵무기의 위협이 소거되어 있는 것은 시대적 분위기와도 무관하지 않다. 물론 냉전 시기를 거치면서 세계대전의 위협은 여전히 존재하고 있었지만, 미래를 상상하는 SF에서는 매력적인 설정으로 작용하기 어려웠다. 대신 영화는 1970년대부터 나타나기 시작한 환경운동의 영향과 그것을 바탕으로 만들어진 에코토피아Ecotopia 담론의 세계관을 차용해, 기술의 무분별한 발달로 인해 환경이 오염되어 복구가 어려운 지구를 디스토피아로 상상했다.³

두 번째는 이주를 하지 못한 이들의 도시인 로스앤젤레스에서 확인할 수 있는 수많은 동양인들이다. 영화 속의 간판이나 광고 화면은 대체로 일본풍이라고 할 수 있다. 1980년대 SF의 미래 도시들에서 당시 첨단기술 강국으로 부상하고 있던 일본에 대한 상징이 발견되는 것은 이상한 일이 아니다. 사이버펑크의 대표작인 윌리엄 깁슨의 『뉴로맨서』(1984)는 물론 이후의 여러 작품들에서도, 일본을 비롯한 동양권 국가들이 21세기에 과학기술 강국으로 변모할 것이라는 예상은 일반적으로 나타난다.

하지만 〈블레이드 러너〉에서 보여주는 로스앤젤레스는 기술이 이상적으로 발달해 완성되어 있는 공간은 아니다. 오히려 기술의 무분별한 발달로 인해 망가지고 낙후된 지역이다. 그곳에 살고 있는 다수의 동양인, 그리고 그들을 위한 광고나 상점들은 당대의 SF 장르 문법에서 보자면 다소 괴이한 느낌을 준다. 백인의 경우 릭 데커드를 비롯한 극의 주요 인물들만 빼곤 모두 식민 행성으로 이주했다.

---

3. '에코토피아'는 어니스트 캘런바크Ernest Callenbach의 소설 『에코토피아Ecotopia』 (1975)에서 나온 것으로, SF에서 유토피아/디스토피아 세계관을 다루는 새로운 방식이다. 장정희, 『SF 장르의 이해』, 동인, 2016, 133~136쪽 참조.

요컨대 디스토피아로 표상되어 있는 버려진 땅을 채우고 있는 건, 동양인과 소위 비非백인인 것이다. 이렇게 구현된 영화에서 로스앤젤레스는 "백인의 탈출 현상 후 하층민의 게토가 된 도심"[4]을 연상시킨다.

이주하는 이들에게 주어지는 안드로이드를 만드는 회사나 이주를 권장하는 정부가 당연하게 백인들로 그려지기 때문에, 이전까지의 발달 역시 서구 백인들에 의해 주도적으로 진행되었을 것이라 짐작하는 건 어렵지 않다. 하지만 그 결과로 도래한 디스토피아에서 생활하는 것은 백인들을 제외한 다양한 인종들이며, 그들에게마저도 이주를 종용하는 광고들이 넘쳐난다. 이는 『뉴로맨서』 등에서 나타났던 미래 도시에 대한 테크노 오리엔탈리즘과 맥락을 같이한다고 볼 수 있다. 관련하여 라리사 라이Lalissa Lai는 저서 『레이첼Rachel』(2004)에서 〈블레이드 러너〉가 아시아인들을 기계적으로 바라보면서 IT와 과잉인구라는 이미지를 무분별하게 혼용한다고 지적한다. 이러한 한계들 때문에 〈블레이드 러너〉가 지향하는 유토피아는 필연적으로 디스토피아로 수렴할 수밖에 없다. 특히 특수인으로 구분되어 유토피아 식민지로 이주하지 못하는 동양인 수용자들 같은 입장에서는 말이다.[5]

샌프란시스코와 로스앤젤레스는 공간의 차이만큼이나, 그것이 이야기 내에서 구성되는 과정과 나타나는 결과의 의미 역시 다르다.

---

4. 박옥경, 「과학기술 시대의 디스토피아 비전: 〈블레이드 러너〉와 『앤드로이드는 전기양 꿈을 꿀까?』」, 『영어영문학』 제18권 2호, 21세기영어영문학회, 2005, 55쪽.
5. 셰릴 빈트, 『에스에프 에스프리: SF를 읽을 때 우리가 생각할 것들』, 전행선 옮김, 아르테, 2019, 230~231쪽 참조.

두 작품은 비슷한 설정을 공유하고 있을 뿐, 근본적으로 전혀 다른 세계관 위에서 이야기가 진행된다. 또한 세계관의 차이뿐 아니라, 제작자도 서로 다르고 제작 당시의 시대적 차이도 있다. 시대를 관통하는 영원한 가치라는 것은 허상이라고 봤을 때, 이러한 조건들은 각각의 작품이 지향하고 있는 지점에 대한 차이를 명확하게 한다. 그리고 이는 『안드로이드는 전기양의 꿈을 꾸는가?』와 〈블레이드 러너〉에서 가장 특징적으로 보여주고 있는 두 개체, 안드로이드와 레플리컨트에 대한 인식을 통해 확인할 수 있다.

안드로이드와 레플리컨트라는 존재

『안드로이드는 전기양의 꿈을 꾸는가?』에서 등장하는 안드로이드는 전쟁 무기로 생산이 된 개체들이다. 하지만 "전쟁 무기였던 인조인간 자유의 전사"[6]들은 개조되어 사람들의 생활을 돕는 안드로이드가 되었다. 이 안드로이드들은 주로 식민 행성으로 이주하는 이들에게 기본적으로 제공되고 있으며, 이주와 정착이라는 소설 속 세계의 이상향 실현을 원활하게 하기 위한 서비스라고 할 수 있다. 여기에서 설명하고 있는 안드로이드는 인간의 노동을 대체하거나 인간을 돕는 개체로서의 정체성이 제법 명확하다. 특히 인간에 의해 만들어진 개체들이 인간의 노동을 대체하기 위해 존재한다는 설정은 1920년에 카렐 차페크에 의해 '로봇robot'이라는 단어가 만들어지고 난 뒤로 SF에서 빈번하게 사용되는 소재이기도 하다.[7] 로봇은 아이작

---

6. 필립 K. 딕, 앞의 책, 33쪽.

아시모프Issac Asimov에 의해 다양한 서사들로 변주되면서 인간형 피조물들에 그치지 않을 뿐만 아니라 유기체로서의 몸에도 머무르지 않는 개념으로 변화했다. 하지만 기본적인 정의는 여전히 자족적이고 원격 조종이 가능한 인위적인 장치로서, 인간의 행동과 외형 역시 모방한 존재다. 그리고 이러한 정의에 가장 잘 부합하고 있는 존재는 아마도 안드로이드일 것이다.

안드로이드는 인간의 형상을 그대로 모방한 존재를 일컫는다. 안드로이드는 그리스어 어원에서 'andro'(인간)라는 말과, 'eidos'(형상·모습)라는 말을 합성한 것이다. 이 단어는 19세기에 처음 등장하고 난 뒤로 SF 서사들에서 주로 등장하면서 로봇이라는 새로운 존재의 범위를 확장시켜주는 역할을 했다. 인간이 아니지만 인간과 같은 모습을 지향하고 있다는 뜻을 가진 이 용어는 그 자체로 인간이 아니라는 것을 명확하게 하고 있기도 하다. 그리고 이러한 용어의 특징은 『안드로이드는 전기양의 꿈을 꾸는가?』와 〈블레이드 러너〉에서 가장 중요한 지점이라고 할 수 있다. 또한 안드로이드는 인간과 여타 기계 장치들이 결합하여 만들어지는 사이보그cyborg와도 차별성을 가지는데, 특히 스스로를 인식하는 과정을 통해 풍부한 의미를 자아내며 이야기의 확장을 돕는다. 다시 말해 안드로이드 캐릭터를 잘 이해하고 활용할수록 이야기의 폭이 넓어진다고 할 수 있다.

이제 『안드로이드는 전기양의 꿈을 꾸는가?』에 등장하는 안드로

---

7. 현재는 익숙해진 단어인 '로봇'은 체코 작가 카렐 차페크의 희곡 『로숨의 유니버설 로봇Rossum's Universal Robot』(1920)에서 처음 조어되었다. 체코어로 '고된 일'이나 '부역'이라는 뜻을 가지고 있는 'robota'를 어원으로 하고 있기 때문에, 인간이 하는 고된 일을 대신해서 감당하는 존재라는 의미라고 이해할 수 있다.

이드들에 대해 알아보자. 우선 소설의 전경 묘사를 확인할 필요가 있다. 소설 첫 부분에 무드 오르간mood organ이라는 감정주입기가 등장하는데, 소설 속의 사람들은 이것을 통해 필요한 감정을 주입받아 감정 상태를 일정하게 조정한다. 방사능 낙진이 가득한 디스토피아의 세상에서 '적절한 감정 상태'는 생존을 위한 필수 요소이기 때문에 이 장치는 꼭 필요하다. 소설 속의 사람들은 감정주입기에 생각보다 많이 의존하고 있다. 이 장치는 단지 기술의 발달에만 연관되어 있는 것이 아니라, 종교적인 신념과 그것을 형상화하는 도구로 설정되어 있다. 사람들은 감정주입기를 통해 종교 단체인 머서Mercer교의 신을 만난다.

종교나 감정주입기에 대한 설정들은 필립 K. 딕의 소설「작고 검은 상자The Little Black Box」(1963)를 통해 등장한 개념이다. 이는 결국 인간과 안드로이드의 차이를 명확하게 하기 위한 장치들이고, 이때부터 필립 K. 딕은 감정과 공감의 요소가 인간과 그렇지 않은 존재들을 구분하는 중요한 조건임을 인식했다고 볼 수 있다.「작고 검은 상자」에서는 안드로이드들이 반사적으로 반응할 뿐, 결정적으로 공감 능력을 가지고 있지 않다고 설명한다.[8] 이러한 감정의 영역을 구분해내는 데에 종교가 사용되는 까닭은, 육체와 그 안에 담긴 가치(대표적으로는 영혼)를 명확하게 구분하고 영혼의 중요성을 강조했던 영지주의Gnosticism의 영향인 것으로 보인다. 또한 이러한 방법을 통해 주제를 형상화하는 것이 필립 K. 딕의 특징이기도 했다.[9] 그는 인

---

8. 필립 K. 딕,「작고 검은 상자」,『도매가로 기억을 팝니다』, 조호근 옮김, 2012, 712쪽 참조.
9. 복도훈,『SF는 공상하지 않는다』, 은행나무, 2019, 370~373쪽 참조.

간을 정의할 때 육체보다는 내재된 요소인 감정의 중요성을 강조했고, 그것을 구분해내기 위한 장치로 무드 오르간이 제시된 것이었다.

소설 속에는 안드로이드가 할 수 없는 몇 가지 일들이 제시되어 있는데, 바로 애완동물을 키우는 것과 감정주입기를 통해 머서를 만나는 것이다. 안드로이드는 감정주입기가 작동하더라도 감정의 변화를 겪지 않고, 그래서 머서를 만날 수도 없다. 바로 이것이 안드로이드의 한계로 그려진다.「작고 검은 상자」에서 정의된 것처럼, 안드로이드는 제작된 이후부터 감정이라는 것을 학습하게 되기 때문에, 성인의 모습을 하고는 있지만 감정적인 면에서 미성숙한 태도를 보인다. 더욱이 감정주입기의 영향도 받지 않아 필연적으로 인간과 감정 표현상의 차이가 있다. 결국 이 세계에서 감정이라는 것은 인간과 안드로이드를 구분하는 결정적인 조건이 된다. 감정을 일정 수준 이상 확보하는 것이 인간이냐 아니냐를 결정하는 것이다.

감정에 대한 이러한 강조는 이성과 사유에 대한 논조의 변화와 맥락을 같이한다. 인간다움을 규정하는 기준들은 시대에 따라 변화해 왔고, 육체의 중요성을 강조하는 시대에서 벗어난 이후로 영혼을 비롯해 인간에게 내재되어 있는 다양한 가치들의 중요성을 인식하는 시대로 접어들었다. 근대는 그중에서도 인간의 이성에 의미를 부여하면서 태동된 시대라고 할 수 있다. 하지만 20세기를 지나면서 인간 이성에 대한 회의들이 나타났고, 이후에 "인간성의 근본 특질이 이성에서 감정으로 옮겨간"[10] 시대가 도래한다. 이러한 흐름들 속에서 1960년대 후기구조주의로부터 파생된 포스트휴먼 담론들이 탄

---

10. N. Katherine Hayles, *How We Became Posthuman: Virtual Bodies in Cybernetics, Literature and Informatics*, Chicago: University of Chicago Press, 1999, p. 175.

생한다. 이 담론들은 인간을 규정하던 다양한 가치들에 대한 회의로부터 시작해, 인간의 조건이라고 여겨졌던 것들을 해체하고 재구축한다. 이는 인간이라는 존재의 범위 자체를 확장시키려 하는 움직임이라고 해석할 수 있다. 그런 가운데 인지적 소외cognitive estrangement[11]를 지향하는 SF는 인간의 다양한 개념에 대한 사유의 확장을 적극적으로 받아들여 사고실험을 했고, 가장 대표적인 결과물이 『안드로이드는 전기양의 꿈을 꾸는가?』라고 할 수 있다.

그리고 또 하나의 요소는 전기양이다. 소설에서 주인공 데커드는 전기양을 키우고 있다. 실제 동물을 키우는 것은 이 세계에서 굉장한 부의 과시이고 이상적인 삶의 지표이기도 해서 데커드는 전기양이 아닌 진짜 양이나 염소를 키우게 될 날을 꿈꾸고 있다. 전기양과 같은 가상의 동물을 키운다는 설정은 필립 K. 딕의 이전 작품인 『파머 엘드리치의 세 개의 성흔The Three Stigmata of Palmer Eldritch』(1965)이나 『퍼키 팻의 전성시대The Days of Perky Pat』(1963)에서도 등장했다. 황폐화된 세상에서도 인간은 동물을 키우는 행위에 가치를 부여하고 있고, 가상의 존재에 의미를 두어 반려동물처럼 대한다. 이들 가상의 존재는 단지 현재의 반려동물같이 정서 교류의 목적만이 아니라, 영적인 경험을 하면서 초월적인 인식을 매개하는 장치들로 사용

---

11. '인지적 소외'란 SF 이론가인 다르코 수빈Darko Suvin이 정의한 SF의 중요한 개념이다. 베르톨트 브레히트Bertolt Brecht의 이론을 차용해 만들어낸 이 개념은 실제 가능성에 대한 강박에서 벗어나 내부적으로 모순되지 않는 상태에서 모든 가능성을 지향하는 형태를 의미한다. 수빈은 이러한 방법이 SF가 가지고 있는 특징이라고 보았으며, 이에 따르면 SF는 기본적으로 현실 이상을 바라보고 현실을 비판적으로 성찰할 수 있는 매개로 작용하게 된다. Darko Suvin, *Metamorphoses of Science Fiction: On the Poetics and History of a Literary Genre*, New Haven: Yale University Press, 1979, p. 66 참조.

된다. 『안드로이드는 전기양의 꿈을 꾸는가?』에서 감정주입기를 통해 머서를 만나는 것처럼 말이다.

　영화 〈블레이드 러너〉는 소설과는 조금 다른 방법으로 인간의 정체성에 대해 묻는다. 먼저 '안드로이드'가 아니라 '레플리컨트'라고 명칭이 변경된 것에 주목하자. 리들리 스콧 감독은 안드로이드라는 명칭이 지닌 의미들이 자기 영화의 주제에 가닿는 데에 오히려 방해가 된다고 생각하고 레플리컨트라는 말을 새로 만들어냈다고 한다. 말하자면 〈블레이드 러너〉의 레플리컨트는 『안드로이드는 전기양의 꿈을 꾸는가?』의 안드로이드와는 다른 존재다. 이는 단순히 명칭이 변경된 것에서 그치지 않고, 비슷해 보이지만 근본적으로 다른 문제들을 파생시키면서 두 작품의 주제를 결정적으로 다르게 만든다.

　우선 레플리컨트는 소설의 안드로이드에 비해 훨씬 더 유기체적인 신체를 가지고 있다. 안드로이드처럼 로봇 같은 존재라기보다는, 용어에서 알 수 있듯 인간의 세포를 복제한 존재다. 신체 면에서 인간과 확연하게 구분되는 차이가 없기 때문에 훨씬 더 세밀하고 명확한 구분의 지점들이 도출되어야 하지만, 〈블레이드 러너〉에서는 오히려 인간과 레플리컨트를 구분하는 것이 보이트-캄프 테스트밖에 없다(그 테스트 역시 무엇을 확인하는지 모호하게 나타난다). 게다가 4년이라는 제한된 시간 동안밖에 생존하지 못한다는 설정도 소설과 영화 간에 차이가 있다. 소설에서는 세포의 재생 문제 등과 같은 기술적인 한계 때문이라고 설명되지만, 영화에서는 조금 더 사회적인 문제들을 내포한다. 레플리컨트가 4년 이상 생존을 하게 되면 경험 습득에 의해 감정이 생겨날 가능성이 높기 때문이라는 것이다.

　〈블레이드 러너〉에서 레플리컨트에게 생겨나는 감정은 영적인 체

생존을 욕망하는 레플리컨트 로이 배티.

험과 같은 신비로운 영역과는 관련이 없다. 삶을 영위해나가면서 쌓이는 '경험', 그리고 그것들로부터 생겨나는 '기억'이 오로지 우리의 감정을 만드는 데 중요한 부분이라고 역설한다. 그렇기 때문에 레플리컨트는 4년이 지나면 폐기retire되어야 한다. 그들이 지구로 도망쳐 오는 이유도 4년이라는 시간보다 더 생존하고 싶어서다. 인간과 같이 되고 싶다는 욕망을 내세우는 것이 아니라, 살아 있으니까 그것을 지속하고 싶다는 지극히 자연스러운 욕망의 발현인 것이다. 레플리컨트의 삶이 계속될 경우 인간과 같은 감정을 가지고 되고 결국에는 인간과 구분할 수 없는 존재가 될 것이라는 짐작은 단지 인간들의 우려일 뿐이다. 이러한 거대한 아이러니가 『안드로이드는 전기양의 꿈을 꾸는가?』와 〈블레이드 러너〉를 주제적인 측면에서 근본적으로 다르게 만드는 지점이다.

영화의 레플리컨트는 소설의 안드로이드와 같이 '인간이란 무엇인가'에 대한 질문을 던지게 하는 존재다. 하지만 그 답을 내리게 하는 과정이나 결과는 전혀 다르다. 소설의 안드로이드는 인간다움에 대해 질문하게 하는 존재이고, 그것을 확인하기 위해 끊임없이 구분의 방법들이 동원된다. 소설의 데커드가 전기양을 키우면서도 끊임없이 진짜 양을 갈망하는 이유는 그것이 사회적으로 이상적인 모습이기도 해서지만, 동물을 키울 수 없는 안드로이드와 자신을 명확하게 구분해주기 때문이기도 하다.[12] 하지만 영화에서는 동물이 등장하지 않는데, 그것은 인간과 레플리컨트의 구분 짓기를 통해 모순을 발견하려는 의도가 감독에게 없기 때문이다. 영화는 오히려 레플리컨트가 스스로 자신의 정체성을 확립해나가는 과정을 보여주고, 주인공 데커드 역시 그것을 목도하면서 일종의 연민을 느끼게 하는 데 중점을 둔다.[13] 그래서 〈블레이드 러너〉에서는 탈출한 레플리컨트들을 쫓는 데커드와 레플리컨트라는 것이 밝혀진 레이첼이 서로의 존재를 인정하고 사랑하는 관계가 될 수 있는 것이다.

이것은 레플리컨트 레이첼이 인간과 같은 존재가 되었다거나 레플리컨트들이 인간과 다를 바 없게 변모했다는 의미가 아니다. 소설이 '안드로이드도 인간과 다를 바 없다'는 지극히 휴머니즘적인 자장 안에서 타자화된 포스트휴먼의 편린들을 이야기했다면, 〈블레이드 러너〉는 인간다움과 상관없이 하나의 독립된 존재로서 살고자 하

---

12. M. J. Shapiro, 'Manning' the frontiers: the politics of (human) nature in Blade Runner, in J. Bennett and W. Chaloupka (eds), *In the Nature of Things: Language, Politics and the Environment*, London: University of Minnesota Press, 1993, pp. 68-75 참조.
13. 그렉 개러드, 『생태비평』, 강규한 옮김, 서울대학교출판문화원, 2014, 213쪽 참조.

Film still from *Blade Runner*

는 이들과의 공존을 이야기한다. 이는 포스트구조주의 이후에 나타난 포스트휴먼적인 시각이 반영된 것이며, 인간에게 특별한 가치를 부여하는 것에서 벗어나 모든 존재가 지구 혹은 이 우주에서 함께 살아가는 공동체의 일원이라는 시각이 형상화된 결과라고 할 수 있다. 그리고 바로 이것이 소설의 안드로이드와 영화의 레플리컨트가 나타내는 근본적인 차이다. 안드로이드에게는 인간이 되고 싶은 마음이 있었는지 몰라도, 레플리컨트는 인간이 되고 싶다기보다 단지 생존하길 원했다. 레플리컨트는 말하자면 존재에 대한 정의와 적용의 범주가 보다 넓어진 현대적인 주제들로 이어지는 통로다.

레플리컨트는 전기양의 꿈을 꾸지 않는다. 레플리컨트는 레플리컨트의 꿈을 꾼다. 그들만의 사고 체계와 가치를 가지고 살아가는 존재들이다. 이와 같은 관점에서 보면, 안드로이드 역시 전기양의 꿈을 꾸는 것이 아니라 안드로이드만의 꿈을 꾼다. 안드로이드와 전기양이라는 비인간 존재로 뭉뚱그려지는 것이 아니라 각각이 개체로서 의미를 지니게 된다. 소설의 후반부에서 데커드가 '안드로이드도 꿈을 꾸는가' 하는 의문을 가졌던 것도 결국 이러한 지점으로 향하는 과정이었다고 할 수 있다. 두 작품이 공유하는 가치는 바로 이것, 즉 개체에 대한 존중과 명확한 인식이다.

1968년과 1982년, 그리고 2019년

앞서 살펴본 바와 같이 『안드로이드는 전기양의 꿈을 꾸는가?』와 〈블레이드 러너〉는 비슷한 세계관을 바탕으로 하면서도 각각 다른 구성과 주제, 캐릭터의 의미들을 보여준다. 이는 창작자나 매체의 차이 때문이기도 하겠지만, 무엇보다 발표된 시대의 차이 때문이다. 흔히 구조적·미학적 영역에만 몰두하다 보면 각각의 작품들이 발표된 시대에 소홀해지기 쉬운데, 가상의 전제들을 통해 현실과 미래를 사고실험하는 SF에서는 작품의 창작 시기를 간과해선 안 된다. SF가 최대한의 상상력을 펼쳐내고 저 너머에 대한 인지적 소외를 지향하는 장르인 만큼, 각각의 작품들이 그 시대의 어떠한 분위기 속에서 나온 결과인지를 아울러 살필 필요가 있다. 이는 작품을 입체적으로 이해하는 데 아주 유용하다. 이러한 시각들이 갖춰졌을 때에야 비로소, 몇 십 년 혹은 몇 세기 전의 작품들을 현재의 시점에 적절하게 의미화할 수 있는 방법들이 도출된다.

『안드로이드는 전기양의 꿈을 꾸는가?』는 세계대전과 핵무기로 인해 지구가 황폐해졌다는 설정 아래 이야기가 전개된다. 세계대전과 핵무기를 멸망apocalyptic의 원인으로 지목한 것은 이 소설이 소위 냉전 시기에 발표된 작품이었기 때문이다. 당시 SF에서는 인류가 핵무기에 의해 멸망을 맞고 방사능에 오염된 세상atomic dystopia을 마주하게 될 것이라고 상상하는 경우가 많았다. 『안드로이드는 전기양의 꿈을 꾸는가?』는 이러한 시대의 상상력에 충실한 작품이었다고 할 수 있다(이러한 설정은 20세기 말까지도 다양한 SF 서사를 통해 나타났다).

사회적 배경은 작품의 곳곳에 영향을 미치는데, 이 소설의 경우엔 캐릭터의 설정과 주제에도 영향을 미쳤다. 당시 냉전은 '인류의 멸망'이라는 불안감을 확대시키고 있었으며, 상호확증파괴MAD와 같은 전술들이 알려지면서 이러한 불안감이 단순히 우려만은 아니었다. 그렇기 때문에 이 소설에서는 계속해서 '인간다움'이라는 문제가 제기된다. 다만 작가가 생명과 존재에 대한 확장된 사고를 지향하긴 했지만, 기본적으로 인간과 비인간이라는 존재의 차이를 기반으로 해서 인간의 영역을 재확인하고 점검하는 수준이었다. 예컨대 소설의 마지막 부분에서 데커드가 더 이상 반려동물을 고집하지 않는다고 얘기하는데, 이러한 전환 역시 인간과 비인간이라는 테두리 안에서의 인정 정도에 그치는 것이다. 이는 『안드로이드는 전기양의 꿈을 꾸는가?』가 후기구조주의와 탈인간중심주의에 대한 담론들이 막 촉발되기 시작했을 때 발표되었기 때문이다. 1980년대에 이르러서야 안드로이드를 단순히 인간과 비교하는 것이 아니라 새로운 인류, 공동체 구성원으로서 인정하는 작업들이 본격화된다.

한편 영화 〈블레이드 러너〉는 1982년에 개봉했는데, 흥행에 있어서는 참담할 정도의 실패를 맛보았다. 그러다가 1980년대 후반이 되어 영화에 대한 평가가 재고되고, 소설 역시 재조명되었다. 왜 이 시기에 재평가가 이루어졌을까? 몇 가지 짐작되는 이유들이 있다. 우선, 1960년대부터 제기되던 후기구조주의의 다양한 시도들이 1980

년대를 지나면서 새로운 가치들을 만들어내기 시작했다. 그중 〈블레이드 러너〉의 가치 재고에 가장 결정적인 영향을 미쳤을 것으로 여겨지는 것은 도나 해러웨이Donna Haraway의 「사이보그 선언Cyborg Manifesto」과 이후 발생하기 시작한 포스트휴먼 담론이다.

물론 해러웨이가 이러한 담론의 시작점이라고는 할 수 없다. SF에서는 아이작 아시모프 이후로 계속해서 인간과 비인간의 관계와 의미의 재정립을 촉구하는 서사들이 존재해왔다. 하지만 그것은 상상에서 이루어지는 사고실험에 지나지 않았으며, 현실과의 거리감 역시 있었다. 그런데 해러웨이의 선언 이후 기계의 몸 혹은 인공적으로 만들어진 몸은 더 이상 인간과 분리되는 영역도, 현실과 마냥 동떨어진 상상의 세계에서 일어나는 가정도 아니게 되었다. 이러한 사회적 분위기가 형성되면서 이들 담론을 형상화했던 영화와 소설이 재조명받을 수 있는 근거들이 마련되었고, 지금까지도 활발한 비평의 대상이 될 수 있었다.

또한 그것은 영화의 제작에도 영향을 미쳤다. 〈블레이드 러너〉에서 데커드 캐릭터를 구상할 때, 아내가 있다는 설정과 전기양, 그리고 진짜 양이나 염소에 집착하는 부분들이 필요 없어진 것이다. 영화는 '인간이건 비인간이건 어떠한 존재라도 존중받을 만하고 서로 함께하는 방법이 필요하다'는 지향점을 결말 부분에서 데커드와 레이첼의 관계 형성을 통해 드러낸다. 이는 분명 1960년대의 담론에서 더 나아가 조금 더 현대적인 다양한 가치 체계를 내재화한 결과라고 할 수 있다. 재조명 이후 1990년대에 발표된 감독판에서 데커드의 독백 등을 넣은 것도 이런 메시지를 강조하기 위해서였다.

이렇게 시대적인 흐름과 작품의 의미를 연관지어 생각해보면, 이

인류세의 지표면을 가득 채우고 있는 폐타이어들.

작품들이 현재 우리에게 미치는 영향들에 대해서도 다시 생각해보게 된다. 우선 짚을 수 있는 점은, 현재의 환경이 〈블레이드 러너〉의 2019년 로스앤젤레스와 생각보다 큰 차이가 나지 않는다는 점이다. 물론 현재 식민지 행성으로의 이주는 일어나지 않았고, 인간을 복제한 레플리컨트도 존재하지 않으며, 영화와 같은 풍경이 일상화된 것도 아니다. 하지만 환경오염 문제와 그로 인해 인류 및 지구에 초래될 위험에 대한 경고들은 인류세Anthropocene와 같은 담론을 통해 전면화되고 있다. 뿐만 아니라 식민지 행성을 만들어 이주가 진행된 것은 아니지만 일론 머스크Elon Reeve Musk 등이 추진하고 있는 '스페이스X 프로젝트'는 화성으로의 이주와 정착이 목표다. 이와 같은 것들을 보았을 때 영화에서 제기했던 문제 지점들은 현재도 상당 부분 유효하다고 할 수 있다.

하지만 모든 것이 유효하지는 않다. 포스트휴먼 담론의 심화와 확대, 그리고 인류세 담론의 본격화에 따라, 기존 가치의 상당 부분이 재정의되어야 한다. 이러한 재정의에는 인간에 대한 정의뿐 아니라 인종과 젠더, 그리고 계급 갈등을 비롯한 생활 세계의 문제 대부분이 긴밀하게 연관된다. 그런 측면에서 보았을 때 〈블레이드 러너〉는 기존의 담론을 촉발시키는 텍스트로서 현대에 소비될 만한 가치가 있지만, 대안을 제시하거나 다음 단계의 인지적 소외를 촉발하는 이야기를 제시하지는 못하는 한계를 지닌다(특히 젠더를 인지하고 형상화하는 방식은 소설과 영화 모두 철저하게 실패했다고 볼 수 있다).

그래서 2017년에 개봉한 영화 〈블레이드 러너 2049〉의 설정과 이야기 전개가 더 아쉽게 느껴진다. 이 작품은 이른바 속편으로서, 본편의 배경인 2019년 이후의 미래를 그린다. 그런데 핵무기라든지 전형적인 아포칼립스 설정이라든지, 구식 요소들을 그대로 끌고 들어와 이야기를 재구성한다. 더욱이 21세기 들어 발달한 다양한 담론들을 받아들여 사고실험을 하는 것에도 다소 실패했다고 할 수 있다. 우리는 〈블레이드 러너 2049〉를 통해 현재 인간 존재의 의미, 또는 인공지능과 인간의 관계 같은 현실적인 담론들에 직접적으로 대응할 수 있는 인지적 소외를 발견하기가 힘들다. 속편은 미스터리 요소들로 긴장과 충격을 주었는지는 모르겠지만, 본편이 1980년대에 인식 전회를 촉구했던 것만큼의 지평을 열지 못한 건 분명한 사실이다. 〈블레이드 러너 2049〉에는 서사의 종결이나 후일담으로서의 의미가 존재할 수는 있어도, 새로운 인지적 소외를 발생시킨 텍스트로서의 가치가 있는지는 다소 의문이 든다.

하지만 속편의 이러한 아쉬움에도 불구하고 『안드로이드는 전기양의 꿈을 꾸는가?』와 〈블레이드 러너〉는 여전히 의의가 있다. 해당 작품들은 1960년대부터 조금씩 다른 형태로 변화하기 시작한 '인간이란 무엇인가'에 대한 물음에 진보적인 지점들을 선도적으로 제시했다. 또한 두 작품의 차이(매체, 발표 시기 등)에 따라 나타난 담론의 변화를 추적함으로써, 우리의 인식과 사고가 어디에서 연유했는지를 용이하게 파악할 수 있다.

『안드로이드는 전기양의 꿈을 꾸는가?』와 〈블레이드 러너〉는 현재의 우리들을 난반사시켜줄 수 있는 작품이다. 각각의 작품은 자신에게 제기된 물음들을 진보적으로 상상하고 그에 대한 답을 내놓았다. 이들을 통해 우리는 현대에 나타나는 가치들에 대한 다양한 해석들을 확인할 수 있을 것이다. 인공지능과 로봇, 그리고 다양한 종류의 반려동물과 함께 살아가는 우리들에게 유의미한 사고실험의 결과들이 두 작품 속에 녹아 있다. 이들은 어떠한 것에 대한 사유가 우리를 지금보다 더 나은 지점으로 이끌 수 있는지 시대를 앞서 통찰했다. 인류세 시대의 환경과 존재에 대한 사고실험의 출발점 언저리에 위치한 의미 있는 작품이라고 할 수 있다.

제6장

〈블레이드 러너〉의
흥망성쇠

김창규

장르적 영감에서
묘비가 되기까지

金昌圭

김창규 작가. 1993년 공동작품집 『창작기계』에 첫 글을 실은 뒤 2005년 「별상」으로 과학기술창작문예 중편 부문에 당선되었다. 「업데이트」, 「우리가 추방된 세계」, 「우주의 모든 유원지」로 각각 1회, 3회, 4회 SF어워드 단편부문 대상을 수상했고, 2회 SF어워드에서는 「뇌수」로 우수상을 수상했다. 작품집으로 『우리가 추방된 세계』, 『삼사라』가 있고 『독재자』, 『백만 광년의 고독』 등 공동 SF단편집에 참여했다. 옮긴 책으로 『뉴로맨서』, 『이중도시』, 『유리감옥』 등이 있다. 창작활동과 번역 외에 SF장르 관련 각종 강의를 진행하고 있다.

〈블레이드 러너〉가 SF영화사에서 갖는 의미

"1982년에 발표된 리들리 스콧 감독의 SF영화 〈블레이드 러너〉는 SF사에서 한 획을 그었다. 그 획을 경계로 SF의 흐름이 바뀌었다." 〈블레이드 러너〉를 일부러 찾아서 감상한 사람들이나 어떤 이유로든 〈블레이드 러너〉에 대해 검색해본 사람들은 이와 비슷한 내용의 평을 보게 된다. 처음 상영된 이래 오늘날까지 이 영화의 소개로 시작해 극찬으로 끝을 맺는 리뷰의 수는 헤아리기 어려울 정도로 많다.

하지만 〈블레이드 러너〉처럼 무게감 있는 작품의 뿌리를 확인하고 SF팬과 창작자들에게 미친 영향을 알아보려면 '스타일'과 '느낌'이라는 모호한 단어를 쓰기보다는 한층 더 자세히 들여다볼 필요가 있다. 또한 영화라는 미디어가 갖고 있는 산업적 성격과 확산성 때문에 영향의 구획을 정리할 필요도 있겠다.

먼저 〈블레이드 러너〉가 상영된 1982년을 전후해 선을 보인 주요 SF영화의 면면을 보자.

출시년도	영화명
1980	스타워즈 에피소드 5
1981	매드 맥스 2
1982	블레이드 러너, 트론, 괴물, 스타트렉 2, ET
1983	브레인스톰
1984	스타맨, 터미네이터, 라스트 스타파이터, 듄, 리포맨
1985	백 투 더 퓨처
1986	에이리언
1987	로보캅
1999	매트릭스

이 영화들은 SF의 하위분류와 마찬가지로 다양한 기준에 따라 나눠볼 수 있다. 여기서는 이야기의 무대가 되는 공간에 따라 분류해 보자. 〈스타워즈〉는 은하 제국에 맞서 싸우는 저항군과 그 싸움의 향방에 큰 영향을 미치는 초능력자들의 이야기다. 이처럼 우주를 배경으로 세력 간의 대결이나 전쟁을 다루는 영화로는 〈스타 트렉〉 〈라스트 스타파이터〉 등이 있다. 흔히 스페이스 오페라나 우주 활극으로 불리는 작품들이다. 〈듄〉도 넓은 영역으로 나눌 경우 이 분류에 포함되지만, 환경이 지구와 크게 다른 행성의 특이한 생활상과 생태계에 집중한다는 면에서 오락 요소가 짙은 스페이스 오페라와 차별점이 있다.

〈ET〉 〈스타맨〉 〈괴물〉 〈에이리언〉은 모두 외계생명체가 인간과 접촉하며 발생하는 일에 집중한다. '접촉' 이야기는 등장하는 외계인의 성격에 따라 둘로 나눌 수 있다. 〈ET〉와 〈스타맨〉의 외계인은 지성체이고, 〈괴물〉과 〈에이리언〉의 외계생명체는 생존과 번식에 집착하는 낯선 동물에 가깝다. 네 작품 중 〈에이리언〉을 제외한 세 작품은 지구가 무대이고, 〈괴물〉과 〈에이리언〉은 종종 호러 영화로 분류되기도 한다.

나머지 영화는 지구를 중심 무대로 삼지만 외계인이 등장하지는 않는다. 그야말로 인간 중심의 SF라고 할 수 있다. 〈매드 맥스 2〉〈백 투 더 퓨처〉〈로보캅〉〈매트릭스〉〈터미네이터〉는 미래를 그리거나, 미래와 현재를 함께 보여준다. 〈백 투 더 퓨처〉와 〈터미네이터〉는 시간 여행이 이야기 구조에 직접 연결되어 있고, 〈터미네이터〉와 〈매드 맥스 2〉는 인류가 전멸 직전에 놓인 재앙 상황을 상정한다. 〈리포맨〉은 지구에서 만들어지지 않은 자동차와 차도둑이 얽히는 코미디다.

다른 의견이 있겠으나 〈트론〉〈브레인스톰〉〈로보캅〉〈매트릭스〉는 지구상에서 인간과 공존하는 또 하나의 세계 또는 존재를 다룬다. 또 하나의 세계나 존재란 인간이 만든 것일 수도 있고 아닐 수도 있다. 〈트론〉은 전자제품 속의 회로에 살고 있는 지적 존재를 우화처럼 다루고, 〈브레인스톰〉은 기술로 사후세계를 경험하는 이야기다. 〈매트릭스〉는 사이버스페이스를, 〈로보캅〉은 기계와 결합된 인간을 다룬다.

이 분류에서 〈블레이드 러너〉가 속할 SF범주를 고르자면 답은 어렵지 않다. 〈블레이드 러너〉는 〈로보캅〉이나 〈매트릭스〉와 나란히 서게 될 것이다. 우선 미래 지구를 배경으로 하고, 인간이 만들어낸 지적 존재가 등장하기 때문이다. 단, 그 두 작품보다 최소 5년은 앞섰다는 점을 기억하자.

나열된 영화들 속에서 〈블레이드 러너〉가 차지하는 독특한 위치를 이해하려면 무대를 더 자세히 들여다보아야 한다. 미래나 또 다른 현실이라는 요소는 SF장르를 정의하는 속성 그 자체로 봐도 좋다 (범주의 기준을 아주 크게 잡으면, 신기한 일이 일어나는 공간 자체를 또 다른 현실이라 칭할 수 있고, 그것이야말로 SF를 제대로 이해하는 좋은 접근법이다. 하지만 여기서는 그 방법을 택하지 않는다). 미래나 또 다른 현실을 이야기의 구조 및 정서와 직결시키려면 단순히 시대와 공간 좌표를 언급하는 것만으로는 부족하다. SF창작자는 그 세계의 사회제도나 가치관을 제시하고 거기에 설득력을 부여할 의무를 갖게 된다.

흔히 영미권 SF소설의 황금기를 1938~1950년으로 본다. 그 초기에 발표된 작품들은 주로 미래 기술이 가져다주는 비전과 낭만에 집중한다. 지적 유희에서 출발한 미래 비전은 SF의 주요 속성과 직결된다. 낭만은 주로 모험담의 형태로 나타난다. 이 시기의 작품은 그런 낭만을 가능하게 해주는 것 역시 미래 기술이라고 한정한다.

하지만 기술이란 사회나 문화와 분리된 도깨비나 요정이 아니다. 기술은 시간을 두고 전파되면서 산업과 사회 그 자체를 규정한다. SF는 비전과 낭만, 그리고 기술적 유토피아라는 단순함에서 금세 벗어나 등장인물의 갈등과 심리 묘사를 품으면서 본격 문학으로 나아간다. 그리고 기술과 사회의 관계를 이야기 구조에 포함시키면서, 세상을 이해하는 또 다른 도구로 자리 잡게 된다. SF소설은 일찌감치 이 과정을 밟아나갔다.

하지만 영화는 어땠을까? 문화에 미치는 파급력에 있어서 영화는 소설보다 훨씬 강하고 신속하다. 게다가 SF소설은 장르 특성상 상대적 소수인 팬들의 전유물이고, 영화는 일반 대중을 대상으로 한다. 반면에 소설은 파격과 자유분방함에 있어 영화를 훨씬 앞서나간다.

앞서 제시한 도표를 다시 보자. 〈리포맨〉과 〈매드 맥스 2〉를 제외하면 특수 효과를 적극적으로 이용하지 않은 영화가 없다. 지금 이 현실과는 다른 세계와 다른 존재를 그리는 SF의 속성상 당연한 일일 수도 있다. 하지만 1986년작 〈에이리언〉에 이르기까지 SF영화의 영상은 주로 우주와 우주선과 외계인에 집중한다.

여기서 〈블레이드 러너〉의 첫 번째 차이점을 발견할 수 있다. 영화 〈블레이드 러너〉의 무대는 2019년의 로스앤젤레스다. 영화와 많은 면에서 다르긴 하지만, 원작인 필립 K. 딕의 소설 『안드로이드는 전기양의 꿈을 꾸는가?』 역시 배경이 지구다. 소설에서 지구는 세계대전의 과정에서 방사능으로 오염돼 죽음의 행성이 되었고, 이에 우주 개척이 시행된다. 영화에서는 인구 과밀이 우주 진출의 이유로 설정되어 있다. 어쨌든 둘 모두 주 무대는 지구다.

소설처럼 명확히 짚어주진 않으나 〈블레이드 러너〉의 로스앤젤레스는 디스토피아 공간이다. 이 공간은 청결함이나 효율과는 거리가 멀다. 또한 우수한 신체적 특성으로 우주 개척에 사용되는 레플리컨트와 비교할 때 모든 면에서 열등한(수명 제외) 인간들이 사는 공간이다. 카메라가 삶의 현장, 즉 지상을 비출 때면 늘 비가 쏟아져 먼 곳의 경치나 푸른 하늘은 구경조차 할 수 없다. 초기 SF소설에 자주 등장했던 '꿈같은 미래'는 찾아볼 수 없다. 꿈같은 미래의 전형적인 이미지는 코미디 SF영화 〈백 투 더 퓨처〉에 집약되어 있다. 〈블레이드 러너〉는 디스토피아라고는 하지만 〈매드 맥스 2〉와 궤를 달리한다. 〈매드 맥스 2〉는 도시가 완전히 파괴된 황무지가 배경이지만 〈블레이드 러너〉는 문명이 작동하는 도시의 디스토피아다.

다시 말해 〈블레이드 러너〉는 낙원과 지옥처럼 극단적이고 비현실적인 세계가 아니라, 어쩌면 미래 산업 사회에 등장할 수도 있는 디

Film still from *Blade Runner*

스토피아를 그린다.

'우울한 중간지대'를 들여다보는 행위는 SF를 이해하고 창작하는 데에 있어 매우 중요하다. SF는 미래나 다른 세계라는 이름의 상상을 구체화하지만 그 상상이 늘 아름다울 수는 없다. 황금기 초기를 제외하고 나면, 개인의 생활에 초점을 맞추든 거시적인 세계를 내다보든, 낭만과 평화가 중심이자 전부인 SF는 빠르게 줄어든다. 현대 스토리텔링 기법은 '주인공을 끝까지 괴롭히라'고 가르친다. 현실을 배경으로 삼는 이야기에서는 그 괴로움이 계급과 인간관계와 사건과 사고에서 발생하지만, SF는 사회와 문화를 그리기 때문에 그 괴로움이 기술 발전의 결과와 물리적인 환경에서도 발생한다. 〈블레이드 러너〉에서 그 현실성과 괴로움은 핍진성을 겸비한 디스토피아 도시라는 설정에서부터 확연히 드러난다. 〈블레이드 러너〉는 이런 면에서 당대의 여타 SF영화와 확실한 차이를 보인다.

가짜와 진짜

　SF의 효시로 불리는 소설 『프랑켄슈타인: 현대의 프로메테우스』 이래 '가짜'의 문제는 SF의 중심 주제 중 하나다. 가짜란 무엇인가. 가짜와 진짜를 가리는 것은 곧 진짜를 정의하는 행위다. 전설이나 민담 속 가짜는 진짜를 흉내 내는 존재일 뿐 그 이상은 아니다. 가짜는 기만과 사기를 벌이다가 결국 사라지고 만다.

　안드로이드, 사이보그, 클론, 인공지능. SF에서 즐겨 사용하는 이 네 개념의 공통 요소는 인간이다. 안드로이드는 인간을 닮은 로봇이고, 사이보그는 기계와 결합한 인간(또는 인간과 결합한 기계)이며, 클론은 인간의 복제이고, 인공지능은 인간처럼 사고할 수 있는 소프트웨어다. 즉 가짜 인간이다.

　현대 SF는 전설이나 민담의 차용이 아니라 주제와 메시지를 갖고 만들어낸 이야기이기 때문에 이 가짜 인간들은 단순히 악행을 저지르다가 사라지지 않고, 진짜의 가치를 강조하는 보조 역할에 그치지도 않는다. 그들은 당당한 존재로 서기 위해서 독자를 향해 끊임없이 속삭이고 외친다. 그 외침은 보통 몇 가지로 요약할 수 있다.

　　1. 나는 인간인 너희보다 열등하지 않다.
　　2. 나는 자주적인 존재이다. 그 점을 인정하라.
　　3. 나는 (너희와) 어떻게 살아야 하는가.

　초기 SF에서 가짜들은 전형적인 악으로 등장한다. 지금도 흥미 위주의 SF소설이나 영화에서는 그 흔적을 찾아볼 수 있다. 이런 가짜는 호러 영화의 악령이나 악마와 같은 역할을 하지만, 잠깐만 생각해보면 결코 간단하지 않은 철학적 문제가 내포되어 있다는 것을 알 수 있다. 안드로이드, 사이보그, 클론, 인공지능은 생물학적 진화의 산물이 아니고 태초부터 살아 있던 초자연적 존재도 아니다. 어디까지나 우리, 유일한 진짜라고 자처하는 우리가 만들어낸 존재들이다. 당장 신과 인간의 관계, 창조자와 피조물의 관계부터 시작해 다양한 함의를 부여할 수 있는 요소다. 이 글에서는 장르 외적인 역사나 다양한 관점은 논하지 않겠다.

SF소설은 일찌감치 이 소재와 주제를 즐겨 다뤘다. 학자, 독자, 창작자들은 장르가 형성되던 때부터 이미 가짜와 진짜 간의 싸움 및 공존을 파고들었다. 여기에는 여러 가지 이유가 있지만 오늘날의 시점에서 무엇보다 큰 함의는 이 이야기가 약자나 소수자의 이야기와 연결된다는 점일 것이다.

〈블레이드 러너〉는 고전적인 SF의 주제를 영화라는 매체에 실어, 평면적으로 결론내릴 수 없는 방식으로 대중 앞에 제시했다. 후술할 여러 가지 요소와 함께 〈블레이드 러너〉가 원형으로 자리 잡으면서, 가짜와 진짜의 문제 또한 대중과 후대 창작자들에게 깊이 각인되기에 이르렀다.

누아르

도시의 뒷골목. 우중충한 날씨. 음모. 사건을 해결하려고 분투하는 중년 남성. 돈과 총과 경찰과 살인. 사건의 내막에 깊이 연루된 여성. 어떤 영화가 떠오르는가? 시대에 따라 다르겠으나, 이 요소를 전부 포함하면서 네오 누아르로 분류되는 〈카사블랑카〉가 대표적

전형적인 누아르 주인공 릭 데커드.

일 것이다.

　누아르는 작품의 정서와 스타일로 규정되는 경우가 많아서 작품별로 선을 긋기 어렵지만 공통점을 들어 논할 수는 있다. 먼저 누아르는 추리 소설의 한 장르인 하드보일드와 많은 요소를 공유한다. 하드보일드 소설은 1930년대에 선을 보인 장르다. 하드보일드 소설의 대표작인 『몰타의 매』는 1930년에 발표되었고 1941년에 영화화되었다. 사립탐정, 경찰의 영역 밖에서 벌어지는 범죄, 팜파탈femme fatale이라는 세 가지 요소도 이때 정립된 것이나 마찬가지다. 하드보일드풍 영화를 뜻하는 필름 누아르는 이야기 면에서 역시 비슷한 특징을 갖고 있으며, 당연히 누아르에 어울리는 영상미를 추구한다.

　리들리 스콧이 필름 누아르의 요소를 〈블레이드 러너〉에 전적으로 도입한 것은 주지의 사실이다. 누아르는 냉정한 주인공들과 차가운 시선을 통해 감상자에게 무감각과 공허함을 전달하게 마련이다. 이런 공허함과 무기력함은 폭력으로 더욱 강조된다.

첫 표를 한 번 더 상기해보자. 〈스타워즈〉는 세상을 악으로부터 구하는 전형적인 영웅담이다. 주인공은 평범한 소년처럼 보이지만 실은 선택된 자이며 초인적인 능력을 갖고 있다. 〈스타 트렉〉은 연방 소속의 우주선과 승무원들의 이야기이며, 규정을 자주 어기는 영웅 커크와 비인간적인 논리를 강조하는 스팍이 늘 행성이나 종족을 구한다. 〈매드 맥스 2〉는 연출 방식으로 볼 때 누아르로 구분할 수 있지만 전통적 요소인 팜파탈이 빠져 있다. 당시 SF영화들 중 필름 누아르 스타일을 본격적으로 사용해서 완성도를 획득한 작품은 〈매드 맥스 2〉와 〈블레이드 러너〉뿐이라 하겠다.

그리고 SF영화는 누아르물에서 아주 중요한 인물상을 골라올 수 있다. 도덕적 모호함은 누아르 속의 인물에게 중요한 속성이다. 그리고 이는 SF(와 판타지)라는 장르의 정의에 처음부터 내재되어 있다. SF라는 장르의 본질을 파악한 사람이라면 그 점을 늘 자각하고 있을 것이다. SF는 다른 현실을 그린다. 그러므로 감상자가 사는 곳의 도덕이 고스란히 통용될 리가 없다. 유명 판타지 작가인 차이나 미에빌China Mieville의 인터뷰에 귀를 기울여보자.

질문자 최근 들어 누아르 소설과 판타지 소설이 같은 샘물에서 흘러나왔을지도 모른다는 생각이 자꾸 듭니다. 지금은 아주 멀리 떨어져서 다른 길을 가고 있지만 (…)

차이나 미에빌 그런 작품들은 사실 현실성을 꾸며내면서, 논리 퍼즐이라는 가면을 쓰고 있긴 하지만 일종의 꿈을 구현하는 소설입니다. 최고의 누아르들은 예외 없이 (…) 꿈을 풀어내고 있습니다. 제가 보기에 레이먼드 챈들러와 실제 일어난 범죄를 다루는 책들 간의 공통점보다는 챈들러와 카프카의 작품들이 가지는 공통점이 더 큽니다.

누아르 소설이나 영화가 비정하고 도덕이 증발해버린 현실을 적나라하게 보여준다는 평은 아주 많다. 하지만 차이나 미에빌이 정확히 지적한 바와 같이 누아르는 또 하나의 꿈이다. 도덕적 경계가 모호하고 악의나 고의성이 명확하지 않은 가운데, 그 끊임없는 불일치가 모여 만든 꿈이다. 많은 이들이 〈블레이드 러너〉의 감독판과 극장판 오리지널 가운데 전자의 완성도를 더 높게 보는 이유는, 언어로 치환할 수 없도록 모호하게 배치한 설정과 누아르 스타일이 높이가 같은 꿈의 수면에서 만나고 있기 때문이다.

사이버누아르와 사이버펑크

지금까지 누아르와 SF가 만나는 진정한 의미를 지적했다. 이제 사이버펑크와 누아르와 〈블레이드 러너〉를 제대로 결부시킬 차례가 되었다. 사이버펑크는 1980년대를 풍미한 SF 하위장르로 다음과 같이 정의된다. "질서가 약화되고 생명공학, 인공지능, 사이버네틱스 등의 기술이 발달한 시대를 배경으로 함. 체계와 제도에 반발하는 반사회적 인물과 활동이 주를 이룬다."

사이버펑크가 SF 하위장르로 우뚝 선 데에는 주도적인 두 작가,

윌리엄 깁슨과 마이클 브루스 스털링Michael Bruce Sterling의 공이 절대적이다. 윌리엄 깁슨의 소설 『뉴로맨서』는 한 권으로 아름답게 풀어놓은 사이버펑크 그 자체다. 이 작품에서 인간은 여러 가지 형태로 존재한다. 부모의 몸에서 태어난 그대로 성장한 인간, 기계와 결합해서 사이버스페이스를 넘나드는 인간, 인공지능과 하나가 된 인간. 그들은 이미 완전하게 존재하고 있기 때문에 인간과 비인간의 경계를 구분할 필요가 없다. 이런 마당에 구시대적인 가치관은 끼어들 여지가 없다. 자신의 클론을 대량으로 생산하고 냉동해두는 세상에서 세대 구분도 무의미하다. 그 옆에, 혹은 그 위에 모든 것을 바라보는 인공지능이 있다.

〈블레이드 러너〉는 이런 사이버펑크 장르의 특징을 영상으로 잘 구현한 초기 작품이다. 하지만 이 작품 역시 선구자 격인 여러 작품들로부터 영감을 빌려왔다. 사이버펑크 장르의 근원은 존 브루너John Brunner의 소설 『쇼크웨이브 라이더The Shockwave Rider』(1975)까지 거슬러 올라간다. 그리고 SF의 변신을 이끌었던 뉴웨이브 SF의 영향도 무시할 수 없다. 그전까지 SF는 기술을 발판 삼아 마냥 낙관적인 세계를 펼치고 지적 유희에만 탐닉했는데, 뉴웨이브 SF는 이런 초기 SF를 문학작품으로 이끌어내자는 움직임이었다. 1960년대에서 1970년대까지 이어진 이 흐름은 그 거창한 이름과는 달리 인간의 내면을 다루는 문학작품의 기본기에 SF의 장점을 접합해보자는 운동이었다. 〈블레이드 러너〉의 원작 소설을 쓴 필립 K. 딕, 존 브루너, 할란 앨리슨이 뉴웨이브 SF의 주요 작가다. 할란 앨리슨의 대표작 『나는 입이 없다 그리고 나는 비명을 질러야 한다I Have No Mouth and I Must Scream』는 호러에 가까운 소설이지만, 그와 동시에 전능에 가까운 힘을 지닌 인공지능이 인류의 마지막 생존자들을 끊임없이 괴롭힌다는, 다소 사이버펑크적인 이야기를 다룬다.

그리고 SF계에서도 명성이 자자했던 카투니스트 장 지로Jean Giraud(필명 뫼비우스)가 그린 코믹스 「더 롱 투모로우」가 있다. 리들리 스콧과 윌리엄 깁슨은 이 작품에서 시각적 영감을 받았노라고 인터뷰한 바 있다. 이 작품은 누아르의 전형적인 요소(도덕관념이 개입하지 않는 사건의 해결과 팜파탈)가 등장하는 SF이며, 복장이나 도시의 모습이 독특한 분위기를 조성하고 있어 인상적이다. 그런 까닭에 본격적인 첫 사이버펑크 코믹스로 불리기도 한다.

영감의 결집과 발산

SF는 태동부터 대중적인 요소와 상궤를 벗어난 미학을 즐겨 결합하는 장르였다. SF는 근본적으로 기술과 연결된 '신기한 이야기'다. 더 전통적인 '신기한 이야기'인 전설과 괴담 가운데 구전자와 청중의 구미를 자극하는 대중적 요소가 강한 것들이 끈질기게 살아남았다. 여기에 구조적 이야기, 신기술, 인간 내면의 고민과 철학적 사유, 사회에 대한 고찰 등이 결합해가는 과정이 곧 SF의 역사다. 미국 SF를 펄프 매거진 및 코믹스와 분리할 수 없는 것도 같은 이유에서다 (펄프 매거진은 1890년대에서 1950년대까지 이어졌고, 코믹스가 그 뒤를 이었다).

〈블레이드 러너〉 역시 필연적으로 그와 같은 DNA를 지닐 수밖에 없었다. 〈블레이드 러너〉보다 1년 먼저 개봉한 두 SF영화, 〈매드 맥스 2〉와 〈뉴욕 탈출〉을 보자. 전자는 정교한 액션 활극으로 봐도 무리가 없고 후자는 컬트 SF의 대명사 중 하나가 되었다. 〈블레이드 러너)는 과연 이 두 작품과 완전히 다른 층위에 위치할까? 물론 저 유명한 교통수단인 '스피너'를 디자인한 시드 미드의 감각과 미장센에 집중하는 리들리 스콧의 고집이 만나며 형성된 시각미는 압도적이다. 거기에 누아르와 사이버펑크 요소를 모호함으로 결합시킨 종합예술의 승리로 〈블레이드 러너〉를 평가하는 것은 당연하다고 할 수 있다. 하지만 언급한 두 작품과 〈블레이드 러너〉가 완전히 다르다고 주장하는 평이 있다면, 그 평을 너무 믿지 말라고 권하겠다.

〈블레이드 러너〉는 SF영화의 원형이자 전형이 되었다. 그 영향은 꽤 큰 각도로 퍼져나갔다. 여기서 사이버펑크 장르의 운명을 잠깐 돌이켜보는 것도 흥미로운 일이다. 사이버펑크 하위장르는 1980년대를 휩쓸었지만 개성적인 것처럼 보였던 울타리는 곧 사라졌다. 사이버펑크의 상징과도 같았던 해킹과 사이버네틱스는 이후 다수의 SF영화와 소설에 녹아들었다. 한동안 대중적인 SF영화 가운데 그 두 가지 개념을 사용하지 않는 것이 없을 정도였다.

〈블레이드 러너〉(및 그 직계 조상들)가 대표하는 설정과 스타일 또한 전방위적으로 영향을 미쳤다. 영향을 받은 매체도 영화와 소설에 국한되지 않았다. SF게임들은 〈블레이드 러너〉풍의 사이버누아르 스타일과 대중성을 고스란히 끌어안았다. 사이버펑크 장르는 게임으로 재구성하기에 아주 좋다. 특히 롤플레잉 장르와 결이 맞는다. 사이버펑크 롤플레잉 게임은 순수한 인간에서 벗어난 사이버네틱스나 사이보그 등 인공적이고 새로운 존재들이 계급이나 직종을 대신하는 특징이 있다. 〈블레이드 러너〉에는 등장하지 않지만 사이버스페이스는 게임 속의 세계에 또 하나의 비현실적인 공간을 제공했다.

사이버펑크 설정을 세계관에 전적으로 활용한 게임은 크게 두 가

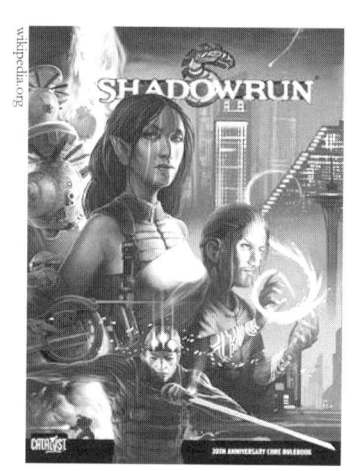

〈섀도우런〉의 20주년 에디션 커버. 미래형 해커인 '데커'와 마법사인 '각성인'이 공존하고, 인간뿐 아니라 엘프, 오크, 드워프 등이 함께 사는 세계를 배경으로 한다.

지가 있다. 〈안드로이드: 네트러너Android: Netrunner〉와 〈섀도우런 Shadow Run〉이다. 〈안드로이드 : 네트러너〉는 SF 하위장르로 자리 잡은 사이버펑크의 특징을 고스란히 이용하는 트레이딩 카드 게임이다. 트레이딩 카드 게임답게 두 진영이 대결하는데, 여기서 대결이란 곧 해킹이다. 그리고 〈섀도우런〉은 정통 롤플레잉 게임으로, 물리력으로 사건이나 의뢰를 해결한다는 점에서 사이버누아르라 볼 수 있다. 하지만 심도 깊은 사이버누아르의 특징, 즉 감상자가 여운을 느낄 수 있는 여지와 치밀한 세계 설정은 걷어내버리고 해당 장르의 골격만 남긴 게임이라고 보아야 할 것이다. 〈섀도우런〉은 판타지 세계관에 단골로 등장하는 엘프와 오크 종족이 인간과 같은 세계에 살고 있어 정통 SF로 보긴 어렵다는 특징도 있다.

 이 두 작품은 컴퓨터 게임이 아니라 보드 게임이다. 한편 컴퓨터 게임 제작자들은 사이버펑크 문학 장르가 흩어져버리고 흔적만 남은 지금까지도 꾸준히 작품을 내고 있다. 〈데이어스 엑스〉 시리즈가 대표적이고, 보드 게임인 〈섀도우런〉을 컴퓨터로 옮긴 시리즈도 있다. 많은 게임 플레이어의 기대를 받은 〈사이버펑크 2077〉도 2020년에 발매되었는데, 이 게임 역시 TRPG 보드 게임인 〈사이버펑크 2020〉을 원작으로 하고 있다.

영화와 애니메이션

〈블레이드 러너〉의 유산은 영감inspiration이라는 이름으로 존재하면서 여러 영화와 애니메이션 속으로 퍼져나갔다. 미래가 되어도 사라지기는커녕 고스란히 남아 있는 도시의 척박함, 아예 보이지 않거나 뿌연 스모그로 자취를 감춘 하늘, 도무지 끝이 안 날 것처럼 보이는 뒷골목, 고독을 벗 삼으며 사건을 해결하지만 미래가 크게 개선될 여지가 안 보이는 주인공들…. 이러한 요소들이 특히 SF에서 등장할 경우 〈블레이드 러너〉라는 이름에서 벗어나기 어려웠다.

이 유산의 계보에는 무엇보다 유명한 〈공각기동대〉가 있다. 하지만 〈공각기동대〉가 갖는 에너지는 원작 만화와 첫 극장판 애니메이션에서 완성되었고, TV 시리즈인 〈공각기동대 SAC〉까지 이어지다가 소진되었다. 실사 영화인 〈공각기동대: 고스트 인 더 쉘〉(2017)은 무의미한 반복과 다름없다고 하겠다. 반면 사이버네틱스보다는 다소 현실적인 미래의 누아르 요소와 속도감에 승부를 걸었던 〈카우보이 비밥〉(1998)은 수작으로 남았다. 한국에서도 감독이 〈블레이드 러너〉에서 영감을 얻었다고 공공연히 밝힌 영화 〈내츄럴 시티〉(2003)가 있었고, 동명 일본 만화를 원작으로 한 〈인랑〉(2018)에도 그 편린이 조금 엿보였다. 하지만 홍콩 누아르가 붐을 일으켰던 1990년대

일본 애니메이션 〈카우보이 비밥〉.
감독 와타나베 신이치로는 〈블레이드 러너 2049〉의
프리퀄 애니메이션을 연출하기도 했다.

이후 한국의 누아르는 소위 조폭물이나 정치 스릴러가 주 무대였고, 안 그래도 드문 SF영화와 결합해 상승효과를 끌어낸 경우는 찾아보기 힘들었다.

〈블레이드 러너〉와 사이버누아르의 한계

사이버누아르(또는 테크누아르)는 스타일을 규정하는 핵심 요소가 곧 제약 사항이 될 수밖에 없다. 희망을 포기하고 살거나 파멸을 기다리고 있는 남성 주인공과 팜파탈의 구도는 점점 시대 흐름과 보조가 어긋나는 느낌이다. 넷플릭스나 아마존 프라임처럼 최근 급부상한 비디오 스트리밍 서비스가 다양한 독점작을 확보하기 위해 SF드라마 제작을 시도하고 있는데, 그 과정에서 한 시대를 주도했던 SF 하위장르가 이따금씩 부활하곤 한다. 넷플릭스에서 제작한 〈얼터드 카본〉(2018)은 그렇게 다시 고개를 든 사이버누아르의 사례다. 하지만 2002년에 발표된 동명 원작 소설이 갖고 있던 차가운 사이버누아르의 장점이 희석되면서 드라마의 파급력은 기대를 밑돌았다. 이는 비단 〈얼터드 카본〉만의 문제가 아니다.

무엇보다 〈블레이드 러너〉의 한계를 잘 보여주는 작품은 아이러니하게도 후속작에 해당하는 〈블레이드 러너 2049〉다. 이 작품은 미래 지구를 조화로운 색감과 구도로 그리면서, 거기에 드니 빌뇌브 감독의 특기인 단기적인 긴장감을 적절히 배치했다. 그 결과 적어도 극장에서 감상하는 동안에는 눈이 호사를 누리고 말초적인 긴장감으로 숨을 죽일 수 있었다. 제작진은 후속작이라는 약점을 극복하기 위해 전편의 주인공이었던 데커드는 물론 컴퓨터 그래픽으로 레이첼까지 소환해 올드팬의 향수를 자극했다.

하지만 후속작이 전편의 그늘에 묻히지 않으려면 새로운 요소가 필요하게 마련이다. 〈블레이드 러너 2049〉는 전편과 어떻게 다른가. 차이점은 당연히 장점이어야 하건만, 발달한 특수효과 기술과 감독의 세련된 시각 연출을 빼면 더 나아진 점을 찾기가 쉽지 않다.

전편 주인공인 데커드는 소품일 뿐 주동 인물로 작동하지 않는다. 전편의 모호함이 의미를 가졌던 이유를 정리해보자. 전편은 설정과 인물이 이야기 속에서 조금도 변화하지 않는다. 처음부터 낯설었기 때문이다. 그 생경함만으로 충분했기 때문에 설정과 인물은 아주 단단했고, 영화 전체가 그 견고함을 지탱하고 있다(데커드가 영화 말미에 내린 결단은 성장이나 변화의 증거라기보다 도피에 가깝다). 반면 후속작의 인물들은 2019년의 관객에게 낯설지도 않고, 전편의 인물처럼 절박하지도, 탄탄한 존재감을 지니지도 못한다. 그저 클리셰일 따름이다. 특히 레플리컨트 저항군이 등장하는 장면에 이르면, 후속작이 안일하게도 전편과 클리셰에 전적으로 기대고 있다는 사실이 여지없이 드러나고 만다.

후속편이 명작으로 남거나 최소한 독자적인 작품으로 설 기회는 있었다. 가짜와 진짜의 문제를 다루는 데에 있어 전편이나 여타 가짜 이야기와 다른 시각을 보여줬다면 가능했을 것이다. 예를 들어 레이첼과 조이를 비교해보자. 레이첼은 영화 속에서 주동적인 인물로 존재하지 못하는데, 이는 시대적인 한계였을 것이다. 하지만 현실에서 특이점을 논하는 이 시대에, 후속작의 등장인물 조이는 구식 소프트웨어의 한계를 보이면서 힘없이 사라지고 K 역시 그 굴레를 벗어나지 못한다. 여러 누아르 걸작 속의 인물들은 새 삶을 열지는 못해도 우직하게 대지를 딛고 살아가는 데에 반해, 작품 설정상 2019년으로부터 30년이 지난 뒤임에도 레플리컨트와 인공지능 소프트웨어는 옛 가짜보다 더 가벼운 가짜로 남고 말았다.

네오 '조이'는 있는가

고전 SF의 핵심 주제와 소재들은 사이버펑크 하위장르와 마찬가지로 사방으로 흩어져서 모든 이야기 속으로 녹아들어갔다. '평행우주'와 '타임슬립'과 '인공지능' 역시 마찬가지다. 그것들은 신속하게 소재를 구하고 재빨리 변주하는 산업형 창작자들의 손에서 단시간에 소비되고 있다. SF의 주인공 자리는 시간이 흐르면서 천재에서 초능력자로, 타고난 영웅에서 의욕을 잃은 젊은이로 그 주인이 바뀌었다. 최근에는 초능력자가 다시 그 자리에 앉고 있다.

하지만 똑같이 초능력을 가진 주인공이라 해도 〈슈퍼맨〉의 클라크

포스트 아포칼립스 롤플레잉 게임 〈폴아웃 4〉(2015)의 화면.
〈블레이드 러너〉에서 로이 배티가 최후를 맞는 장면을
이스터 에그로 쓰고 있다. 영화 〈블레이드 러너〉의 명성은 이처럼
구석진 곳에서 서서히 퇴색하고 있다.

켄트와 〈더 보이즈〉의 홈랜더는 다르다. 〈블레이드 러너〉는 코믹스와 필름 누아르 등 여러 주변 장르에서 이미지를 모아 승화시킨 덕분에 수십 년 동안 명성을 유지할 수 있었지만 이제 그 태양조차 저녁을 맞이하고 있다. 네오 누아르라는 이름으로 반걸음쯤 벗어나거나 '사이버'에 기대는 것만으로는 누아르 SF가 명맥을 유지하기 힘든 지경에 이르렀다는 얘기다. 그리고 이런 한계는 누아르 SF만의 문제가 아니다.

앞으로 세상에 모습을 드러낼 SF들은 빠르게 소비되고 회전하는 대중용 이야기와 교류하면서 종합적인 면모를 필수적으로 갖춰야 할지도 모른다. 〈블레이드 러너〉에게 배울 점은 미장센과 미래 디자인이 아니라, 영감에 기여할 수 있는 요소라면 코믹스든 알려지지 않은 소설이든 열린 마음으로 대하고 종합적인 이야기로 빚어내는 힘일 것이다(우리는 그 전조를 이미 목격했다. 주인공 네오가 구세주로 활약했던

〈매트릭스〉를 보라. 그 〈매트릭스〉조차 지난 세기에 만들어진 영화다. 영화는 소설보다 훨씬 보수적이고 굼뜬 매체라는 점도 잊지 말자).

그 점을 절실히 자각하고 나면 비로소 '네오 누아르'나 '레트로 퓨처'처럼 고전의 묘비에 다시 기대는 장르 작품이 아니라, 달라진 현대 세계에서 독자와 감상자에게 흡인력을 행사하는 진짜 조이의 이야기를 쓸 수 있을 것이다.

제7장

레플리컨트와 홀로그램, AI의 (목)소리들

곽영빈

포스트 휴먼 시대의 보이스와
사운드스케이프에 대한 노트

郭永彬

곽영빈 미술평론가이자 연세대학교 커뮤니케이션대학원 객원교수. 미국 아이오와대학교에서 「한국 비애극의 기원」이라는 논문으로 박사학위를 받았다. 2015년 서울시립미술관이 제정한 최초의 국공립 미술관 평론상인 제1회 'SeMA-하나 평론상'을 수상했다. 논문으로 「애도의 우울증적 반복강박과 흩어진 사지의 므네모시네: 5·18, 사면, 그리고 아비 바르부르크」, 「'다다익선'의 오래된 미래: 쓸모없는 뉴미디어의 '시차적 당대성'」 등이 있다. 『초연결시대: 인간-미디어-문화』, 『21세기 한국 예술의 고전을 찾아서』, 『이미지의 막다른 길』 등을 공저했다.

레플리컨트의 고유한 목소리

40여 년 전 이탈리아에서 처음 발표된 「음악과 목소리, 언어」라는 글에서, 롤랑 바르트는 그림에 대해 유려하게 말한 이들은 많지만 음악에 대해 그런 사람은 하나도 없다며 "프루스트조차도" 예외가 아니라고 잘라 말한 바 있다. 그것은 그가 "일반성의 질서에 속하는 언어"와 "차이의 질서에 속하는 음악"을 통합시키는 것이 근본적으로 어렵다고 봤기 때문이다.[1] 이러한 견해를 가장 극명하게 뒷받침하는 건 '짐노페디Gymnopédie' 연작으로 유명한 작곡가 에릭 사티Érik Satie로, 그는 자신의 악보에 "Imbibet"(술 취한), 혹은 "Corpulentus"(뚱뚱하게)라는 기이한 지시문을 써둔 것으로 악명 높다. 특정 음표를 어떻게 연주하면 "술 취한" 것처럼 들리며, 어떤 방식으로 표현해야 "뚱뚱하게" 들릴 것인가? 당연히 이는 '일반적'이라기보다는 '자의

---

1. Roland Barthes, 'La Musique, la voix, la langue', *L'obvie et l'obtus*, Paris: Seuil, 1992, p. 246.

에릭 사티, 〈개를 위한 정말 나쁜 전주곡〉 악보 일부.

적'이라는 의심을 불러일으키지만, 이를 그저 '정확한 언어적 재현은 가능한가'라는 식의 분석철학적 전통에서만 바라보는 건 핵심을 놓치는 일이 될 것이다. 물론 피아니스트가 손과 머리를 포함한 상체를 흐느적대며 연주하거나, 일본의 스모 선수를 떠오르게 하는 코믹한 의상을 입고 피아노 앞에 앉았다면 문제는 간단할지 모른다. 하지만 보지 않고 듣는 것만으로도 가능할까? 가수가 가사를 혀가 꼬인 듯 발음한다거나, 숨이 찬 것처럼 노래할 수 있을지는 모르나, 여전히 오해의 여지는 남을 것이다. 하물며 피아노나 기타 같은 악기만으로 문제의 지시문을 구현하는 건 어려울 수밖에 없다.

언어와 음악, 이미지와 목소리 혹은 사운드 사이의 정치한 미로를 파고드는 이러한 질문을 〈블레이드 러너〉 시리즈에 대해 제기해보면 어떨까? '레플리컨트와 인간의 구분 불가능성'이라는 이 시리즈의 핵심 질문을 떠올리면서 말이다. 그때 우리는, 아마도 거의 모든 고려 요소들이 시각적인 요소에 집중되어 있다는 사실을 깨닫게 될 것이다. 리들리 스콧의 1982년작에서 레플리컨트의 비정상성에 대한 증거로 주어지는, 홍채의 불안한 확대를 드러내는 보이트-캄프 테스트가 대표적이다. 영화 초반, 자신의 어머니에 대한 기억을 묻는 질문자를 레플리컨트 레온은 총으로 쏴 죽이는데, 여기서 그의 홍채를 확대하는 장치는 명시적으로 전경화되어 그가 '불안해한다'는 것을 드러낸다. 영화에서 종종 인용되는 "인간보다 더 인간적인"(레플리컨트 제조사인 타이렐사의 모토)이란 문구는, 무엇보다 시각적인 구분 불가능성의 차원에서 환기되는 것이다. 주인공 데커드가 사랑에 빠지는 대상인 레이첼이나, '데커드 자신은 사람인가, 레플리컨트인가'라는 질문 역시 '사람과 똑같이 생긴 레플리컨트'라는 차원에서 주로 맴도는 질문인 것이다. 이렇듯 일관되게 시각적 차원에서 부과되는 정체성의 무게는 1982년 영화가 처음 개봉한 이후 이어진 다종다기한 판본들은 물론, 2017년 개봉한 드니 빌뇌브 감독의 〈블레이드 러너 2049〉의 주인공 K 혹은 조(조이가 K에게 지어준 인간 이름)에 이르기까지, 결코 가벼워진 적이 없다.

이 글은 질문의 지평을 살짝 바꿔보려 한다. 예를 들어 '레플리컨트에게 고유한 (목)소리가 존재하는가'라는 질문은 어떨까? 우리는 레플리컨트의 (목)소리를 구분할 수 있을까? (목)소리만으로 그가 레플리컨트인지 사람인지를 구분해낼 수 있을까? 혹은 인간에게만 고유한 (목)소리란 있을까? 그것은 넓은 의미에서 '포스트 휴먼 시대의 (목)소리와 사운드, 그리고 그들이 이미지와 맺는 관계란 무엇일 수 있는가'라는 질문이기도 하다. 이 글은 그 질문들이 만드는 몇가지 반향을 따라가보려 한다.

데커드의 목소리와 목소리 포토샵

〈블레이드 러너〉(1982)에서 보이트-캄프 테스트는 레플리컨트를 식별해낼 수 있는 중요한 장치로 주어진다. 데커드는 이후 똑같은 테스트를 레이첼에게 시행하면서 여러 가지 질문을 하는데, '끓인 개 boiled dog'가 음식으로 나온 뷔페 상황에 대한 마지막 질문에 레이첼은 대답하지 않는다.[2] 재미있는 건 영화의 후반, 문제의 레온에게 죽임을 당할 뻔한 데커드를 구한 레이첼이, 데커드에게 스스로 보이트-캄프 테스트를 해본 적이 있느냐고 되묻는다는 것이다. 영화는 데커드에게도 명확한 대답의 기회를 주지 않지만, 그가 꾸는 꿈속은 물론, 현실 세계에서 반복적으로 등장하는 일각수unicorn의 형상과 종이 인형을 통해서 그 역시 레플리컨트일 수 있다는 가능성을 시사한다.

하지만 이것들만으로 부족했던지, 자신의 집에 들어가는 엘리베이터에서 데커드는 보이스 프린트 확인voice print identification을 요청받는다. 층수를 묻는 질문에 그가 "데커드, 97층"이라고 대답하자, "97층, 고맙습니다"라는 대답이 이어진다. 우리의 질문은, 여기서 '확

---

[2] '인간' 혹은 '문명'에 대한 일종의 학습된 조건반사를 확인하는 이 '인류학적' 질문을 2019년의 시점에, 특히 한국에서 (다시) 듣는 건 흥미로운 일이다. '1인 가구' 시대를 맞아 선풍적인 인기를 모은 '개통령' 강형욱의 위상과 '반려견'들에 대한 한국인들의 점증하는 감수성에도 불구하고, '개를 끓여 먹는' 한국인들이 여전히 존재한다는 것은 부인할 수 없는 사실이며, 그것이 이른바 '문화적 상대성'에 대한 서양인들의 '제국주의적 침해'인지 아닌지에 대한 논의의 불씨 역시 완전히 꺼진 것은 아니기 때문이다. 약간의 진지한 농담을 섞자면, 여기서 레이첼은 레플리컨트일 뿐만 아니라 어느 정도 한국인일지도 모르며, 데커드의 질문에 머뭇대는 한국인들은 인간보다는 레플리컨트에 가깝다고 할 수도 있는 것이다. 이런 의미에서, 〈블레이드 러너〉와 어울리는 도나 해러웨이의 텍스트는 대개 「사이보그 선언」(1985)으로 간주되지만, '반려종' 일반에 대한 포스트 휴먼적 성찰의 차원에서는 『반려종 선언』으로 보는 게 더 적절해 보인다. Donna Haraway, *The Companion Species Manifesto: Dogs, People, and Significant Otherness*, Chicago: Prickly Paradigm Press, 2003.

인'되는 것이 정확하게 무엇이냐는 것이다. 그것이 단순히 데커드라는 이름과, 예를 들어 94층이 아닌 97층이라는 인지적 정보 차원의 대답이 아니라는 건 당연해 보인다. 이는 이를테면 우리가 일상적으로 돈을 송금받거나 이체할 때 거쳐야 하는 은행 앱의 '인증' 절차가 특정 숫자를 입력하는 것에서 지문이나 홍채 정보와 같은 생체 정보 판독으로 넘어간 것의 함의를 떠올려보면 도움이 된다. 다시 말해 여기에서 '확인'되는 것은 그의 목소리가 배타적으로 갖는 고유한 음성적 특징과 패턴에 대한 인식이라는 가정이 가능한 것이다.

이런 맥락에서 곱씹어볼 만한 사례는, 2016년 11월 초 어도비사가 공개해 곧바로 '목소리 포토샵Photoshop-for-Voice'이라는 이름으로 기사화되었던 소프트웨어 'VoCo'다. 당시 크게 회자되었던 문제의 시연에서, 개발자는 약 30초 정도 길이의 목소리 소스만 있으면 어떤 문장이건 타이프를 쳐서 해당 개인의 주파수를 가진 목소리로 변환시킬 수 있다는 것을 증명해 보였다. 이후 적지 않은 매체에서 우려를 표명했듯이, 이는 예컨대 자신이 녹음하지 않은 협박이나 위협의 음성 메시지를 다른 사람의 전화에 남길 수 있다는 것뿐만 아니라, 불륜의 정황 증거로 채택될 만한 내용을 임의적으로 만들어낼 수 있음을 의미한다.[3] 만들어진fabricated 것이 가짜fabricated가 아니라 증거evidence가 될 수 있다는 건, "데커드, 97층"이라는 데커드 자신의 음성 응답을 누군가가 녹음해 틀 수 있다는 차원을 넘어선다. 음성에 '고유'한 파형 자체를 유지한 채, 이론적으로 무한한 음성 자료를

---

3. "Adobe Voco 'Photoshop-for-voice' causes concern," *BBC*, 2016. 11. 7. http://www.bbc.com/news/technology-37899902

만들어낼 수 있다는 것을 뜻하기 때문이다.[4]

 음성과 사운드 차원에서 벌어진 이러한 '구분 불가능성'의 가공할 만한 증대는 비슷한 시기 우후죽순처럼 진행되었다. 2016년 6월 구글은 마젠타 프로젝트를 통해 인공지능이 작곡한 80초짜리 연주곡을 공개했고,[5] 몇 달 뒤인 9월에는 소니가 비틀스의 모든 곡을 딥러닝Deep Learning시켜 그들이 작곡했을 법한 비틀스풍의 노래 〈Daddy's Car〉를 공개했다.[6] 주지하듯 이러한 작업들은 2015년 딥드림DeepDream이 시각예술 영역에서 성취한 작업의 연장선상에 놓인 것이다(비슷한 시기 마이크로소프트사와 네덜란드의 연구팀이 함께한 '넥스트 렘브란트 프로젝트' 역시 비슷한 범주의 사례로 간주된다[7]). 하지만 대부분의 대중들이 교향악을 mp3 파일로 듣는 것에서는 아무 문제를 느끼지 못하면서도, 유튜브의 전송 속도와 연동하는 화질 변화에는 민감하게

---

[4] 이 공개 시연에 참석한 세 명의 인물 중 하나가 조던 필Jordan Peele이었다는 사실 역시 주목할 만하다. 그사이 〈겟 아웃〉(2017)이나 〈어스〉(2019)처럼 미국의 인종 문제를 공포영화의 장르 관습 속에 녹여내는 것으로 유명한 공포영화 감독이 되긴 했지만, 그는 사실 미국 최초의 흑인 대통령이었던 버락 오바마의 목소리와 표정을 가장 잘 흉내 내는 것으로 유명한 코미디언이었기 때문이다.

[5] 이 곡은 첫 네 개의 음표가 주어진 상태에서 머신러닝 알고리즘으로 생성되었다. 피아노를 제외한 드럼과 오케스트라 파트는 나중에 인간이 덧붙인 것이다. 다음 링크 주소에서 곡을 들어볼 수 있다. https://cdn2.vox-cdn.com/uploads/chorus_asset/file/6577761/Google_-_Magenta_music_sample_0_mp3

[6] 다음 주소에서 곡을 들어볼 수 있다. https://www.youtube.com/watch?v=LSHZ_b05W7o

[7] 연구진들은 150기가바이트 크기의 렘브란트 그림 자료를 3D스캔 기술로 디지털화한 후, 얼굴인식 기술을 활용해 그림 속 사물의 위치와 구도, 사용된 미술도구 등을 분석한 결과를 토대로 인공지능을 학습시켰다. 이후 검은 옷을 입고 모자와 하얀 깃 장식을 착용한 30~40대 백인 남성을 '렘브란트 화풍으로 그리라'고 명령, 이 말 그대로의 시각적 결과물을 얻어낸 바 있다. https://www.nextrembrandt.com/

풀 깎는 소리를 내기 위해
테이프를 자르고 있는 폴리 아티스트.

반응한다는 점을 염두에 둔다면, 둘을 같은 위치에 놓고 비교할 수 없다는 것은 분명해 보인다.

소리와 이미지의 분리, 그리고 폴리의 전통

하지만 이러한 최근 사례들의 나열이 회고적으로 투사하는 '좋았던 시절Good Old Days'을 순진하게 가정해서는 안 된다. 대표적인 것이 영화제작의 후시 녹음post-production sound recording 전통으로, 이는 넓게는 20세기 초중반의 라디오 드라마 시대까지 거슬러 올라가는 음향효과의 영역, 특히 소위 폴리 아티스트Foley artist라 불리는 전문가들이 담당해온 것이다.[8] 예를 들어 개 발자국 소리는 얇은 페이퍼 클립을 붙인 장갑이, 새의 날갯짓은 깃털로 만든 먼지떨이가, 눈

---

8. '폴리'라는 명칭은, 무성영화에서 유성영화로 넘어가던 대격변기에 할리우드에서 일했던 음향효과 기사인 잭 폴리Jack Donovan Foley(1891~1967)의 이름을 딴 것이다.

밭을 뽀드득대며 걷는 주인공의 발자국 소리는 사실 옥수수 녹말이 든 포대가 만들어내는 효과로, 둘 사이에 내재적인 닮음이나 유사성의 관계란 존재하지 않는다. 여전히 상업적으로 유통되는 거의 대부분의 영상들 속에서 우리가 보고 듣는 이미지와 사운드의 조응correspondence은, 대개 이처럼 '사실'이 아니라 스크린에 띄워진 이미지를 중심으로 우리가 사운드에 투사project하는 '기대'에 부합하는 것일 뿐이다.

얼핏 엇비슷하게 들릴 수도 있지만, 실질적으로는 이와 다른 차원의 예로 들 수 있는 건 1993년 스필버그에 의해 처음 만들어진 영화 〈쥬라기 공원〉 시리즈에서 포악한 육식공룡인 티렉스가 내는 소리다. 이 효과 역시 돌고래의 높고 날카로운 피치와 바다코끼리의 크고 깊은 부피를 신시사이저로 섞어 극대화한 것이다. 하지만 그것이 좀 전에 언급한 사례들과 구분되는 중요한 점은, 우리 중 그 누구도 공룡이 낸 소리를 실제로 들어본 '증인'이 없다는 것, 그리고 그럼에도 불구하고 관객이자 청중인 우리는 극장에서 별다른 이질감을 느끼지 못한다는 사실이다. 그 소리는 공룡의 영상과 더불어 소위 '그럴듯하게' 들린다. 하지만 엄격한 의미에서 우리는 '그럴듯하다'는 것이 대체 무엇을 뜻하는지 모른다고 할 수도 있다. 내가 '현실적realistic'이라고 쓰지 않았던 건 바로 이 때문이다.

이보다 흥미로운 세 번째 사례는, 〈스타워즈〉 시리즈의 대표적인 도상icon이라 할 광선검들이 부딪힐 때 내는 소리다. 이 경우가 흥미로운 건, 그것이 티라노사우르스T-Rex처럼 실지로 존재했던 대상이 냈던 것으로 추정되지만 녹음되지는 않은 소리 사이의 조응이 아니라, 아예 존재한 적이 없던 대상에 부합하는, 즉 '그럴듯하게' 들리는 사운드와의 관계라는 문제를 제기하기 때문이다. 추정컨대 전 세계 수십억의 인구가 눈을 감고도 익숙하게 맞출 수 있을 이 광선검과 사운드의 조합이 제기하는 사안은 따라서 다음과 같다. 언젠가 광선검이 실제 만들어졌을 때, 그것이 서로 부딪힐 때 내는 소리가 〈스타워즈〉에서 우리가 들었던 사운드와 다르다면, 우리는 이를 '그럴듯하지 않다'고 여길 가능성이 크다. 하지만 그 판단의 근거란 일반적인 의미에서의 '현실'이 아니라 '영화'인 것이다. 어떤 의미에서 그때 '그럴듯함'이라는 개연성plausibility의 기준은, 일종의 내파implosion의 상태에 처하게 된다고 할 수도 있을 것이다.

이렇게 세 가지의 범주로 유형화될 수 있을 폴리의 전통은 사운드와 이미지의 관계가 생각보다 단단하지 않았다는 사실을 웅변한다. 그것은 둘 사이의 변주 가능성이 상식이 허용하는 것보다 훨씬 크다는 것, 나아가 우리가 '경험'이라는 범주 아래 저장, 기억, 혹은 처리해왔던 소위 '현실'이라는 대상 아니 지평 자체가 그리 자명한 것이 아니었을 수도 있다는 것을 시사한다. 이는 아날로그와 디지털은 물론, 〈블레이드 러너〉나 〈블레이드 러너 2049〉가 상정한 2019년이나 2049년이라는 미래의 시점, 나아가 인간과 레플리컨트 사이의 구분 이전에 우리의 과거와 현재 자체가, 둘 사이의 내재적 괴리를 통해 언제나 이미 쪼개지고 분열되어 있(었)다는 것을 뜻한다.[9]

---

9. 다른 곳에서 나는 이러한 지평을 '목소리와 얼굴 간의 기원적 간극originary disparity' 이라는 시각에서 자세히 탐사한 바 있다. 이에 대해서는 다음을 참조하라. 곽영빈, 「페르/소나로서의 역사에 대한 반복강박: 임흥순과 오디오-비주얼 이미지」, 『한국예술연구』 제21호, 2018.

주체와 발화자의 분리라는 한계, 혹은 가능성

레이첼의 도움으로 위기를 넘기고 집으로 돌아온 데커드는 그녀와 정사를 갖는데, 그녀에게 "당신을 원해요I want you"라고 말한 후 이를 그대로 반복하게 한다. '상대방에 대한 욕망을 명령/지시한다'는 이 아이러니는, 데커드가 드러내는 강압적인 제스처와 함께 의심의 여지없이 '성차' 혹은 '미투의 정치학' 속에서 비판적으로 읽힌다. 현상(학)적 차원에서 저 문장의 발화자는 레이첼이지만, 그 문장이 그녀의 자발적 욕망에 대한 증거라고 믿을 수는 없기 때문이다.

자발적 주체성의 담지자로 간주되는 '주체'와 문장의 '발화자' 사이에 놓인 이러한 간극은, 〈블레이드 러너 2049〉에서 다른 방식으로 변주된다. 진화한 투사장치인 에머네이터를 통해, 집 안 천장에 설치된 '장소 특정적' 장치로부터 자유로워진 조이가 "당신과 함께 있으면 너무 행복해요I'm so happy when I'm with you"라고 말하자, "그런 말 할 필요 없어You don't have to say that"라고 K가 언뜻 무미건조한 톤으로 되받는 장면이 있다. 방금 나는 '언뜻'이라는 부사를 덧붙였는데, 그것은 K의 이 차가운 목소리 톤이 무관심이나 감정적 배려의 결여로 해석될 수는 없어 보이기 때문이다.

이 미묘한 뉘앙스는 건물벽 전면을 뒤덮은 전편의 거대한 동영상 광고의 연장선에서 조이가 나체로 등장하는 오디오비주얼 광고 장면과 겹쳐 들어야만 감지할 수 있다. 거기서 조이는 마침 자신의 앞을 지나던 K, 즉 남성 소비자를 향해 "당신이 보고 싶어하는 모든 것 Everything You Want to See"뿐만 아니라 "당신이 듣고 싶어하는 모든 것 Everything You Want to Hear"을 제공해줄 준비가 되어 있는, 아니 그것이 의무인 존재로 스스로를 제시한다.

다시 말해 이 두 장면은 우리가 '주체와 발화자 사이의 간극'이라는 이름하에 언급했던, 전편의 '강압적 사랑' 혹은 '강요된 욕망' 장면을 이어받는 것이다. "당신과 함께 있으면 너무 행복해요"라는 조이의 말에 기뻐하기보다는, "그런 말 할 필요 없어"라고 K가 거리를 두는 건 정확하게 이러한 상황이다. 즉 "당신과 함께 있으면 너무 행복해요"라는 '자발성'의 문장을 '의무적'으로 발화하게 되어 있는 조이의 구속성은, 그녀 못지않게 제한되고 묶인 존재인 K에게, 둘이 공유하는 존재론적이면서 말 그대로의 의미에서 세계적인 한계를 드러내는 일종의 지표로 제시되는 것이다. 다시 말해 K의 단조로운 반응은, 진실한 감정의 표출이 불가능해진 세계에 대한 수용과 체념으로서보다는, '그러한 조건에서 새로운 문장의 발화와 감정의 공유란 어떻게 가능할 것인가'라는 적극적인 질문으로 전유해 읽을 필요가 있는 것이다.

이렇게 두 영화를 관류하며 세공되는 '주체와 발화자 사이의 내재적 분리'라는 토픽은, 〈블레이드 러너〉에서 또 다른 방식으로 변주된다. 전자 이미지의 연속적인 확대 장면(미켈란젤로 안토니오니 감독의 1966년작 〈욕망〉에 등장하는, 유명한 사진의 점진적 확대 장면을 잇는 부분이다)을 통해, 데커드는 지구에 잠입한 네 명의 레플리컨트들 중 하나인 조라를 찾아낸다. 그녀는 성인용 술집에서 뱀과 함께 춤을 추는데, 당신이 몸에 두르고 있는 커다란 뱀이 진짜냐고 데커드가 묻자, 조라는 이런 허름한 바에서 일하면서 무슨 돈으로 진짜 뱀을 구하겠냐고 심드렁하게 되받는다. 이 대화는 데커드가 영화 앞부분의 살인현장에서 찾아낸 인조 뱀 비늘을 중요한 증거로 삼아 조라를 추적해왔다는 사실을 떠올리게 해주는데, 이 장면의 초입에서 스스로를 "미스 살로메Miss Salome"라고 거짓으로 둘러대는 그녀에게 데커드는 자신을 "미국 다양성 예술가 연합"의 직원이라고 역시 거짓으로 소개한다.

이때 흥미로운 건 데커드가 자신의 목소리 톤을 얇고 높은 피치로 변조시킨다는 것이다. 문을 닫고 그녀의 대기실로 들어온 데커드는 바로 이 '가짜 목소리'를 유지하면서, 사실은 자신이 "도덕적 학대에 대한 비밀위원회the Confidential Committee on Moral Abuses"에서 나온 것이라는 거짓말을 다시 한 번 덧붙인다. 즉 이 신은 레플리컨트와 진짜 사람을 구분하는 진위 판단의 어려움을, 쫓는 자와 쫓기는 자가 공유하는 위장의 전술은 물론, 시각적인 차원뿐 아니라 청각적인 차원으로까지 확대하고 있는 것이다. 이는 '데커드 역시 레플리컨트일지 모른다'는 잘 알려진 의문을 다른 방식으로 예비하는 것인 동시에, 영화의 유명한 마지막 빌딩 추격 장면에서 로이가 내는 늑대 울음소리howling를 데커드의 목소리와 겹쳐놓는 것이기도 하다.

"나는 생각한다"라는 잉여의 (불)투명성

스스로를 동물의 경계로까지 가져다 놓는 로이의 울음소리는, 영화 속에서 제시되는 그 반대 방향의 벡터와 동적인 균형을 이룬다. 자신들의 창조주인 타이렐과의 독대를 성사시키기 위해 로이는 유전자 설계자인 서배스천을 협박해 타이렐과 체스를 전화로 두게 하는데, 이 과정에서 서배스천에게 로이는 훈수를 둔다. 그 수란 "비숍을 킹7로Bishop to King Seven"인데, 로이에게서 이 수를 들은 서배스천은 전화로 이를 그대로 반복한 후, 약간의 시차를 두고 "I think"라고 덧붙인다. 자신의 방에서 이를 확성기로 전해 들은 타이렐은 승부욕을 발동시키며 그를 자신의 방으로 불러들이는데, 이는 그때까지 단 한 번의 예외를 제외하고는 자신을 전혀 이기지 못했던 서배스천이 절묘한 수로 자신을 궁지에 몰아넣었기 때문이다. 즉 위의 대사 마지막에 서배스천이 덧붙인 "I think"라는 구에서, 그는 아무런 문제를 느끼지 않았던 것이다.

사실 한국말로 번역할 때도, 이 구문은 아마 번역되지 않았다 해도 별 문제가 되지는 않았을 것이다. 이 "I think"라는 표현이 너무나 당연한 것이기 때문이다. "저는 비숍을 킹7로 옮겨야 한다고 생각해요"라는 번역문을 떠올려보라. 하지만 이 문장이 주는 어색함, 즉 그것이 잉여적redundant이라는 사실은 "비숍을 킹7로" 옮기라는 수를 고안해낸 주체가 해당 문장의 발화자인 서배스천일 것이라는 전제에서만 가능한 것이다. 바로 그 전제 위에서 "나는 생각합니다I think"라는 구문은 투명한 것으로, 번역하지 않아도 되는 것으로 간주되는 것이다. 그렇게 인간적 주체와 발화 사이에 전제된 투명성 속에서 보이지 않던 로이는, 서배스천과 함께 타이렐 앞에 자신을 드러내고,

결국 자신을 투명한 것으로 여기고 보지 못했던, 혹은 보지 않으려 했던 타이렐의 눈에 구멍을 내어 죽여버린다. "I think"라는 구문의 이러한 (비)가시성과 잉여성, 그리고 그것의 음성적 작동 방식은, 위의 신 몇 분 전에 서배스천의 집에서 로이의 연인인 또 다른 레플리컨트 프리스가 반복했던 데카르트의 유명한 경구, 즉 "나는 생각한다, 고로 존재한다I think therefore I am"를 약간의 시차를 두고 산산조각 낸다.

'너의 목소리가 보여': 목소리라는 인터페이스

속편이라는 부담과 운명을 떠안고서 만들어진 〈블레이드 러너 2049〉를 원작인 〈블레이드 러너〉와 비교하면서, 그것이 후자의 명성과 영광을 따라잡을 수 없을 것이라거나, '영화적 레플리컨트'일 뿐이라고 일축하는 건 대개의 경우 농담 이상의 의미를 갖지 못한다. 그런 의미에서 둘 사이의 연대기적 선후 관계를 벗어나볼 필요가 있는데, 그때 반드시 언급되어야 할 작품은 스파이크 존즈 감독의 영화 〈그녀〉(2013)다.

당시만 해도 12년 후였지만, 이제 4년 후로 성큼 다가온 근미래인 2025년 시점의 주인공 테오도르(호아킨 피닉스 분)는 AI 운영체제 프로그램의 성별을 여성으로 설정하는데, 이후 감정적으로 공진화하는 해당 AI 프로그램과 말 그대로 '사랑에 빠진다'. 우리의 논의와 관련해 이 매력적인 영화가 제공하는 흥미로운 논점은 크게 두 가지다. 하나는 테오도르가 사랑에 빠지는 대상이 정확하게 무엇이냐는 것이다. 그것은 'AI 프로그램'인가 아니면 그것의 '목소리'인가?

이 질문은 이상한 질문인데, 왜냐하면 일반적으로, 즉 인간들 사이의 일반적인 사랑에서 그 둘은 일치하기 때문이다. 하지만 이 영화에서 이 질문은 위처럼 둘로 나뉜다. 이는 배우 스칼렛 요한슨이 연기한 목소리가 AI의 '인터페이스'에 해당하기 때문이다. 예를 들어 '컴퓨터'라고 하면, 우리는 대개 키보드와 모니터, 또는 휴대용 랩톱 컴퓨터를 떠올리지만, 엄격히 말해 그것은 컴퓨터가 아니다. 컴퓨터란 말 그대로 계산compute하는 '연산 장치'이고, 키보드와 모니터는 그것과 우리를 연결시켜 제어할 수 있게 해주는 '인터페이스'이기 때문이다. 프레드릭 제임슨Fredric Jameson은 언젠가 컴퓨터는 재현 불가능한 대상이라고 지적한 바 있는데, 어떤 의미에서 〈그녀〉는 이 재현 불가능한 대상, 결코 직면face할 수 없는 '얼굴 없는 대상object without a face'과의 인터페이싱inter-facing을 시도한 영화라고 할 수 있다.

이는 스칼렛 요한슨이 연기한 AI의 목소리와 관련된 두 번째 문제로 이어진다. 영화 속에서 그녀는 '사만다'로 불리는데, 이 여성적인 이름은 테오도르가 준 것이 아니라 AI 프로그램이 자기 스스로에게 부여한 것이다. 이는 'AI에게도 성별이 있는가'라는 근원적인 문제를 다시금 환기시킨다. 이에 대해 사만다라는 이름이나 스칼렛 요한슨의 목소리는 허상이나 껍데기에 불과하다고, AI에게 성별이란 존재하지 않는다고 일축하는 건 쉬운 일이다.[10] 하지만 프리츠 랑 감독

---

10. "Films like 'Her' and 'Ex Machina' reflect our anxieties about what intelligent machines mean for humanity. But AI, in and of itself, is genderless and sexless." Monica Nickelsburg, "Why is AI female? How our ideas about sex and service influence the personalities we give machines," *GeekWire*, 2016. 4. 4. https://www.geekwire.com/2016/why-is-ai-female-how-our-ideas-about-sex-and-service-influence-the-personalities-we-give-machines/

의 영화 〈메트로폴리스〉(1927)에 등장하는 로봇 마리아나, 오귀스트 빌리에 드 릴아당의 소설 『미래의 이브』(1886)가 웅변하듯, 여성성이 '알 수 없는 절대적 타자성'으로서 '기계 대 자연'이라는 이항대립을 쉽게 넘나들었다는 것 또한 역사적 사실이다.[11]

물론 이 영화에서 사만다는 시각적인 인(격)체가 아니라 겨우 목소리로만 존재하는 것처럼 보이기도 한다. 아니, 그렇게 들린다. 하지만 정말 그럴까? 영화 속에서 사만다가 오로지 목소리로만 구현/작동되는 건 사실이지만, 동시에 그 목소리가 그 말의 가장 일반적인 의미에서 이 시대의 가장 '육감적인voluptuous' 배우 중 하나라 할 스칼렛 요한슨의 굴곡진 육체에 대한 시각적 이미지와 결코 떨어질 수 없다는 것 또한 분명한 사실이다. 적지 않은 영화 관객 혹은 청중들이 '너의 목소리가 보여!'라고 외치거나, 속으로 조용히 되뇌며 영화를 보고 들었다는 가정을 전혀 근거 없는 망상으로 기각하는 건 쉬운 일이 아닌 것이다.[12] 이런 의미에서 요한슨이 이 영화로 제8회 로마국제영화제에서 여우주연상을 수상했다는 사실을, 육체가 수반되지 않았다는 의미에서의 '목소리 연기'로만 환원하는 건 자신의 감각적 둔중함을 공표하는 것이나 다름없다.

---

11. cf. Andreas Huyssen, "The Vamp and the Machine: Fritz Lang's *Metropolis*," in *After the Great Divide: Modernism, Mass Culture, Postmodernism*, Bloomington and Indianapolis: Indiana University Press, 1986, p. 70; Annette Michelson, "On the Eve of the Future: The Reasonable Facsimile and the Philosophical Toy," *October* Vol. 29(Summer, 1984): 3-20.
12. 예를 들어, 같은 해인 2013년 만들어졌으나 한국에서는 〈그녀〉와 짧은 시차를 두고 개봉한 조너선 글레이저Jonathan Glazer 감독의 영화 〈언더 더 스킨〉에서 외계인으로 등장한 요한슨의 전라 장면을 기억하는 이들이라면, 그녀의 목소리는 거의 직관적으로 육체적인 감흥을 불러일으켰을 가능성이 크다.

빗속의 눈물과 손바닥 위의 눈송이: 기원 혹은 역사

무엇보다 '목소리와 육체(성)' 간의 이 관계는 〈그녀〉와 〈블레이드 러너 2049〉를 내재적으로 이어주는 강력한 실마리이기도 하다. 전자의 유명한, 혹은 악명 높은 장면에서 사만다는 테오도르의 방에 한 여성을 보내 육체적인 관계를 맺으려 한다. 몸이 없이 목소리와 마음(?)뿐인 자신을 위해 다른 여성과 사랑을 나누어달라는 제안에 테오도르는 당혹스러워한다. 그러자 사만다는 자신이 보낸 여성은 창녀가 아니며, 돈을 받지 않고 자기 자신의 욕망으로 둘 사이에 개입하려는 것이라고 강조한다. 곧이어 방에 도착한 백인 여성 이사벨라는, 테오도르와 따로 또 같이 귀에 리시버를 꽂고 사만다의 목소리를 들으며 서로의 몸을 애무하기 시작한다(더 정확하게 말하자면, 사만다의 요청으로 볼과 인중 오른쪽 상단 사이에 까만 점을 붙이고 애무를 시작한다). 이는 〈블레이드 러너 2049〉에서, 창녀이면서 이후 반란군의 일원으로 밝혀지는 마리에트를 불러들여 주인공 K와 관계를 맺게 하는 AI 홀로그램 영상 존재 조이가 펼치는 삼각관계ménage à trois와 정확히 포개지는 것이다.

이 두 장면이 만들어내는 섬뜩하고 기이한 공명은, 앞에서 잠시 언급했던 인터페이스의 존재론적 위상에 대한 문제로 우리를 되돌려 보낸다. 본격적인 논의를 위해서는 훨씬 긴 공간이 필요하겠지만 제약상 핵심만 다시 짚자면, 여기서 관건은 이 두 장면을 '진짜 육체를 가진 존재'와 '진짜 육체가 없는 존재'라는, 결여lack의 차원에서 읽지 않는 것이다. 그것은 인터페이스를 단순한 수단 또는 껍질의 차원으로 간주해서는 안 된다는 말이기도 하다. 앞에서 언급했던 컴퓨터의 예로 돌아가보자. 연산 장치인 컴퓨터를 본질이자 핵심으

Film still from *Her*

Film still from *Blade Runner 2049*

로 보고 모니터나 키보드는 껍질이나 포장지 정도로 간주하는 '하드코어 플라톤주의자'라 할지라도, 자신의 랩톱 키보드가 말을 듣지 않거나 모니터가 수리 불가능한 상태로 손상 또는 파손되고 나면, 자기 신념과 랩톱을 한꺼번에 던져버리는 수밖에 없다. 알렉산더 갤러웨이Alexander Galloway가 "컴퓨터란 하나의 대상an object"이 아니고, 여러 개의 "대상들을 만들어내는 존재creator of objects"도 아니며, "두 가지의 상태들 사이에서 매개하는 동적인 경계 혹은 과정"이라고 강조

하는 건 이 때문이다.[13]

　물론 이렇게 인터페이스를 특정한 공간을 점유하는 단단한 '대상'에서 '과정'으로 완화시키는 방식은 나름의 장점이 있지만, 동시에 인터페이스가 수반하고 만들어내는 물질성을 손가락 사이로 빠져 나가게 하는 것 또한 사실이다. 그런 의미에서 인터페이스를 그것에 관여하는 "상호행위자들의 물리적 특징들"을 반영하는 "접촉면 a contact surface"이라고 규정하는 브렌다 로럴Brenda Laurel의 지적은 30여 년의 시간이 흐른 지금의 시점에서 읽어도 여전히 적절한 균형을 제공한다.[14] 그것은 스칼렛 요한슨의 목소리가 '육체 없이도' 그 누구보다 육감적인 목소리로 테오도르와 청자들에게 야기한 감각적 효과들은 물론, 조이가 '에머네이터의 도움 없이' K와 쌓아온 감정의 두께들을 적시한다. 또한 그것은 〈블레이드 러너〉와 〈블레이드 러너 2049〉의 마지막 장면에서 로이와 조가 따로 또 같이 강조했던 '빗속의 눈물tears in rain'과 '손바닥 위의 눈송이'의 덧없는 물질성을 환기해주기도 한다. 비에 휩쓸려 사라질 눈물과 순식간에 녹아버릴 눈송이란 결국 사그라진다는 점에서 본질적으로 덧없지만, 그 존재의 '기원'과 무관하게 이들은 결코 부인할 수도, 기각할 수도 없는 방식으로 오롯이 지속되는 존재들의 '표면적 역사성'을 긍정하게 만들기 때문이다. 데커드가 레이첼과 만들어낸 '기적', 즉 인간과 레플리컨트, 또는 레플리컨트와 레플리컨트 사이에서 태어난 생명이라는 말

---

13. Alexander Galloway, *The Interface Effect*, Cambridge and Boston: Polity, 2012, pp. 19-20.
14. Brenda Laurel, *The Art of Human-Computer Interface Design*, Addison-Wesley Professional, 1990, xii. Kimon Keramidas, *What is Interface Experience?: A User's Guide*, 2015, Chicago: University of Chicago Press, p.16에서 재인용.

그대로의 의미에서 '기적'은 잠시 논외로 둔다고 하더라도 말이다.

그렇게 잠시 눈을 감고, 지금까지 우리가 보고 읽기만 했던 인물들의 서로 다른 목소리들에 귀기울여보자. 우리 귓속 달팽이관의 '표면을 어루만지는', 서로 다른 목소리들의 덧없는 물질성에.

Film still from *Blade Runner*

Film still from *Blade Runner 2049*

제8장

나의 그리운 디스토피아

김현호

사이버펑크의 이미지,
혹은 웅크린 미래의 파편들

金炫澔

김현호 사진비평가. 대학에서 철학을, 대학원에서 사진을 전공했다. 계원예술대학 H-CENTER 연구원, 서울대학교출판문화원 편집장, 격월간 『말과활』과 『사진이론학교』의 기획위원 등으로 일했다. 지금은 보스토크 매거진의 편집 동인이자 프레스의 대표로 있으며, 여러 매체에 사진에 대한 글을 기고하고 있다.

어느 소설가의 악몽으로부터

쉰네 살의 소설가 필립 킨드리드 딕은 소풍을 앞둔 아이처럼 영화 〈블레이드 러너〉를 기다렸다. 영화 개봉 몇 달 전에 했던 어느 인터뷰에서 그는 흥분한 나머지 신작 집필에 전혀 집중하지 못하고 있다고 고백했다. 오히려 그의 고민은 소설보다도 영화 개봉 행사에서 어떤 옷을 입을지에 대한 것이었다. ("전통적인 영화 개봉식을 한다고 들었는데, 그러면 내가 검정 턱시도 같은 걸 사거나 빌려야 한다는 뜻이잖아. 그건 싫은데. 내 티셔츠가 좋거든.")

처음부터 그랬던 것은 아니다. 원래 할리우드를 싫어했던 딕은 제작자 햄프턴 팬처가 탐정물처럼 각색한 영화의 초기 대본을 보고는 당장 촬영장에 뛰어 들어가서 릭 데커드 역할의 배우를 두들겨 패주고 싶다고 말했다. 비닐에 둘둘 말려서 쫓겨나더라도 계속 악을 쓸 거라고 우겼다. "당신들이 내 책을 망가뜨렸어!" 그러나 젊은 각본가 데이비드 피플스가 감독 리들리 스콧의 지시를 받으며 수정한 대본을 보고 그는 비로소 마음을 놓았다. 새로운 대본은 '소설을 완전히 이해하고 있으며 심지어 글쓰기에 대해 자신도 몰랐던 것들을 가르쳐'주고 있었다.[1]

무엇보다도 필립 K. 딕이 영화를 열렬히 기다리게 된 가장 큰 계기는 영화사가 그를 위해 준비한 특수 효과 상영회였다. 퉁명스러운 얼굴로 냉소적인 질문을 쉴 새 없이 던지던 그는, 20여 분 분량의 필름 상영이 끝나고 불이 들어오자 마치 동상처럼 굳어 있었다. 잠깐의 정적이 흐른 후 소설가는 쉰 목소리로 물었다. "한 번 더 틀어줄 수 있겠소?"

어둡고 푸른 미래 도시의 환영이 다시 영사실을 가득 채웠다. 상영이 끝나고 다시 불이 켜지자 필립 K. 딕은 혼란에 빠진 채 특수 효과 담당자 데이비드 드라이어David Dryer의 눈을 쳐다보았다. "어떻게 이게 가능해? 어떻게 이렇게 되지? 딱 그 모습은 아니지만, 이건 내가 책을 쓰면서 머릿속에서 본 이미지의 톤과 질감이야. 배경은 내가 상상한 그대로고. 어떻게 한 거야? 당신들은 어떻게 내가 느끼고 생각한 걸 알아낸 거지?"[2] 이 이야기는 다소 기묘하게 들린다. 소설가는 일반적으로 자기가 느끼고 생각한 것을 글로 쓰는 부류를 지칭하기 때문이다. 그러나 필립 K. 딕은 마치 자신이 숨겼던 비밀을 들킨 사람처럼 굴고 있는 것이다.

'소설이 영화화된다'는 말은 문자라는 축약된 기호의 체계가 일정한 리듬을 지닌 영상의 언어로 단순 변환된다는 것을 의미하지는 않

---

1. John Boonstra, "Philip K. Dick's Final Interview", *The Twilight Zone Magazine*, Vol. 2, No. 3, June 1982, pp. 47-52.
2. Paul Sammon, *Future Noir: The Making of Blade Runner*, 2017. Location No. 6195-6228.

는다. 영화는 소설이 몸을 바꾼 것이라기보다는, 차라리 소설의 어떤 부분을 찢고 튀어나오는 존재다. 둘은 분명 일정한 관점이나 서사·배경·인물 같은 재료를 공유하지만, 그들이 사용하는 도구는 너무나 다르다. 이로 인해 영화와 소설이 그려내는 세계상에는 어떤 필연적인 균열이 존재하게 된다.

  물론 자신의 소설이 만화든 영화든 드라마든 무엇으로 변이하건 간에, 그것의 형태와 모습에 영향을 미치는 작가들도 있다. 필립 K. 딕의 절친이었던 소설가 어슐러 K. 르 귄이 그 좋은 예다. 1976년에 발표한 『어둠의 왼손』 서문에서 그는 "SF는 예언하는 것이 아니라 묘사한다"라고 단호하게 선언한다. 르 귄은 자신이 창조한 세계가 어떻게 생겼는지에 대해 촘촘하게 서술하면서, 그것을 바탕으로 소설의 세계상을 한 겹씩 쌓아나간다. 예를 들어 『어둠의 왼손』의 한 장면을 보자.

> 거대한 영지를 상징하는 온갖 깃발이 노란 페넌트와 어울려 비바람 속에서 화려하게 펄럭이고, 각 집단이 연주하는 다양한 음악의 여러 리듬이 서로 부딪히고 섞이며 돌로 포장된 넓은 거리에 울려퍼진다. 그 뒤로는 던지기 곡예사들이 빛나는 황금빛 공을 하늘 높이 던졌다가 받고는 다시 던지기를 반복하며 행진한다. 높이 솟아오르는 반짝이는 공들이 마치 분수가 뿜어나가는 것처럼 보인다. 태양이 구름을 뚫고 그 모습을 드러내자 황금빛 공들은 그야말로 빛을 잡아챈 듯 유리처럼 눈부시게 반짝인다. 뒤이어 노란 옷을 입은 40명이 고시워를 연주하며 지나간다. 고시워는 오로지 왕이 있을 때만 연주하는 악기로, 묘한 불협화음을 자아낸다.[3]

소설가는 마치 자신이 만들어낸 허구의 세계를 눈으로 '보는' 듯이 행동한다. 이것은 일종의 광기나 착란에 가깝다. 책의 서문에서 어슐러 르 귄은 이렇게 쓰고 있다. "소설을 읽는 동안 우리는 제정신이 아니다. 미쳐 있는 것이다. 우리는 실재하지 않는 사람들의 존재를 믿고, 그 사람들의 목소리를 들으며, 그 사람들과 함께 보로디노 전투를 지켜본다."[4]

그들에게 있어 가장 중요한 것은 자신이 만들어낸 허구의 세계에 대한 강고한 믿음과, 그것을 다루는 역량이다. 자신이 '본 것'에 대한 묘사가 중첩되어 쌓여나갈수록 르 귄이 만든 상상의 나라 카르히데는 생명력을 얻는다. 그곳은 반짝이는 외피 아래 단단하게 억눌린 차별과 냉전의 공간이다.

따라서 이런 소설에서 작가의 묘사는 함부로 제거하거나 대체하기 어렵다. 예컨대 미야자키 하야오의 아들 고로가 애니메이션 〈게드전기: 어스시의 전설〉에서 주인공의 붉은 갈색 얼굴을 백인으로 바꾸었을 때, 작중 인물 테하누의 얼굴에 있는 끔찍한 상처를 그저 조금 어두운 그림자처럼 처리할 때, 르 귄이 『어스시의 마법사』에서 구축한 단호하고 아름다운 세계는 심각한 손상을 입는다. 르 귄은 디즈니 만화를 가장 경멸했는데, 이는 그것이 인종이나 장애의 차별이 없는 멸균된 공간에서 벌어지는 사건만을 다루기 때문이었다. 몇 개의 시각적 요소를 바꾸어놓는 것만으로 〈게드전기〉는 어스시의 바다에서 디즈니의 영토로 맥없이 질질 끌려가고 만다.

그러나 필립 K. 딕의 소설은 그와는 정반대다. 이 소설은 시각적으

---

3. 어슐러 르 귄, 『어둠의 왼손』, 최용준 옮김, 시공사, 2014. 27쪽.
4. 위의 책, 20쪽.

로 '텅 비어' 있다고 해도 과언이 아니다. 이 작가는 주인공 릭 데커드가 타고 다니는 호버 카가 어떻게 생겼는지, 그가 그토록 욕망하는 진짜 양은 어떤 모습인지를 '보여주지' 않는다. 그 공간의 내부에는 그저 귀찮다는 듯이 가져다둔 "회색 눈" "흰 양털" "검고 긴 속눈썹"과 같은 단어 몇 개가 간이 의자처럼 덩그렇게 놓여 있을 뿐이다.

따라서 『안드로이드는 전기양의 꿈을 꾸는가?』는 세트장에서 벌어지는 그저 기이하게 메마른 철학적 우화처럼 보인다. 아마 영화를 먼저 본 이후에 소설을 본 이들은 두 개의 세계를 좀처럼 머릿속에서 중첩시키지 못할 것이다. 스크린을 채우는 강렬한 이미지와 어두운 불빛, 누런 하늘과 비에 젖은 검푸른 밤거리를 헤매는 〈블레이드 러너〉의 도시와 『안드로이드는 전기양의 꿈을 꾸는가?』의 텅 빈 공간은 감각적으로 너무나 다르기 때문이다.

이는 필립 K. 딕이 구원의 강박에 갇아먹힌 사람이었기 때문이다. 그는 태어난 후 불과 몇 달 만에 쌍둥이 누이를 잃었고, 갖가지 병에 시달렸다. 리탈린과 암페타민, 무엇보다도 LSD의 남용은 그의 뇌에서 현실과 허구의 경계를 흐릿하게 했다. 자전적 소설인 『발리스』는 그의 뒤죽박죽인 사고 구조를 잘 보여주는데, 이 소설의 주된 사건은 어느 날 분홍빛 광선의 형태로 신이 자신에게 내린 계시 그 자체다. 그 계시는 기이하게도 폭발적인 정보의 형태를 지니는데, 실제로 필립 K. 딕은 『발리스』 3부작 외에도 자신이 분홍빛 광선을 통해 받은 지식과 깨달음에 대해서 수천 페이지의 미공개 '주해서'를 썼다. 광적인 조증 발작처럼 그는, 글쓰기를 멈추지 못했다.

흥미로운 것은 멈추지 못하고 끊임없이 써내려가는 와중에도 필립 K. 딕이 자신을 계속 의심한다는 점이다. 『발리스』에서 그는 자신의 신비 체험이 단지 '뇌의 특정 부분이 선택적으로 자극된' 결과가 아닌지 의심하고, 심지어 분홍빛 광선이 동네 장난꾸러기들의 레이저 포인터 불빛이 아닌지 의심하고, 나아가 자신이 정신병자가 아닌지 의심한다. 그는 생각하고 있다는 이유만으로 자신의 존재를 확신할 수 있는 팔자 좋은 데카르트적 인물이 아니다.

필립 K. 딕의 인물들은 겁에 질려서 자신이 진짜인지 가짜인지, 만약 가짜라고 해도 구원받을 수 있는지를 강박적으로 묻고 또 묻는다. 그리스도교의 '구원'은 전통적으로 최후의 심판대에 선 초월적 존재가 진짜와 가짜를 판별하는 행위다. 추수가 끝나면 알곡은 곳간에 들어가고 가라지는 불태워질 것이다(마태복음 13:24~30). 그렇다면 내가 알곡인지 가라지인지는 어떻게 알 수 있는가? 잔혹하게도, 그것을 알아챌 방법은 없다. 그저 한정된 시간 동안 자신을 의심하며 답을 찾으려 더듬을 뿐이다.

따라서 필립 K. 딕의 텅 빈 세계는 철학적 사고 실험을 위한 세트장이라기보다도, 눈가림을 당한 채 던져진 끝없는 미로에 더 가깝다. 자기 자신에 대한 최초의 의심을 타파하지 못한 상태에서 자기가 '본' 세계의 외양을 신뢰할 수는 없는 것이다. 따라서 그는 묘사할 필요도 느끼지 못한다. 소설이 꿈의 피조물임을 받아들이지 않는 광신도가 자신의 비전을 작품에 투영했을 때, 독자들 역시 안개 속을 헤맬 수밖에 없다.

우리는 필립 K. 딕의 경악이 어떤 것이었는지를 짐작할 수는 있다. 내가 소설에 쓰지 않은 것, 나 자신에게도 그저 불확실한 장면들에 불과했던 것을 어떻게 타인이 알아채서 하나의 완결된 시각적 세계로 만들어낼 수 있었지? 내게도 안개와 같던 것들의 모든 디테일을 어떻게 '존재하게' 했지? 인터뷰에서 필립 K. 딕은 놀라움을 넘어서 어떤 기대감에 가득 차 있었던 것 같다. 영화로 구현된 〈블레이드 러너〉 세계의 모습을 자신의 악몽과 비교해보고 싶었던 것일 수도 있다. 그것이 정말로 꼭 닮아 있다면, 이는 무언가 신비한 일을 의미하는 것일지도 모른다.

그러나 아쉽게도 그는 결국 〈블레이드 러너〉를 보지 못했다. 인터뷰가 있었던 불과 며칠 후인 1982년 2월 18일, 필립 K. 딕은 뇌졸중으로 쓰러져 의식을 잃었고 이웃 사람들에게 발견되어 병원으로 옮겨졌다. 이미 몸의 절반이 마비되고 말을 잃은 상태였다. 일주일 후에는 뇌사 상태에 빠졌으며, 고작 닷새 후 숨을 거뒀다. 여든세 살의 아버지 조지프 딕Joseph Dick이 그의 재를 거둬 콜로라도 포트 모건에 있는 쌍둥이 누이의 묘에 함께 묻었다. 필립이 제쳐뒀던 신작 『햇빛 속의 올빼미』는 결국 미완성 상태로 남았다.

사진 속에서 늙어가는 미래들

〈블레이드 러너〉를 보고 필립 K. 딕과 거의 똑같은 반응을 보였던 작가가 또 있다. 사이버펑크 장르를 정립한 SF소설가 윌리엄 깁슨이다. 그는 자신의 첫 소설인 『뉴로맨서』를 쓰던 중에 영화를 보러 갔었는데, 출간도 되지 않은 자신의 소설과 너무 비슷한 영상에 놀란 나머지 몇 분간 밖으로 뛰어나가았다고 한다(일설에 의하면 그는 리들리 스콧과 영화사가 자신의 머리를 들여다보는 것 같다며 두려워했다고 한다).

물론 이들 개성 강한 작업자가 별다른 의견 교환 없이도 거의 비슷한 미래 세계의 모습을 머리에 담고 있었다는 상상은 꽤 흥미롭지만, 검증할 방법이 없다는 점에서 사실 그리 유의미한 진술은 아니다(기억을 믿을 수 없다는 것이야말로 그들의 기본적인 전제가 아닌가). 그러니 딱히 신비주의에 빠질 생각이 없다면 질문을 조금 수정하는 것도 나쁘지 않을 듯하다. 그들이 떠올린 미래가 서로 비슷한 외양을 지니는 일이 가능했다면, 그것은 어떤 맥락에서였을까?

예를 들어 장르의 계보를 고려한다면 이 질문은 조금 보충될 수도 있을 것이다. 즉 두 차례의 대전이 끝나고도 계속 서로를 노리는 전쟁광들의 시대에 유리 돔과 초현대적 건물, 하늘을 나는 개인 비행기, 인공 태양이 내리쬐는 밝은 도시를 그리는 유토피아 SF가 공허하게 느껴진다면, 작가들은 과연 미래를 어떤 모습으로 형상화할 것인가?

〈블레이드 러너〉는 그런 질문에 대한 유일한 답이라기보다는 1980년대 초반의 영화 제작자들이 당시의 기술을 바탕으로 제시할 수 있는 최선의 대답에 가깝다. 1960년대 뉴웨이브 SF가 등장한 이후, 여러 작가들은 디스토피아의 이미지를 조금씩 나누어 가지고 있었다. 거칠게 요약하자면 이런 식이다. 인간은 어리석게도 이미 자연을 돌이킬 수 없을 만큼 파괴한 상태다. 기술은 발달했지만 삶의 질은 예전보다 참혹하다. 거리는 마치 필름 누아르 영화처럼 어둡고, 잔혹한 범죄는 그치지 않는다. 백인들의 사회는 이미 동력을 잃은 채 다양한 인종에게 장악되었다. 인간은 실재와 가상을 구분하지 못하고 쾌락에 결박되어 있고, 신체는 다양한 방식으로 개조된 상태다.

〈블레이드 러너〉는 이런 세계관을 총체적이고 강렬하게 '보여주는' 영화였다. 그래픽 디자인, 회화, 광고 등 다양한 시각예술 분야에서 일했던 리들리 스콧은 영화의 시각적 요소를 장악하는 집요한 능력이 있었다. 특히 시드 미드나 더글러스 트럼불Douglas Trumbull 같은 전문가들을 지휘하는 실질적인 아트 디렉터 역할을 수행하며 만들어낸 어둡고 다층적인 미래의 이미지는 분명 충격적인 것이었다. 그것은 프리츠 랑의 영화 〈메트로폴리스〉에서부터 〈헤비 메탈〉 매거진, 뫼비우스의 그래픽 노블, 에드워드 호퍼의 그림, 시드 미드의 메카닉 디자인, 필름 누아르 무비의 조명 등 다양한 레퍼런스가 참조된 복제물이기도 했다.

자, 릭 데커드의 끔찍한 하룻밤이 시작될 뒤죽박죽의 무대가 그렇게 마련되었다. 검푸른 밤거리에는 하루 종일 비가 주룩주룩 내리고, 하늘을 뒤덮은 스모그는 도시의 빛이 반사되어 누렇게 빛난다. 두서없이 치솟은 마천루, 퇴폐 업소의 불빛, 네온사인으로 만들어진 정체불명의 동양 문자의 간판들과 다국적 기업의 전광판들. 텅 비어 있던 소설의 공간은 영화로 전이되는 과정에서 이제 수많은 요소들로 채워지게 되었다.

이 암울한 시각적 스타일은 영화 밖으로 빠르게 증식되어 일종의 무리를 이루게 될 것이다. 사람들은 그것을 '네온 누아르'나 '블레이드 러너 스타일' '사이버펑크 스타일'과 같은 이름으로 부른다. 하나의 유행이 탄생하고 소멸하는 과정에는 분명 복잡한 동역학이 존재한다. 하지만 분명한 것은 어떤 스타일도 미디어의 일방적인 폭격만으로는 유행이 될 수 없다는 점이다. 하나의 유행이 생겨나기 위해서는 수용자들의 자발적인 복제와 재생산이 필요하고, 이를 위해서는 동시대의 욕망과 감수성에 어떤 방식으로든 깊게 결속되어야만 한다.

예를 들어 세기말의 일본은 사이버펑크 스타일에 가장 깊게 매혹당한 곳이었다. 물론 사이버펑크의 창조자들 역시 일본의 독특한 시각성에 매혹되어 있었다. 영화 〈블레이드 러너〉에 등장하는 미래의 LA는 전광판에서 미소를 짓는 일본 여성과 기업의 전광판에 의해 시각적으로 장악당한 상태다. 이것이 단순한 이국 취향의 문제는 아니며, 일본과 홍콩 같은 동아시아의 도시 풍경이 미국이나 유럽보다 훨씬 복잡하고 화려하기 때문만도 아니다. 일본에 대한 주목은 서구 세계의, 즉 사이버펑크 작가들 자신들의 몰락과 결부되어 있는 문제였고, 이는 그들의 세계관에 비추어볼 때 피할 수 없는 일이기도 하다. 윌리엄 깁슨은 「완벽한 미래The Future Perfect」라는 글에서 미래가 '일본의 것'이 되었음을 아래와 같이 쓰고 있다.

> 왜 일본은 이렇게 계속, 모든 나라 중에서도 가장 본질적으로 미래적인가? 내가 어린아이였을 때, 미래는 미국에 살고 있었다. 일본의 역할은 태엽 감는 깡통 로봇이나 사출된 플라스틱 우주인을 만드는 것이었다. 사십 년이 지난 지금, 미래와 미국의 특별한 유대 관계는 부서져버리고 말았다.[5]

사이버펑크가 미래에 대해 지닌 주된 정서는 일종의 불안감이었다. 미래는 우리의 어리석음과 오판으로 인해 처참하게 망가진 세계가 무저갱처럼 도래하는 장소다. 하지만 일본의 세기말 사이버펑크 열풍에는 불안보다는 분명 어떤 기이한 행복감에 가까운 감정이 깔려 있었다. 윌리엄 깁슨은 같은 글에서 한 일화를 소개한다.

---

5. William Gibson, "The Future Perfect", *Time*, 2001. 4. 30.

현대 일본은 명확한 사이버펑크다. 일본인들 자신도 그것을 알고 기뻐한다. 나는 시부야를 처음 보았던 순간을 기억하는데, 나를 그곳에 데려갔던 도쿄의 젊은 기자 한 명이 움직이는 광고로 꿈틀거리는 수천 개의 미디어-태양의 조명에 젖은 얼굴로 내게 말했다. "봤어요? 봤어요? 이건 블레이드 러너 타운이에요." 그리고 그건 실제로 그랬다. 아주 분명히 그랬다.[6]

이 젊은 일본인 기자에게 자신이 사는 도시가 디스토피아 영화의 세트장을 닮은 것은 왜 그렇게 자랑스럽고 즐거운 일이었을까. 이것은 아즈마 히로키가 『동물화하는 포스트모던』에서 지적한 어떤 '감미로운 내셔널리즘'과 관계가 있다. 즉 1980년대의 일본은 급격한 경제 성장을 바탕으로 패전과 미국에 대한 문화적 종속이라는 열패감에서 막 벗어나고 있었고, 이는 '세계의 최첨단에 선 일본'이라는 환상을 지닌 달콤한 페티시로 이어졌다.[7] 설령 세계가 복원될 수 없이 무너져 있다 하더라도, 그 과정에서 자신들이 그토록 욕망하던 중심의 자리에 도달하게 된다면 그것이 과연 그렇게 끔찍한 일일까? 그들의 기쁨은 분명 어떤 기묘한 승리감을 동반하고 있는 듯했다.

이미 미래가 도래했고 자신들이 그 안에 살고 있다는 교란된 시간 감각이야말로 버블 경제 시기 일본 대중문화의 중요한 특징이다. 그런 면에서 사이버펑크를 보는 것과 시티팝을 듣는 행위에는 근본적으로 유사한 면이 있다. 이미 도래한 미래는 공포의 대상이 아니라 자극적인 모험과 놀이가 펼쳐지는 장소다. 따라서 이곳에는

---

6. 위의 글.
7. 아즈마 히로키, 『동물화하는 포스트모던』, 이은미 옮김, 문학동네, 44~45쪽.

다가올 심판을 두려워하는 소설가의 불안 같은 것은 딱히 존재하지 않는다. 일본 사이버펑크 스타일은 다양한 영역으로 빠르게 확산되기 시작했다. 〈아키라〉(1982, 1988), 〈버블검 크라이시스〉(1987), 〈공각기동대〉(1989) 등 망가와 애니메이션이 포문을 열었고, 이것들은 빠르게 게임과 방송, 일러스트레이션 등으로 재생산되었다. 이 스타일의 일부는 영화 〈매트릭스〉(1999) 등을 통해 다시 할리우드로 되먹임되기도 했다.

20~30년이 지난 지금 이 스타일이 분화되어 흘러다닌 흔적을 추적했을 때, 지금 가장 낯설고 기이하게 느껴지는 것은 사이버펑크풍의 의상을 직접 몸에 걸친 이들의 사진이 아닐까? 어떤 식으로든 하나의 완결된 가상의 세계관을 지니게 마련인 애니메이션이나 만화, 게임, 일러스트레이션 등과 달리 이런 사진에는 현실 세계와 픽션이 기묘하게 중첩되어 있다. 예를 들어 게임을 할 때 우리가 화면 안에서 만나는 것은 가상의 디테일이 완비된 세계다. 이곳에는 모든 아이템과 배경과 캐릭터와 몬스터들이 준비되어 있어서 우리는 그 안에 들어가 푹 잠겨들 수도 있다.

하지만 합성수지로 만든 반짝이는 옷을 입고 은빛 머리를 세운 이들이 하라주쿠 거리에 앉아서 커다란 휴대폰으로 통화를 하고 있는 사진은 완전한 가상의 세계보다 훨씬 괴상하게 느껴진다. 하나의 프레임 안에서 현실과 픽션이 함께 뒤섞여 늙어가고 있는 광경에서, 더 빠르게 나이를 먹는 것은 물론 픽션 쪽이다. 거리의 보도블록이나 건물은 예나 지금이나 비슷해 보이는 반면, 그들의 미래적인 옷차림은 형언할 수 없이 낡게 느껴진다. 사진 속의 시간 감각은 기이하게 교란되어 있다.

한때 이들의 패션은 먼저 도래한 미래의 일부를 몸에 걸치는 행위였을 것이다. 즉 이런 옷을 입는 것은 자신도 미래에 속한다는 것을 기꺼이 확인하는 일이기도 하다. 그리고 그 기저에는 단단히 직조된 픽션의 세계가 있다. 그것이 존재하지 않는다면 이런 옷차림은 그저 일종의 복장 도착에 지나지 않는다. 그 픽션의 아름다움과 기쁨을 믿을 때, 옷은 비로소 현실에서 미래를 체험하는 매개체가 된다.

하지만 버블 경제는 덧없이 무너졌고, 일본인들은 자신들이 그리 쉽게 중심이 될 수 없다는 사실을 천천히 알게 되었다. 미래는 빨리 상하는 음식처럼 냄새를 풍기며 굳기 시작했다. 한때 자신이 미래의 일부라고 믿은 이들은 사진 속에서 조금은 어리둥절한 표정으로 머물러 있다.

나의 그리운 디스토피아

인스타그램에서 '#bladerunner'라는 해시태그를 검색해보면, 한편으로는 뻔하고 한편으로는 기이한 사진들을 만나게 된다. 55만 개의 게시물들은 주로 인공 조명이 반사되어 누렇게 물든 도시의 밤하늘, 젖어 있는 밤거리와 붉고 푸른 인공 조명, 네온사인, 이국적으로 빛나는 문자들, 그리고 어두운 표정으로 각자의 카메라를 바라보는 여러 인종의 사람들로 이루어져 있다. 리들리 스콧의 영화나 필립 K. 딕의 소설에 대해 이야기하는 이들도 적게나마 있지만, 그들이 올린 책 표지나 스크린 캡처는 오히려 이 해시태그의 풍경을 더욱 뒤죽박죽으로 만들어놓는 듯하다.

가장 인기가 좋은 사진 몇 장을 클릭해서 게시물에 연결된 해시태그를 확인하면, 이 이미지들이 생산되고 유통되는 맥락에 깔려 있는 감정을 조금 더 이해할 수 있을지도 모른다. #야경, #레트로, #뉴트로, #80년대. 이 태그들은 오늘날 인스타그램이라는 거대한 이미지의 네트워크에서 '블레이드 러너'가 의미하는 것이 20세기 말의 특정한 영화가 아니라 하나의 형용사라는 것을 말해준다. 즉 그것은 비 오는 밤의 도시를 알록달록하게, 그리고 조금은 '미래적인' 느낌으로 찍어내는 '과거의' 어떤 스타일을 지칭한다.

조금 모순적으로 들리겠지만, 이런 사진을 찍어 올리고 공유하고 감상하는 정서는 '미래에 대한 그리움'에 가까워 보인다. 좀 더 구체적으로 말한다면 미래에 대한 기대와 공포로 충만했던 특정한 시공간에 대한 그리움일 것이다. 지금 우리가 사는 시대가 지닌 특징 중 하나는, 예전에 비해 미래의 존재감이 현격하게 약해졌다는 점이다. 솔직히 말해 이제 미래는 터무니없이 낡은 개념처럼 느껴진다. 실제로 몇몇 정치가나 캠페인성 광고를 제외하면 '미래'라는 말을 입에 담는 이의 모습을 언제 봤는지도 잘 기억나지 않는다.

그러나 항상 그랬던 것은 아니다. 인류의 현대사에서 미래는 언제나 강렬한 존재감을 발산하며 현재를 견인해왔다. 미래는 현재의 우리가 다같이 힘을 합쳐서 도달하거나 피해야 할 존재였고, 무엇보다도 현재가 되어 도래하는 속도가 대단히 빨랐다. 불과 몇 십 년 만에 식민과 피식민의 근대는 거대한 전쟁에 휘말렸고, 다시 서로를 호시탐탐 노리는 냉전으로 이행했다가, 한쪽 체제의 붕괴로 이어졌고, 전 지구적 자본주의가 모든 폐허를 빠르게 뒤덮었다. 지금 생각해보면 비현실적인 페이스에 가깝다.

그런 상황에서 수십 년 전의 인간이 미래를 금방 도래할 대상으로 이해하는 것이 그리 부자연스럽지는 않다. 단적인 예로 1968년에 발행된 『안드로이드는 전기양의 꿈을 꾸는가?』의 배경으로 제시된 시대는 고작 24년 후인 1992년이었다. 물론 가상의 세계관이지만 그 짧은 기간 동안 인류는 핵전쟁을 하고, 방사능으로 오염된 지구를 버리고, 화성 등으로 이주하는 수많은 일을 겪는다. 인간의 생활 공간에는 하늘을 나는 자동차, 인간과 구별하기 어려운 안드로이드, 생명체와 똑같은 전기 동물이 공존하고 있다. 1982년 개봉된 〈블레이드 러너〉 역시 크게 다르지 않아서, 자신의 무대를 고작 37년 후인 2019년으로 잡을 정도였다(영화의 개봉 이후 출간된 소설 판본의 배경은 2021년으로 수정되었다). 돌이켜 생각해보면 정말로 턱없이 짧은 간격이다.

아마 지금 누군가 〈블레이드 러너〉를 다시 만든다면 그는 가상의 시대적 배경을 언제로 설정하게 될까? 최소한 수백 년이 지난 후일 것이다. 이런 시간 감각의 불일치로 인해 입장이 조금 곤란해진 것은 2017년에 개봉한 〈블레이드 러너 2049〉였다. 이 영화의 배경인 2049년은 분명 지금 우리의 시대와는 어떠한 시간 감각도 공유하지 않는다. 그저 영화 〈블레이드 러너〉의 시간축에 존재하는 가깝고 협소한 공간에서 벌어지는 후일담일 뿐이다.

우리의 미래는 이미 현실에 용해되어서 좀처럼 잘 보이지 않는다. (〈매트릭스〉가 개봉한 지 3년 후였던) 2002년에 출간된 『실재의 사막에 오신 것을 환영합니다Welcome to the Desert of the Real』에서 슬라보예 지젝Slavoj Žižek은 자본주의 매트릭스의 안온한 삶이 사실은 허상임을 직시하라고 말했다. 그 말을 믿을 수 있다면 참 좋을 것이다. 세계 체제에 외부가 있으며, 누군가에 의해 우리는 잠재워져 있고, 빨간 알약을 삼키고 눈을 뜨는 순간 실재 세계의 싸움이 시작된다면 말이다. 그러나 우리가 병 속의 뇌가 아니라면, 미친 과학자가 사실 존재하지 않는다면, 딱히 나아지지도 붕괴하지도 않는 이 답답한 세계에서 영원히 계속해서 살아가야만 한다면, 문제는 훨씬 복잡해진다.

인스타그램의 사이버펑크 스타일 사진은 〈블레이드 러너〉의 미래가 지금 이 도시의 한구석에 존재하고 있을지 모른다는 연약한 위로를 전달한다. 그러나 그것은 일종의 합의된 거짓말에 가깝다. 세기말 일본의 어떤 이들이 일찍 도래한 미래에 대해 느끼던 기쁨을 이 사진들에서는 찾아볼 수 없다. 디지털 필터로 인해 붉고 푸르게 물들었던 도시의 풍경은 금방 다시 일상적인 모습으로 돌아가고, 딱히 변화 없는 체제의 삶은 지속될 것이다. 이것은 어느 순간 미래가 도래하였다고 해도, 그것이 현실이 되기에는 턱없이 부족했다는 일종의 무력함을 누설한다.

영화 〈블레이드 러너〉에서 당신은 레플리컨트일 거라고 심문하는 데커드에게 레이첼이 내민 것은 한 장의 사진이었다. 인간과 똑같은 존재를 대량 생산하고 기억까지 삽입할 수 있는 세계에서 고작 사진을 자신의 증거로 내미는 일은 앙상하고 초라하기 그지없다. 하지만 오직 붉고 푸른 인공 조명으로 가득한 〈블레이드 러너〉의 답답한 도시에서 자연의 햇빛을 만날 수 있는 유일한 곳은 레이첼이 소중히 간직한 가짜 사진 속이었다. 미래가 좀처럼 힘을 발휘하지 못하는 세계에서 특정한 미래의 흔적을 사진으로 수집하는 행위 역시 그와 비슷한 것일지도 모른다.

제9장

성서적 세계관으로 본 〈블레이드 러너〉

주원규

〈블레이드 러너〉,
그 비신화화의 암흑으로

朱元圭

주원규 소설가이자 목사. 서울에서 태어나 2009년부터 소설을 발표하며 본격적인 글쓰기를 시작했다. 현재는 소수가 모여 성서를 강독하는 종교 활동에 집중하고 있으며, 일상의 예술과 문화 발견을 탐색하는 공유문화연구소 소장으로 활동하고 있다. 지은 책으로는 소설 『열외인종 잔혹사』, 『나쁜 하나님』, 『아지트』, 『광장에 서다』, 에세이 『황홀하거나 불량하거나』, 평론집 『땅의 예수, 하늘의 예수』, 『성역과 바벨』 등이 있다. 『원전에 가장 가까운 탈무드』를 번역한 탈무드 연구자이기도 하다.

> "메시아는 과연 가능한가.
> 이처럼 아무것도 아닌 세상에서."
> 유정은, '아무것도 아닌 세상에서' 중

현대 문화사에서 〈블레이드 러너〉가 갖는 위상에 대해 재점검할 시기가 온 것 같다. 거창한 마니아적 담론의 물기를 빼더라도 〈블레이드 러너〉는 독특한 지점을 점유한다. 이는 비단 사이버펑크 장르가 가진 항구적 전위의 특성 탓만으로 볼 순 없다. 〈블레이드 러너〉가 철학, 사상, 미래학, 문명 비판, 패션, 더 나아가 신학적 측면으로까지 거론되고 있다는 점이 그 방증이다.[1]

특히 개신교 주류에서는 '성서와 〈블레이드 러너〉의 관계성'에 대한 질문에 흥미를 가지고 지속적인 관심을 보여왔다. 현대 기독교를

---

1. SF와 사이버펑크 장르가 가진 미래 예언의 주로 어두운 부분을 신학적으로 성찰하려는 시도가 현대 신학의 한 부분을 차지하고 있다. 『Theology and Praxis』, 한국실천신학회 65호, 2019.7. 참고.

잠식한 광풍과도 같은 담론이 종말론적 풍경에 대한 우려 내지 음흉한 기대에 있다면, 오늘날의 디스토피아적 살풍경을 오래전에 〈블레이드 러너〉가 넉넉히 예견했다는 점에서도, 이 영화를 재점검하는 것은 충분히 의미가 있다. 말하자면 성서적 세계관을 재구성한다는 관점에서 〈블레이드 러너〉에 접근하는 것이다.

필자는 이번 기회를 빌려, 지독한 디스토피아 전망으로 도색된 성서 장르 중의 하나인 '아포칼립스'를 한 폭의 비非신화화 장르로 다뤄보고자 한다.[2]

종말을 향한 비전 혹은 광기

성서는 신의 구원과 심판에 대한 이야기다. 제1성서인 구약성서는 사실상 유대 민족의 영웅 서사가 주류를 이루고 있어 배타적 종족주의 양상을 띠고 있음을 부정하기 어렵다. 때문에 제1성서 서사는 신의 구원이 주 관심사가 아니다. 가혹한 자연 환경과 이방 민족의 야만으로부터 구원받기 위한 신의 철저한 심판이 주된 내용이다.[3]

그에 반해 제2성서, 신약성서는 구원에 대한 이야기를 개별 민족에서 인류 보편으로 확장한다. 더욱이 제2성서 서사를 들여다보면 걸출한 풍운아 예수가 등장해 심판보다는 구원, 혹은 인류 희망을

---

2. 비신화화는 성서 내러티브의 신화적 측면을 거세한 뒤 남은 건조한 풍경 묘사에 집중하는 특성을 갖는다. 배현주, "[제38회 성서학 심포지움 발제3] 고린도전후서에 나타난 악의 상징에 관한 연구: 볼트만의 비신화화를 넘어서", 『성서학 연구원 저널』 38호, 2003, 43~66쪽.
3. 라이너 케슬러·최인식, "히브리 성서에 나타난 이스라엘과 이방인", 『구약논단』 vol. 20, no. 1(통권 51호), 2014. 참고.

귀스타브 도레,
〈종말론적 행렬apocalyptic procession〉

이야기하는 것처럼 보인다. 하지만 그 실상 역시 알려진 의미와 사뭇 다르다. 도리어 제1성서의 서사보다 더 파국적인 현실 인식에 뿌리내리고 있다. 세계는 인간의 욕망에 의해 파국적 심판을 맞이하게 된다는 식의 현실 인식, 그리고 그에 부합되는 준엄한 심판 선고에 집중하고 있다.

세계는 계속되는 파괴와 약탈 본능으로 인해 어느 때이든 상관없이 신음하고 있다. 한 마디로 폐허의 야만에 신음하는 것이다. 그 야만성을 심하게 구체화하면, 성서 속의 세계는 구원과 희망이 옵션이고 심판이 주류임을 자인하지 않을 수 없다.

한편 필름 누아르는 어두운 세계를 묘사하는 극사실적 비주얼라이징Visualizing이 단연 돋보인다. 단지 미장센의 요소만이 아니라 극사실적 비주얼라이징이 서사 전체를 압도한다. 더욱이 〈블레이드 러너)는 디스토피아적 세계관에 입각해 전시되는 암울함이 서사 자체를 집어삼킬 정도다. 이러한 〈블레이드 러너〉의 장르적 특성은 성서, 특히 제1성서 속 배경의 참담함과 여러 면에서 닮았다. 주지하듯이 제1성서 서사의 이면에는 학살, 기근, 두려움, 우상숭배, 맹신, 광기, 편견, 패착에 가까운 군사 무장, 집단주의 등이 도사리고 있다.

밤, 그리고 레플리컨트

밤은 은폐의 시간, 복제의 시간이다. 모든 것을 어둠 속에 파묻고 음모를 꾸미기에 최적화된 시간인 것이다. 1982년 개봉 당시 천문학적 자본을 쏟아부은 〈블레이드 러너〉는 박스오피스와 평단 모두로부터 외면받았다. 여러 이유가 있겠지만 〈블레이드 러너〉의 초기 실패 요인은 단지 밤과 폐쇄적 미장센이 무모할 정도로 포진된 것에만 있지 않다. 그보다는 밤이 가진 모호함, 모든 것이 불명확해지는 미래에 대한 불안으로만 영화를 채워 넣었다는 점이 치명적 이유다. 〈블레이드 러너〉에서는 밤이 가진 무한한 은폐와 복제의 가능성이 레플리컨트로 대표되는 인간 복제품의 전면적인 등장으로 인해 점입가경을 이룬다.

인간은 본능적으로 진실, 곧 원본에 대한 강박을 갖고 있다. 원본에 대한 강박은 평소엔 수면 아래에 가라앉아 있지만, 리얼리즘에 대한 본격적 위협을 느낄 때 이를 극복하기 위한 방어기제로 본격화된다. 〈블레이드 러너〉의 담대함은 불안의 강박을 영화 전면의 주제의식으로 재연해냈다는 데 있다. 원본을 찾아내고 복제와 구별짓기를 시도한 뒤에야 안전하다고 믿는 불안과 두려움. 그러한 감정의

실존을 버젓이 전시해놓은 것이 바로 〈블레이드 러너〉가 추종하는 밤의 리얼리즘이다.[4]

성서 서사에도 원본에 대한 강박은 예외가 아니다. 집요할 정도로 강박적인데, 그들이 말하는 원본은 단연 유대인과 그들의 국가, 이스라엘이다. 또한 그간 현실 종교는 '이스라엘 민족 = 선택된 민족'이라는 배타성을 마치 성서 서사가 가리키는 본질인 양 각색해왔다. 배타성의 눈으로 볼 때, 이방의 피가 흐르는 이들은 짐승과 다름없으며 신의 준엄한 저주로 다스려야 마땅하다. 구약성서 서사에서는 신에게 특별히 간택받은 존재인 참인간을 위협하는 야만의 기원과 그 상징들이 등장한다. 이를테면 네피림[5]은 칼과 무기로 대표되는 야만의 문명을 상징하며 신의 질서를 훼손하는 존재다. 하지만 그와 동시에 인류사에 반드시 필요한 동행자의 모습으로도 그려져 쓸쓸한 아쉬움을 자아내기도 한다.

문명의 수혜를 넉넉히 힘입은 존재이지만 문명이 가진 위협에 의해 언젠가는 반드시 그 동행의 끈을 끊고 죽여 없애야만 하는 존재, 네피림. 어느 순간에 돌출될지 모르는 두려움과 불안의 원인 인자, 네피림. 성서 서사에 지속적으로 출몰하는 네피림과 그에 관한 상징들은 현대 사회에선 '자본'이라는 모순으로 연속되고 있는 것으로 보인다.

---

4. '밤의 리얼리즘'은 리얼리즘을 말하는 하나의 환상적 접근으로서, 밤의 모호성과 관련된 한 이데올로기를 상징한다. Lois Parkinson Zamora and Wendy B. Faris(eds.), *Magical realism: Theory, history, community*, Duke University Press Books, 1995. 참고.

5. Yoo Yoonjong, "The Literary and Theological Significance of Names in the Book of Exodus 1:1-15:21", 『성경원문연구』 41권, 2017. 출애굽기 1:1~15:21에 나타난 '이름'의 문학적·신학적 의미 참고.

자본, 복제, 그리고 사랑

〈블레이드 러너〉가 제작된 1980년대는 자본주의의 극단적 천민화가 예고되던 초입이었다. 미국과 러시아(구소련)간 냉전 구도의 붕괴, 세계 유일의 패권국가로 떠오른 미국적 욕망의 본격화, 달러로 대표되는 기축통화의 출범 등 미국은 팍스 아메리카나 슬로건 아래 지구촌에서 자국의 위상을 공고히 하기 위한 명분으로 자본을 그 전위에 내세웠다. 세계 기축통화인 달러를 앞세워 세계 질서의 대부분을 자본의 획일적 기준에 흡수해버린 것이다.

자본의 획일성은 은폐와 다양성 파괴 등 여러 폐해로 이어진다. 그중에서도 대표적인 폐해는 '인간의 복제화'다. 획일성은 인간이 가진 고유성을 훼손하거나 획일적으로 전시하기 때문이다. 외적 전시는 내적 자아의 구축보다는 타자를 통한 자아의 상대적 발견에 집중된다. 이를 통해 자아는 타자의 욕망을 통해 사랑이란 감정까지도 고도의 기능 중의 하나로 만들어버린다.

〈블레이드 러너〉에 나타난 레플리컨트는 복제인간이란 설정에서 출발한다. 레플리컨트의 감정은 그 토대가 복제를 가능케 한 자본의 획일성에서 비롯된다는 사실이 엄연한 서사의 핵이다. 하지만 그럼에도 '사랑'이 레플리컨트의 감정 체계를 관통하여 자아의 고유성을 이루는 핵심 동인으로 작용한다. 사랑은 자본의 획일성이라는 시선에서 봤을 때는 일종의 이상 현상이다. 인간에게 고유성의 영역을 환기하기 때문이다.

이를 '복제 속에서 돌파되는 사랑'이라고 말할 수 있다면, 이제부터는 성서적 서사에서 그 사랑의 뿌리가 어떻게 진행되었는지를 살펴보는 일이 중요해진다. 성서의 스토리텔링 역시 〈블레이드 러너〉

의 '자본' '복제' '사랑의 패턴화'와 유사한 내러티브 벨트Narrative Belt[6]를 구축하고 있기에 그렇다.

바벨탑, 우상, 그리고 사랑

바벨탑 이야기는 특정 종교를 넘어 일종의 보편 서사로 인식되고 있다. 단 하나의 탑을 하늘 높이 쌓아 올린다는 일화가 주는 교훈의 핵심엔 신을 향한 욕망이 있다. 바벨의 신비 위에 쌓아 올린 탑은 설령 그것이 공중누각이라 할지라도 인간의 욕망을 제대로 자극했다는 점에서 자세히 살펴볼 필요가 있다.[7]

성서에서 바벨의 욕망을 지속적으로 끌어내는 동력이 하나 존재한다. 바로 우상이다. 우상은 인간 자신이 세워놓은 가공의 욕망이란 점에서 쉽게 상실되지 않는 지속력을 갖고 있다. 또한 우상은 욕망을 넘어서서 인간 행동 체계의 획일화를 제대로 도모할 수 있다. 이른바 왜곡된 통일성을 강화하는 것이다.

왜곡된 통일성으로서의 우상은 사랑을 성찰할 기회를 처음부터 박탈한다. '원본' 또는 '존재'의 복잡성으로부터 비롯된 실체적인 사랑과 달리, 욕망의 공중누각 위에 세워 올린 '우상'과 관계된 사랑은 무척 대담하다. 설령 그 허무함이 발각된다 해도 언제든 그 책임을 우상에게 돌려세워 자신의 내면자아는 지킬 수 있다는 믿음을 주기

---

6. 내러티브 벨트란, 한 시대의 역사를 톺아보는 분석 속에서 일련의 흐름 내지는 징후로 포착되는 역사 서사의 한 표현을 뜻한다. Paul Ricoeur, "Narrative time", *Narrative dynamics: Essays on time, plot, closure, and frame*, Ohio State University Press, 2002. 참고.
7. 하경택, "원역사原歷史 안에서의 바벨탑 이야기: 창세기 11장 1절~26절에 대한 주석적 연구", 『장신논단』 vol. 44, No. 4, 2012. 참고.

아타나시우스 키르허의
바벨탑 삽화(1679).

때문이다.[8]

이러한 바벨 서사의 서늘한 허무감은 〈블레이드 러너〉를 감상할 때에도 여실히 느껴진다. '이건 미래의 일이다' '레플리컨트는 영화 속 허구 혹은 허무의 범주에 불과하다'는 식으로 거리를 두는 태도가 바로 그것이다. 하지만 〈블레이드 러너〉의 세계관에 좀더 가까이 다가가면 다가갈수록, 이러한 거리 두기의 근간이 뒤흔들린다. 복제인간 레플리컨트를 성찰하게 되기 때문이다. 타자에게 전가한 욕망의 주체가 다름 아닌 자아란 사실, 그리고 그것을 부정함으로써 초래되는 치명적인 함정에 대해 우리가 침묵해왔음을 레플리컨트는 깨닫게 해준다.

---

8. 내면자아라는 개념을, 타자에 의해 구체화된 자아의 외연성과는 반대를 구성하는 개념과 관련된 의미로 읽길 기대한다. 김영희, "월트 휘트먼의 신비주의: 자아의 내면을 통한 여정", 『문학과 종교』 제20권 제2호, 2015. 참고.

레플리컨트: 유용하거나 위험하거나

복제의 근원엔 자본이 똬리를 틀고 있다. 〈블레이드 러너〉는 자본의 신비 혹은 폭거의 획일성을 표현하는 데 있어 어둠과 폐쇄, 그리고 눈동자를 적극적으로 사용한다. 은폐와 강요된 침묵을 상징하는 밤, 화면 속 미장센을 지배하는 닫힌 정서가 지속되는 가운데 자아는 분열을 맞이하게 된다.

자본이 인간의 고유성과 복잡성을 은폐하는 기능으로 작동했다면, 자본에 힘입어 생산된 복제인간 레플리컨트는 자아 그 자체를 차단시키며, 타자가 규정한 자아에 주목하게 하는 신비로서 작동한다. 〈블레이드 러너〉의 난처한 지점은 레플리컨트의 신비를 닫힌 공간의 이미지와 극단적으로 접합한다는 사실에 있다.

폐쇄된 공간 이미지가 영화의 서사 자체를 삼켜버릴 기세다. 그 기세에 힘입어 복제된 자본의 희생양들이 저항 혹은 교란을 도모한다. 자본의 획일성, 그 토대 위에서 전개된 레플리컨트의 움직임은 인간 생존 본능과 인간의 욕망을 적극 반영하면서도, 자본의 영향력 아래 장악된 하부 우상으로 기능했다. 유용하면서도 위험한 존재. 레플리컨트는 이러한 양가성을 띠고 인간 세계로 파고들었다. 이는 또 다른 할리우드의 상상력인 '외계생명체의 위협'이나 '혹성 탈출' 같은 외부로부터의 침투와는 차원이 다르다. 레플리컨트는 단연코 인간 내부에서 발아된 교란체다. 유용성과 친밀도가 내부적이고 은밀한 만큼이나 위험의 정도 역시 치명적인 수준이다.

이것이 뜻하는 바는, 더 이상 보이는 세계가 문제가 아니라는 것이다. 보는 눈 자체가 문제일 수 있다. 영화 속에서 때로 길고 난해한 장광설로 발전시킬 법한 질문들이 넘실거리는 가운데, 레플리컨트는 원본과 복제 사이에 스며든 자본의 지옥도를 무자비하게 폭로한다. 인간 내부에서 최소한의 믿음의 영역으로 남겨두고 싶었던 것들을 모조리 의심스럽게 만든다. 그 폭로가 홍채 실험을 통해 엄습했다면, 이제 눈으로 보이는 세계는 원본인가, 아니면 복제인가. 질문 자체가 교란의 구렁텅이 속으로 빠져든다.

예수: 신비롭거나 치명적이거나

예수의 존재 여부를 두고 벌이는 종교계의 역사성/탈역사성 논쟁은 하나의 보편적 목표로 수렴된다. 예수를 종교적 대상으로 삼느냐, 삼지 않느냐. 하지만 그러한 논의와는 별개로 예수란 존재는 그 자체로(상징이든 뭐든) 보편 키워드로 자리 잡은 듯하다. 예수는 때로 헌신자, 봉사자, 성인으로 나타난다. 또 체제 전복의 동력, 혁명가, 인간 본성 속에 잠든 야생성을 일깨우는 선동가로 읽히기도 한다.[9] 여하튼 그가 동서고금을 막론하고 인류사를 관통하는 인물로 자리매김한 건 사실이다.

그런 맥락에서 예수를 일종의 소비 키워드로 볼 경우, 그 키워드는 신비로움과 치명적임, 두 지점에서 아슬아슬한 줄타기를 하게 된다. 예수라는 키워드가 신비로움의 영역에 점유되는 경우, 정도의 차이는 있겠지만 자본의 함정에 포섭된 상태에서 희망고문으로서 유용하게 설정 가능한 최상의 허어로 판타지에 매몰된다. 자본과 물신숭배로 인해 착란에 빠져든 천민자본주의 사회에서 신비로움으로서

---

9. 풍운아 예수에 대한 논의 역시 현대 신학, 21세기 신학에서 주요한 담론 중 하나로 자리 잡았다. 안병무, 『갈릴래아의 예수』, 한국신학연구소, 1990. 참고.

의 예수는 '뭐든 할 수 있다' '뭐든 줄 수 있다'는 식의 전능의 환상으로 기능한다. 사실 이 경우에 신비로움은 철저히 세뇌하고 세뇌당하는 것, 그 이상도 이하도 아니다.

이렇게 신비로움을 천민자본주의적으로 비루하게 전유하는 것은 비단 21세기 한국 사회에서만 일어나는 일이 아니다. 〈블레이드 러너〉가 암울하게 예견한 것처럼, 글로벌 자본은 지구를 미친 듯이 빠르게 휩쓸고 있으며, 그 양상이 더 세련되게 가속화되고 있다.

이 세련된 신비는 동전의 양면처럼 치명적인 두려움과 불길의 스릴러로 장르 변주를 도모한다. 자본이 잉태한 복제의 유용성, 그 완벽함이 낳은 우상숭배의 끝에 자리 잡은 예수 키워드는 제2성서 서사를 통해 착란의 아이러니를 쏟아낸다는 점에서 새로운 위협으로 다가온다.

착란의 아이러니, 그 한복판에 선 예수 키워드는 분명 위험하다. 이 경우 '왜 위험한가'란 질문은 무용하다. 2천 년 전에는 자본이란 개념이 없지 않았느냐는 질문 역시 불필요하다. 자본과 우상의 조탁 관계는 오랜 시간 강고하게 인류사 대부분을 지배해왔기 때문이다. 그 이름이 명명되기 이전에도 자본은 계급, 종교, 샤먼의 이름으로 반복되어왔다.

그런 맥락에서 예수가 보여준 행태는 정상성의 범주, 혹은 인간이 기대하는 우상숭배에 기인한 희망고문과는 전혀 다른 특이성을 보여준다. 착란을 일으킬 정도의 혼란한 말의 중첩, 상황 돌파의 의외성, 십자가 처형의 비극적이지만 불편한 이미지 자극, 부활 사건이 가진 인식론적 차원 붕괴까지, 예수 스토리텔링의 극적 긴장감은 의외의 변수로 시작해 마지막 순간까지 의외로 끝나버리는 이른바 비틀기 그 자체의 완성도를 확보한다. 절정의 비틀림이 가져오는 치명적인 위협은 1980년대의 〈블레이드 러너〉가 예측한 2019년 글로벌 자본 지배 사회에서도 가공할 만한 위협으로 발전한다.

예수라는 키워드는 신화에서 비신화로 이행되는 과정에서, 인간 내면에 자리 잡은 욕망의 틀을 바닥에서부터 뒤틀어버렸다. 그 탓에 그것은 이제 두 가지 극단적 양태로만 존립하고 있다. 질문이나 위협에 대한 자각이 숭배의 습성에 의해 소멸된 '신비'의 영역에 머물러 있거나, 아니면 기괴하고 불편한 '치명적' 위협으로 남아 있거나.

이쯤 되면 자연스럽게 두 질문의 상호교차가 가능해질 것 같다. 자본과 복제가 낳은 욕망의 산물인 레플리컨트의 저항이 일으킨 교란의 질서, 또 다른 지점에서 혁명가로서의 예수가 산발적으로 흩뿌린 치명적 기축 비틀림 시도로서의 교란. 이 둘이 일종의 공동 전선을 형성하고 있다는 기대가 그렇다.[10]

레플리컨트와 예수, 그 유사성과 차이성

〈블레이드 러너〉가 담아낸 불편함의 징후, 그 키워드를 정서적 미장센으로 상징화한 밤, 폐쇄된 공간, 그리고 홍채 실험으로 상징되는 눈동자, 비 내리는 축축한 저녁, 끊임없이 늘어지는 롱테이크의 닫힌 분절 형태까지. 이러한 요소들의 우직한 진행으로 인해 영화가 대규

---

10. 이 명제에 대한 신학적 논의는 주요한 선행 합의가 전제될 필요가 있는데, 케리그마를 통한 초역사적 합의점 도출이 그것이다. 초역사적 논의는 역사를 거부하는 접근이 아니라, 역사를 이해하는 다양한 접근 중의 하나인 질문들을 끌어내는 가능성이다. Rudolf Bultmann, *The primitive Christian kerygma and the historical Jesus*, 1964. 참고.

모 자본 투입에도 불구하고 당시 대중으로부터 외면당했다는 분석은 어쩌면 당연할 것이다. 하지만 이 당연한 분석은 다음의 진술에도 유효하게 적용된다: 〈블레이드 러너〉는 지금까지도 단순 마니아층을 넘어서, 하나의 장르 분석을 넘어서 철학적 진술의 장 혹은 도구로 반복 및 재생산되고 있다.

영화의 배경인 2019년을 맞이한 현실에 있어서도 1982년판 〈블레이드 러너〉가 가져다준 징후적 충격은 상당하다. 지구 밖으로 이주한다는 상상력이 오늘날에는 유효하지 않다는 언술조차 차라리 무의미할 정도다. 이유인즉 오늘의 지구촌은 극심한 지구온난화와 크고 작은 국가 및 종족 간 분쟁의 지속, 자본의 뒤란에 숨었지만 더 악랄하게 진화한 계급화[11]와 종족화의 말살적 행태로 종말론적 파국을 맞이하고 있기 때문이다. 현 상황이 지구의 디스토피아적 미래를 예고하는 것이라는 시각이 필자의 비약적 추정만은 아닐 것이다.

복제인간 레플리컨트의 출현 역시 현재의 살풍경에 빗대어볼 때, 외면할 수 없는 리얼리즘이다. 타자를 통해 자아의 욕망을 실천한다는 아이디어로부터 촉발된 레플리컨트의 범람은 현재 천민자본주의 계급사회를 살아가는 모든 이들의 비극과 밀접하게 맞닿아 있다. 사람들은 복제화의 그림자 속에서 자아 상실이라는 몸살을 앓고 있다. 차이가 있다면 영화 속 레플리컨트의 저항과 교란, 자신을 찾기 위한 몸부림이 오늘의 현실엔 철저히 거세되었다는 점이다.

---

11. 자본의 소유 여부로 분류되기 시작한 계급화는 그에 대한 반발 작용으로서 스스로를 고립시키는 게토화의 방법론을 소환하기에 이른다. 조돈문, "한국사회의 계급과 문화: 문화자본론 가설들의 경험적 검증을 중심으로", 『한국사회학』 vol. 39, no. 2, 2005. 참고.

하지만 예수라는 키워드를 위협의 범주에 놓고 살펴본다면, 오늘의 현실에서 위협 키워드로서의 예수와 레플리컨트는 경이로울 정도의 공통점을 갖는다. 레플리컨트가 이념과 인종, 정치적 대립을 뭉개버린 자본의 욕망이 탄생시킨 대리자아[12]라는 정의가 가능하다면, 그 대리자아는 결국 욕망의 궁극인 절대타자와 관련된 자본의 하위 호환 매개로 기능할 수밖에 없는 숙명을 지닌다. 기능체가 숙명적으로 자본과 욕망의 함수관계라는 전체 범주에서 자유롭지 못하거나 최소한의 탈주 기능조차 수행할 수 없다고 전제하는 것이 당연할 듯하다. 그리고 그것이 레플리컨트를 개발·탄생·운용시킨 자본의 온전함일 것이다.

하지만 〈블레이드 러너〉의 영화적 상상력은 그 온전한 자본주의의 산물에 저항, 투쟁, 생존의 존엄이란 가치를 이식해 새로운 저항 주체의 탄생을 예고하고 구체화했다. 게다가 극단적 상상력 위에 덧입혀진 미디어 툴을 통해 이를 출범시키기까지 했다. 비록 할리우드 무비 마켓으로 대표되는 거대 자본의 힘에도 불구하고 흥행에는 참패했지만 1980년대를 관통해 오늘에 이르기까지 이른바 담론의 지속성을 확보하는 데 성공했다. 심지어 리메이크 작품까지 원작의 전철을 혁명적으로 답습했다. 자본의 그늘에서 서식했음에도 자본의 당위적 욕망을 배신한 것이다. 속편은 레플리컨트의 망령이 욕망의 카르텔로 견고히 묶여 있는 할리우드 무비 마켓을 교란시키며 변종으로서 재출몰했다.

예수의 존재 가치 역시 부정하기 어려울 정도의 수준으로 레플리

---

12. 박성희, "사이버 공간의 대리자아 아바타의 역할 유형분석", 『한국언론학보』 48권 5호, 2004. 참고.

컨트와 같은 궤적을 밟는다. 예수를 추앙하던 세력은 그를 메시아로 여기고 떠받든다. 예수는 동방박사로 대표되는 학자들의 지지를 얻은 뒤, 당대의 기린아 세례 요한에 의해 공식적으로 메시아로 인정되었다. 일단 이렇게 주목받는 공인이 되자 이른바 중심으로 자연스레 편입되었고, 이로 인한 후광 효과 역시 무시할 수 없을 정도로 나타났을 것이다.

메인스트림으로 진입한 주체는 예수가 아니라, 예수를 메시아, 곧 욕망의 집산체로 옹립시킨 욕망 그 자체다. 욕망의 주체들은 스스로의 자아 활동을 거세시키면서까지 헌신한 절대타자로서의 신, 메시아를 어떤 식으로든 활용해야만 한다. 유용성을 향한 이 집요한 욕망은 강한 신정국가의 탄생을 욕구하는 동시에, 예수가 정치적이든 종교적이든 자신들이 전시해놓은 욕망의 규칙을 충실히 이행할 것을 요구한다.

하지만 예수는 욕망의 주체들의 관점에서 보면 철저한 실패작이다. 레플리컨트가 그랬던 것처럼 예수 역시 욕망이 진설해놓은 어떠한 기대와 요구에도 부응하지 않는다. 그는 '유대인의 왕' 자리도 걷어치우고, 정치적 혁명가의 길도 걷는 둥 마는 둥 한다. 예루살렘 입성조차 시큰둥하게 반응했을 뿐만 아니라, 그렇게 떠밀리듯 예루살렘에 들어간 뒤에도 속된 말로 '병맛'을 연출해 보인다. 그로 인해 예수를 따르던 지지자들은 대부분 등을 돌리고 그나마 여자와 아이들만이 예수 곁에 남았다.

그러는 사이에 기득권층, 최소한의 정치적 명분을 원하는 이들, 절대타자를 통해 자기 욕망을 실현하려는 이들 모두가 예수의 탈욕망적 교란 행위를 가만히 두고 보지 않았다. 그들은 예수를 저항과 불

순의 상징으로 설정하고 제거하려는 음모를 획책한다. 레플리컨트 제거 임무가 주어진 존재 '블레이드 러너'처럼, 그들에게도 예수라는 기괴한 위험인물의 제거가 과제로 떠오른다. 그렇게 해명 불가한 교란체 예수의 마지막은 십자가 처형이었다.[13]

교란체 예수를 바라보는 욕망의 주체들, 그리고 자기 자신을 주저앉힌 원본 인간들. 이들은 서로 다른 서사적 맥락 속에서 공통의 문제의식을 남겨놓는다.

〈블레이드 러너〉에 등장하는 레플리컨트의 불가해한 낭만은 영화의 절정 부분에서 극적으로 구체화된다. 레프리컨트 로이는 자신을 쫓던 블레이드 러너 데커드가 위기에 빠지자 놀랍게도 그의 손을 잡아 구해준다. 화면은 곧 영혼의 불멸을 상징하는 비둘기의 날갯짓을 보여주는데, 이는 다소 적나라하긴 해도 구원 행위를 강조하기에는

---

13. 유지미, "역사적 예수의 처형 배경에 관한 고찰: 복음서에 드러난 적대자들의 예수 이해", 『장신논단』 no. 39, 2010. 참고.

최적의 상징이다.

한편 예수는 자신을 살해하려는, 말하자면 학살의 욕망에 빠진 '노예'들을 향해 "저들은 자기가 하는 일을 알지 못한다"며 연민을 보인다. 반성 기제를 거세당한 우상숭배자들은 분명 욕망의 주체가 아닌 욕망의 노예다. 예수는 십자가에서 처형당하는 가운데 노예는 자기 주도권을 가질 수 없음을 명백히 밝힌다. 이는 레플리컨트 로이의 모습과 놀랍도록 유사하다. 로이는 서늘한 냉정함을 유지하는 가운데, 인간 욕망에 대한 최소한의 질문, 자본의 어둠과 폐쇄성의 끝에 무엇이 있는지에 대해 부드럽지만 강력한 질문을 남긴다.

물론 예수는 신의 아들이고, 레플리컨트는 거대 자본주의로 대표되는 타이렐사의 생산품이다. 하지만 레플리컨트가 인간의 제한적 욕망을 구체화시킨 욕망의 집산체라면, 예수 역시 메시아를 갈망·상상·디자인해온 인간의 무제한적 욕망의 구체화된 집산체란 점에서 소름 돋는 공통점을 갖는다. 차이라면, 자본의 아들에게 인간은 제한적인 범주의 기능 수행을 욕망한다면 신의 아들에게는 무제한적인 욕망을 투사한다는 점이다. 사실 욕망이라는 용광로 속에서 이러한 제한/무제한의 범주 차이는 하나로 녹아내린다.

예수는 신의 아들이면서 동시에 사람의 아들이다. 하지만 예수를 기획·개발·생산·소비하는 (욕망 주체인 척하는) 욕망 노예들의 관점에서 볼 때, 예수는 신의 아들이어서도 안 되고 사람의 아들이어서도 안 된다. 절대타자인 신의 아들로서만 머무르면 욕망의 대리 행위 수행에 차질이 생기고, 절대자아인 사람의 아들로서만 머무르면 사람의 약점을 극복할 수 없는 한계를 노출하기에 그 실망감 역시 감당할 수 없다.

〈블레이드 러너〉는 절대타자를 통한 대리 실현의 욕망을 자본주의 사회와 결합해 사유한다. 또한 사실상 원본과 복제본의 구별이 자본의 욕망 안에서 하나로 녹아버린 현실에 대한 사유의 지평을 확보한다. 이런 점에서 예수와 레플리컨트를 나란히 놓고 성찰하는 것은 무리가 아닐 것이다.

타자에게 전가된 욕망에 대한 상징을 성서에서는 바벨의 욕망으로, 〈블레이드 러너〉에서는 유용성의 극한으로 배출해낸 타이렐사, 곧 자본의 욕망으로 교차 대비하고 있다. 판타지와 리얼리즘 사이에서 어느 한 지점을 모색하는 일은 두렵지만 흥미로운 일이다. 〈블레이드 러너〉를 통해 성서 이야기, 그 안팎에서 벌어지는 탈역사적 상징을 살펴보는 독법이 유의미한 이유가 바로 여기에 있다.

제10장

한국 〈블레이드 러너〉 팬덤

김효진

한국 팬들의
〈블레이드 러너〉 이야기

金孝眞

김효진 SF & 미디어 연구자. 텍사스테크대학교에서 매스 커뮤니케이션을 전공했으며, "과학 커뮤니케이션으로서의 한국 〈닥터 후〉 팬덤 사례 연구"로 박사학위를 받았다. 현재는 독립 연구자로 주로 SF와 미디어 연구를 하고 있다. 한국 SF 및 팬덤, 페미니스트 SF, 미디어 속 여성(인종, 장애, 계급 등) 주제에 관심이 많다. 2019~2020년 한국SF어워드 중·단편 소설 부문 심사위원(2020년 중·단편 소설 부문 심사위원장)을 지냈다. 현재는 SF와 페미니즘을 연구하는 프로젝트 그룹 'sf × f'에서 활동 중이다.

팬덤의 세계에 귀 기울이기

미디어 텍스트는 팬들의 경험 안에서야 비로소 진정 살아 있게 된다. 〈블레이드 러너〉는 오랜 시간 팬들의 경험 속에 살아 있었고, 그 안에서 앞으로도 살아 있을 것이다. 영화는 제작하는 과정 자체만으로도 의미 있겠지만, 그 영화를 좋아하는 사람들이 이를 어떻게 소화하는지 역시 그 영화를 이야기하는 방법이 된다.

수용자 연구에서 시작한 팬덤 연구는 1, 2세대를 거쳐 현재 3세대에 이르고 있으며, 연구 세대가 변화함에 따라 수용자를 수동적으로 보던 시각이 능동적으로 변화하기 시작했다. 초기 팬덤은 대중문화를 수용하는 팬들을 특정 집단으로 보고, 팬덤 자체를 하나의 정치적 저항의 개념으로 규정했다. 그러던 것이 점차 기술 발전으로 인해 미디어와 그에 수반된 채널이 다양해짐에 따라 이를 소비하는 팬들의 소비 방식과 소비 내용도 다양해졌다. 현대인의 삶에서 미디어를 소비하는 것은 현대 사회를 살아가는 매일의 총합이라고 할 수 있다. 미디어 소비를 빼고는 현대인의 삶을 이야기하기 힘들어졌다.

팬덤 연구는 대중문화를 이해하기 위한 하나의 시도로, 팬들이 미디어 텍스트를 어떻게 읽었는지, 그리고 각자의 삶에 어떻게 녹여냈는지를 알 수 있도록 도와준다. 팬덤을 통해 현대 미디어 사회를 살아가는 우리가 스스로에게, 그리고 나아가 다른 사람들과 어떻게 연결되는지를 이해하게 된다. 팬덤 연구에서 얻고자 하는 것은 결국, 우리가 살아가는 현대 생활에 대한 통찰이다.[1]

이런 맥락에서 〈블레이드 러너〉의 팬덤을 살펴보고자 한다. 팬들은 이 영화를 어떻게 읽고 어떻게 각자의 삶에 녹여냈을까? 팬들의 이야기들을 통해 팬들에게 있어서 영화의 의미를 찾아보고, 나아가 오늘날 한국에서 〈블레이드 러너〉가 지니는 의미를 가늠해보고자 한다.

인터뷰

〈블레이드 러너〉를 좋아하는 사람들에 대한 심층 인터뷰를 진행했다. 인터뷰를 위해 SF팬과 작가, 그리고 비평가들을 통해 〈블레이드 러너〉 팬을 수소문했고, 온라인 검색을 통해 〈블레이드 러너〉 팬카페, 블로그 등을 검색해 카페지기와 블로거들에게 인터뷰 요청을 했다. 처음엔 주로 온라인 카페지기 혹은 블로거들에게 섭외 메일과 쪽지를 보냈으나 최근에는 활발한 활동을 보이고 있지 않아 답변을 받기 어려웠다. 온라인 검색과 동시에 평소 알고 지낸 SF팬들을 통

---

[1] Jonathan Gray, Cornel Sandvoss, C. Lee Harrington, 「Introduction: Why Study Fans?」, *Fandom*, New York University Press, 2007, pp. 1-18.

해 〈블레이드 러너〉 팬들을 소개받을 수 있었고, 인터뷰에 응해주신 인터뷰이들을 통해 또 다른 인터뷰이들을 소개받았다.

인터뷰는 대면 혹은 서면으로 진행했다. 대면 인터뷰의 경우 녹취 후 녹취문으로 작성했다. 모든 인터뷰는 익명으로 진행했으며, 동의 하에 나이와 성별, 직업의 정보를 제공받았다. 인터뷰는 인터뷰이의 익명성을 최대한 보장하기 위해 알파벳 순서로 표기했다. 인터뷰이들이 허락한 정보는 알파벳 순서로 각주에 첨부했다.[2]

총 열한 명의 인터뷰이들이 참여했다. 인터뷰이들의 성별은 여성이 두 명, 남성이 아홉 명이었으며, 연령대는 29세부터 50대까지였다. 인터뷰에서는 〈블레이드 러너〉를 처음 보게 된 시기와 계기, 〈블레이드 러너〉의 매력(지속적으로 관심을 받는 이유), 영화 속 여성 캐릭터, 한국 그리고 각 개인에게 〈블레이드 러너〉가 가지는 의미 등을 물었다. 영화 〈블레이드 러너〉와 후속작 〈블레이드 러너 2049〉, 그리고 소설 원작 모두를 인터뷰 대상으로 포함했다.

이 영화를 언제 처음 접했고 무엇을 느꼈나

〈블레이드 러너〉가 한국에 수입된 시기는 1982년 미국 개봉으로부터 4년 후인 1986년이다. 당시 "서기 2019년"이라는 제목의 비디오로 출시되었다. 1989년에는 MBC '주말의 명화'에서 1982년 미국 극장판이 비디오와 동일한 제목으로 더빙 방영되었다. 한국에서 처

---

[2] 인터뷰이 정보. ① A, 남, 32세, 기자. ② B, 남, 44세, 작가. ③ C, 남, 48세, 작가. ④ D, 남, 50대, 영화피디. ⑤ E, 남, 52세, 연구. ⑥ F, 남, 48세, 작가. ⑦ G, 남, 33세, 작가. ⑧ H, 남, 39세, 문학평론가. ⑨ I, 남, 40세, 교수. ⑩ J, 여, 29세, 작가.

음 극장 개봉을 한 것은 1993년으로, 감독판이 "서기 2019년 블레이드 러너"란 제목으로 소개되었다. 후속작인 〈블레이드 러너 2049〉는 2017년 한국에서 개봉했다.[3] 〈블레이드 러너〉 원작 자체도 워낙 다양한 버전이 존재할뿐더러, 그마저도 한국에 시간차를 두고 수입되었다. 다양한 형태로 방영·개봉되었기 때문에 인터뷰 첫 질문은 〈블레이드 러너〉를 언제 처음 봤는지, 그리고 어떻게 보게 되었는지에 대한 것이었다.

그에 대한 답변은 크게는 우연히 보게 된 경우와 그렇지 않은 경우로 나뉘었다. 먼저 우연히 보게 된 경우로, 어릴 때 텔레비전에서 접했다는 답변들이 있었다. 무슨 영화인지조차 제대로 모르고 봤다가 나중에 그 영화가 〈블레이드 러너〉라는 것을 알게 된 후 비디오를 통해 여러 번 보게 되었다고 한다.

우연히 접하지 않은 경우는 다시 두 가지로 나뉘었다. 하나는 대학에서 수업시간에 혹은 선배들의 권유로 보게 된 케이스다. 건축 혹은 영상 관련 수업시간에 영화를 봤거나 대학 오리엔테이션의 토론 주제로 접하게 되었다고 한다. 나머지 다른 하나는, 여타 작품을 경유해서 보게 된 케이스다. 이들은 〈블레이드 러너〉의 영향을 받은 〈아키라〉와 〈공각기동대〉를 먼저 보고 나서 〈블레이드 러너〉의 명성을 알게 되어 영화를 찾아봤다고 답했다.

보게 된 계기가 다른 세 그룹의 사람들은 〈블레이드 러너〉를 처음 봤을 때의 느낌도 제각각이었다. 먼저, 우연히 보게 된 경우 영화의 비주얼에 압도되었다는 답변이 많았다.

---

3. 나무위키 '블레이드 러너' 항목 참조. https://namu.wiki/w/블레이드%20러너

일본 애니메이션 〈공각기동대〉(1995)의 한 장면.

D 처음 봤을 때 정말 약간 압도되는 느낌이었죠. 그때 압도된 건 그들[미국]의 SF적인 것을 영화로 구현하는 그 힘이라고 해야 하나? 우리는 그때 상상도 할 수 없는 것들이잖아요.

다른 이의 권유로 보게 된 경우에는 다른 영화들보다 속도가 느려 지루하고 몰입이 잘 되지 않았다는 답변이 많았다. 대학 수업시간이나 오리엔테이션에서 명작이라고 하니까 봤는데, 처음 봤을 때의 느낌은 기대만큼은 아니었다는 반응이었다. 이 경우 영화에 빠져들게 된 것은 그 이후에 다시 시청을 하면서부터였다.

다른 작품을 경유해 〈블레이드 러너〉를 접한 경우는 연령이 주요 변수였다. 40~50대와 달리 20~30대는 〈아키라〉와 〈공각기동대〉를 먼저 접하고 나서 〈블레이드 러너〉를 보게 되었다고 한다. 이 경우에는 아무래도 〈아키라〉와 〈공각기동대〉에서 먼저 강한 인상을 받은 이후이기 때문에, 〈블레이드 러너〉의 충격은 생각보다 덜했다.

흥미로운 점은 영화 초반의 느린 속도감에 지루해하고 몰입하지 못했던 인터뷰이들도 영화를 여러 번 보거나 혹은 필립 K. 딕의 원작 소설을 읽으면서 영화를 더 좋아하게 되었다고 말한 것이다. 말하자면 인터뷰이들에게 〈블레이드 러너〉는 보면 볼수록 빠져드는 영화였다. 물론 반복적으로 보지 않았어도 〈블레이드 러너〉의 비주얼과 주제가 전하는 느낌에 압도되어 오랜 시간이 흐른 지금까지도 또렷하게 기억하는 경우도 있었다.

매혹의 요소

한 번 봤지만 계속 기억에 남거나 여러 번 보면 볼수록 빠져들었던 〈블레이드 러너〉의 매력은 무엇이었을까. 인터뷰이들은 개봉 당시 〈블레이드 러너〉가 가까운 미래인 2019년을 현실적으로 제시해 주었으며, "완전 새로운 세계관"으로 기존의 SF물과는 달랐다고 말한다. 〈블레이드 러너〉 이전에는 한국에서 어린이들을 위한 SF물이 많고, 그런 SF만을 접하다가 만난 〈블레이드 러너〉는 새로운 경험이었다는 것이다.

> 어른스러운 SF의 세계였고, 아주 아득한 (…) 미래가 아니라 근미래[였어요]. (…) 무엇보다도 오프닝에서 반젤리스의 장중한 신시사이저 음악이 흐르고 LA의 풍경, 미래 도시 풍경, 그리고 (…) 아주 세련미가 뚝뚝 떨어지는 그 시드 미드의 메카닉 디자인들, 타이렐사의 그 웅장한 모습, 그리고 작품 전체에 흐르는 염세적인 분위기….

어린이용 SF에 싫증이 나 있던 8, 90년대 한국 청소년들과 청년들에게 〈블레이드 러너〉는 전혀 다른 비주얼과 스타일로 다가간 것이다. 새로운 비주얼과 스타일이 첫 번째 매력이었다면, 두 번째 매력은 영화가 전하는 주제였다.

> **B** '인간이 무엇인가'에 대한 질문으로 돌아갈 수 있게 해준다는 거죠. (…) '인간이 인간이라고 규정할 수 있는 게 무엇인가'라는 건데, 저는 이런 요소들이 SF에 (…) 소중하다고 생각[해요]. (…) 제가 생각했을 때는 2019년이 됐으면은 SF라는 것은 상당히 현실적이죠. (…) 이 시대를 어떻게 보면 통찰할 수 있는 되게 훌륭한 도구 중의 하나, (…) 이 시대를 보는 방법 중 하나라는 거죠.

> **C** 저희가 상당한 과학기술을 가지고 있음에도 불구하고, 아직 생명이라는 부분에 대해서는 해결을 못 하고 있고 정확한 개념이 지금 파악되지 않은 상태에서 SF에서 계속 '생명이 무엇인가'에 대해 제시하고 있으니까, 그런 부분들이 많은 사람들이 흥미로워할 부분이라고 생각합니다.

요컨대 주인공 데커드와 함께 등장하는 "인간보다 더 인간 같은" 레플리컨트에 감정이입을 하며, 과연 인간을 인간이라고 할 수 있는 지점이 어디인지에 대해 고민하게 된다는 것이다. 인터뷰이들은 이 영화가 '인간이란 무엇인가'라는 철학적 질문이 SF라는 장르 형태로 제기되는 매력이 돋보인다고 입을 모은다.

그렇다면 이런 매력과 더불어 〈블레이드 러너〉가 지속적인 관심을 받는 이유는 무엇일까. 이에 대해서는 시각문화 전반에 미친 영향 때문이라는 답변들이 있었다.

> I 시각문화 전반에 있어서 〈블레이드 러너〉는 기준점이었고 미래적인 것을 이야기할 때 〈블레이드 러너〉풍이라고 이야기할 수 있을 만한 것들은 그 8, 90년대의 10대와 20대를 보냈던 거의 모든 사람들에게 많은 영향을 끼쳤다고 봐요.

> G 영화를 제작하는 사람들 사이에서 두고두고 레퍼런스가 될 수 있는 밀도를 성취해냈기 때문이라고 생각해요. 타이렐 회장의 미래적인 사옥부터, 홍콩을 떠올리게 해주는 화려한 네온사인, 허름한 포장마차에 이르기까지, 입체적 공간을 빼곡하게 채우는 무대미술은 그야말로 하나의 트렌드가 되었고, (…) 디스토피아적인 분위기, 과학적 요소와 신비감이 결합되는 테크닉 등 모든 면에서 참고가 될 만하죠. 이런 재료들이 이후 작품들에 인용되어 반복 재생산되어왔고, 〈블레이드 러너〉가 꾸준히 언급되는 원동력이라고 생각해요.

인터뷰이들에 따르면 〈블레이드 러너〉에 나오는 사이버펑크의 시각적 표현들이 이후 시각문화에서 기준점이 되었다고 한다. 영화 창작자나 SF 창작자뿐 아니라 영화를 본 이들에게까지 많은 영향을 미쳤고, 그렇기 때문에 〈블레이드 러너〉가 지속적으로 관심을 받는다고 봤다.

한국에서 〈블레이드 러너〉 사랑하기

한국에서 과연 〈블레이드 러너〉는 어떤 의미를 가질까. 먼저 영화사적인 의미로, 〈블레이드 러너〉의 스타일·이미지·미장센이 워낙 뛰어나서 이후 한국 영화에도 많은 영향을 미쳤다는 답변이다.

> G 우리나라[한국]에서 〈블레이드 러너〉는 건축이든 미술이든 영상이든, 창작을 지향하는 사람들에게 자극이 되었죠.

> D 주위에 보면, SF 이야기를 하거나 하면, 한 번씩 언급하는 [영화예요]. (…) 일단 단순히 스타일도 스타일이겠고, 미장센도 미장센이겠고 (…) 그런 것들이 압도적[인 거죠].

앞서 〈블레이드 러너〉의 매력을 이야기하며 언급되었던 '시각문화 전반에 미친 영향'이 한국에서 〈블레이드 러너〉가 갖는 의미와도 연결된다. 영화 자체가 SF의 기준점이 되어 창작하는 사람들에게 레퍼런스로 존재하기에 한국에서도 마찬가지의 의미가 있다고 보는 것이다.

한국에서 영화의 영향력이 어느 정도였는지는 〈블레이드 러너〉를 보게 된 계기를 통해 짐작해볼 수 있다. 대학 수업시간, 특히 건축 또는 영상 관련 학과 수업에서 교수가 〈블레이드 러너〉를 보여주거나 소개했다. 또 시각문화 관련 대학 선배들이 오리엔테이션에서 〈블레이드 러너〉를 보여주며 토론을 이끌어내기도 했다. 그만큼 건축·시각문화 관련 학과 대학에서는 〈블레이드 러너〉의 건축·미술·영상·스타일 등에 대해 영화 개봉 당시에 논의해야만 하는 지점들이 존재했다는 것을 알 수 있다.

〈블레이드 러너〉가 한국에서 갖는 의미가 한 가지 더 있다. 영화적 주제, 메시지다. 이는 앞서 이 영화의 매력을 다루면서 언급되었던 답변과 연결되기도 한다.

> H 〈블레이드 러너〉 같은 서사가 (…) 좀 더 사람들의 인식 속으로 들어갔으면 좋겠어요. 왜냐하면 한국은 단일민족주의[가] (…) 너무 강해서 자신들의 바운더리 안에 들어오는 존재라고 생각하지 않으면 철저하게 타자화시키고 대상화시키거든요. 한번 타자화가 되면 배제하기가 너무 쉬운 거죠. (…) 한국은 점점 문화적으로도 사실은 혼종이 심해지고 있고 사실은 논휴먼 개체들에 대한 유입 속도도 굉장히 빨라요. 첨단기술 (…) 엄청 빨리 받아들이잖아요. 그런데 이런 것을 빨리 받아들이고 변하는 속도에 비해서 사람들의 인식이 안 따라오고 있어요. (…) 모든 현상과 인지와 존재방식과 이런 모든 것들이 다 변했다고 생각[해요]. (…) 그래서 이런 것들을 확장시키는데 〈블레이드 러너〉가 한국에서 반드시 필요하다고 생각해요. SF 서사랑 포스트휴먼 서사 같은 것들이 끊임없이 중요하다.

> C 우리나라[한국]에서 (…) 인간 복제 문제가 핫이슈였었고, (…) 황우석 박사의 트라우마가 우리나라 모든 국민한테 다 내재하는 것 같습니다. (…) 레플리컨트 혹은 (…) 복제생명, 복제에 관한 문제는 터부이지 않습니까? (…) 테크닉을 어느 정도 이뤄놓은 우리나라가 중국이나 미국에서 지금 나오고 있는 길을 같이 못 가고 있다는 답답함도 있을 것이고, 그런 면이 우리나라 국민에게는 어필하는 부

분이 아닌가 저는 생각합니다.

B 〈블레이드 러너〉라는 작품 안에는 미국이라는 나라가 얼마나 몰락하기 쉬운 구조인가, 그 자본주의, 그 천민자본주의의 가장 [큰] 폐단을 예리하게 짚고 있다. (…) [이 영화는] 우리 시대의 모든 사람들이 전 지구적으로 경계하고 사유해야 할 천민자본주의에 대한 메시지를 던지고 있다는 점에서, 더욱이 천민자본주의에 완전히 물들어버린 한국 사회의 시민이라면 봐야 되지 않을까라는 생각이 들어요.

인터뷰이들은 〈블레이드 러너〉가 미국의 문화적 배경에서 만들어진 영화이긴 하지만, 그 내용은 미국뿐 아니라 한국에서도 충분히 논의가 되어야 한다는 것을 지적했다. 타자화, 생명 복제, 자본주의 등의 문제는 한국의 현실과도 깊숙이 연관되어 있기 때문이다.

한편 〈블레이드 러너〉가 사회적으로서만이 아니라 각 개인에게 갖는 의미가 궁금했다.

F SF 이야기에 있어서, 특히 영화에서, 계산된 모호함과 절제의 비중이 얼마나 큰지 숙고하는 계기가 되었습니다. 정서를 상상하고 (…) 옮기는 일에 대해서도 고민하게 되었고요. (…) 보는 이의 SF 감성을 폭발시켰던 로이 배티의 명대사와 반젤리스의 음악은 지금의 나를 이루는 구성 요소라는 사실은 부정할 수 없습니다. 청년기에 인상 깊었던 영화[예요].

2007년 미국 샌디에이고 코믹콘. 〈블레이드 러너〉는
한국을 포함해 전 세계적으로 수많은 사람들에게 영향을 미쳤다.

H 〈블레이드 러너〉는 언제나 저한테 (…) SF가 이런 거구나라는 것을 알게 해준 작품, (…) 그렇기 때문에 저한테 의미 있는 작품이죠. (…) 저는 가장 큰 지분을 차지하고 있다고 생각을 해요.

J 거기 나오는 그런, '인공생명'들이라고 해야 하나요? 그런 종류, 그런 것들을 되게 좋아해요. 제가 하는 [작업들]도 아마 〈블레이드 러너〉를 이미 봤기 때문에 영향이 없진 않거든요.

G SF 세계가 현실과 아무리 동떨어져 있어도, 그 속에서 살아가는 인물들은 결국 평범한 인간이라는 생각을 계속 하게 만들어주는 작품이에요.

C 〈블레이드 러너〉를 보고 나서 제 시각은 훨씬 깊어졌습니다. 그 이미지의 순도가 깊어졌다고 말씀드릴 수밖에 없는 것 같아요. (…)

〈블레이드 러너〉가 획기적이라고 생각하는 게 (…) 월드뷰를 보여주는 것 같아요.

B 저한테는 학문 같아요. 블레이드 러너학. (…) 융합 학문. (…) 〈블레이드 러너〉는 한 학기 정도 공부할 필요가 있을 것 같아요. 〈블레이드 러너〉와 종교, 〈블레이드 러너〉와 패션, 〈블레이드 러너〉와 철학, 그렇게 같이 접목해서 공부할 수 있을 만한 화두를 던진 (…) 리들리 스콧 감독의 유일한 작품이 아닐까.

D 디스토피아적인 세계에서도 희망을 찾아가는 (…) 그런 지점들이 (…) 나에게는 [의미가 있어요].

E 〈블레이드 러너〉처럼 어두운 분위기에 생각할 거리를 던져주는 영화[를] (…) 좋아합니다. 내용을 떠나서 어떤 그, 그걸 보면서, 음악을 듣고 화면을 보면서 강렬한 느낌을 받을 수가 있잖아요. (…) 느낌은 강렬하게 와 닿았고, (…) 느낌으로서 남는 영화[예요].

I 어른이 된다라는 건 (…) 내가 좋아했던 걸 지금 시대의 사람들이 좋아할 만큼 잘 닦고 잘 가공하고 더 멋있게 발전시켜서 다시 전달하는 역할을 하는 거란 생각이 들어요. (…) 나에게 이제 〈블레이드 러너〉는 어른스럽게 다음 세대에게 이 영화의 즐거움을 전달해줘야 하는 그런 텍스트가 되었구나, 그런 생각을 해보는 거죠.

〈블레이드 러너〉가 팬들에게 미친 영향력은 컸고, 각 개인에게 영화의 의미가 깊이 스며들었다. 그렇기 때문에 다양한 주제에서 깊이 있게 〈블레이드 러너〉를 논하고 싶은 것이고, 내가 영화를 통해 느꼈던 즐거움을 다음 세대, 〈블레이드 러너〉를 모르는 세대에게도 전달하고 싶은 것이다.

여성 캐릭터의 재발견

인터뷰를 준비하며 〈블레이드 러너〉 전반에 대한 질문과 함께 영화 속 캐릭터, 특히 여성 캐릭터에 대해서 이 영화를 좋아하는 사람들은 어떻게 생각하고 있는지가 궁금했다. 여기에서 여성 캐릭터는 〈블레이드 러너〉와 〈블레이드 러너 2049〉 모두를 포함한다.

> G 지금 시점에서 한참 과거의 작품을 끄집어내 여성상을 논하는 것은 조금 잔인한 측면이 있다고 생각해요. 물론 〈블레이드 러너〉가 여성 캐릭터들을 대하는 태도가 좋지 못한 면은 있죠. 전형적인 하드보일드 구조 속에서 여성들은 수동적이거나, 악녀 혹은 살인마이거나 할 뿐이었으니까요.

> C 여성성을 진지하게 다루지 않은 것 같아요. (…) 레이첼은 주요한 캐릭터이고 스토리에서도 중요한 역할을 하기는 하지만 주도적이라기보다는 데커드의 보조적인 캐릭터로 묘사되었던 것으로 기억합니다.

> A 〈블레이드 러너〉는 1980년대 초반의 남성 중심 서사 영화라 생

각합니다. 여성 캐릭터들은 보조나 극중 장치에 가깝죠. 숀 영의 캐릭터는 매우 매력적이었지만, 입체적인 캐릭터는 해리슨 포드가 연기한 데커드와 룻거 하우어의 로이 배티니까요. 이러한 지점은 당대 문화 콘텐츠에서 흔히 발견되는 일이기도 했고, 〈블레이드 러너〉가 발을 걸치고 있는 누아르 장르에서는 더욱 그러했죠.

D 남자 캐릭터, 주인공 캐릭터는 되게 내적 갈등도 있는 거고, 외적으로 실행해야 할 미션들도 있고, 그래서 입체적인 인물로 잘 그려진 거죠. (…) 반면에 여자 캐릭터는 남자들이 그 시대, 지금도 그렇지만 그 시대 같으면 (…) 성녀와 창녀의 이미지가 있는 거죠. (…) 영화상에서는 양극단의 이미지, 여성주의적 관점에서 보면 (…) 전형적인 남성적 시각의 영화라고 봐야 되겠죠.

F 레이첼은 죽어 있다고 할 정도로 수동적이고, 아무것도 할 수 없어서 납득은 안 되지만 남성 주인공을 구원하는 역할로 정해진, 다른 말로 하면 남성들이 편리하게 만들어낸 그 시대의 전형적인 캐릭터 이상은 아니라고 생각합니다. 〈블레이드 러너 2049〉의 조이는 제작 시점에서 이미 소비될 대로 소비된 SF 속 가상 연인의 클리셰에서 단 한 걸음도 못 나간, 엉성한 캐릭터라고 생각합니다.

B 여성상은 조금 소비적이라는 느낌을 지울 수는 없을 것 같아요. (…) 〈블레이드 러너〉의 영화적인 기법에서 안타깝지만 좀 한계적인 부분들은 남아 있지 않은가.

남성 캐릭터들은 입체적인 반면, 여성 캐릭터들은 수동적이고 그 시대의 전형적 캐릭터로 그려졌다는 지적이다. 여성 캐릭터 설명을 통해 알 수 있는 것은 〈블레이드 러너〉는 전형적인 남성적 시각의 영화로 남성팬들을 조금 더 의식하고 만들었을 것이라는 점이다. 처음 〈블레이드 러너〉를 접할 땐 여성 캐릭터들에 대해 아예 인식을 하지 못했다가 페미니즘을 접하게 되면서, 혹은 시간이 흐르면서 여성 캐릭터를 달리 보게 되었다는 답변도 있었다.

H 못 느끼고 있다가, 저도 이제 페미니즘 공부를 시작한 건 2010년쯤이에요. (…) 공부를 하고 그 이후에 봤던 (…) 〈블레이드 러너〉 1편은 좀 봐주기가 어려웠어요. 사실 저는 안드로이드로 가면 젠더의 고정성이 과연 어느 정도 필요할까, 특히 〈블레이드 러너〉에서 (…) 젠더 고정성이 필요할까 [싶었거든요]. (…) 레이첼, 너무 전형적인 여성 역할의 스테레오 타입이잖아요. (…) 거대 기업의 비서 관리직은 저런 여성일 것이다, 그런 게 너무 정형화되어 있죠. (…) 엄밀히 따지자면 필립 K. 딕과 〈블레이드 러너〉가 가지고 있는 한계라고 생각[해요]. 명백한 한계. (…) 여성이 개입했다, 혹은 젠더로서의, 생물학적으로서의 여성이 개입했다라고 했을 때 임신과 출산 문제, 그리고 그 성적인 문제에서 결코 탈각하지 못하는 이 지점, 그 외에는 할 이야기가 없을 것이다라고 생각하는 것…. 독립적인 대상으로 보지 않는 거죠. [어떠한] 역할을 하는 대상이라고 보는 건데, 남성한테는 그런 제한이 없죠.

I 제 10대와 20대 시절에 〈블레이드 러너〉 수용사에 있어서, 그게

빠져 있었구나라는 생각을 되게 많이 해봐요. (…) 그때 그 시절에는 생각을 못했어요. (…) 그 장면을 페미니즘적으로 본다는 것 자체가 굉장히 소수자의 시선이었던 것 같아요. 그리고 그런 소수자의 시선에 마음이 끌린다는 건 10대, 남자, 그리고 장르팬에게는 아주 (…) 의외의 현상인 거죠. 있을 수 없는 일이었어요. (…) 최근에 들어서는 다시 보니까 이게 문제가 있구나 [싶어요]. 그리고 세월이 많이 변했고, 그 변화한 세월에, 세월의 거리감과 새로운 기준점이 이 영화를 다시 볼 수 있게 되는 계기가 되고….

여성 캐릭터에 대한 질문에 모두들 페미니즘적 관점을 의식하고 답변을 했다. 하지만 그 결은 조금씩 달랐다. ⟨블레이드 러너⟩는 페미니즘을 염두에 두고 만든 영화가 아니기 때문에 페미니즘의 잣대를 대는 건 올바른 비판이 아니라는 의견이 있었고, 한편 1980년대에 만들어진 영화이긴 하지만 페미니즘의 관점에서 ⟨블레이드 러너⟩의 여성 캐릭터를 다시금 논의해야 한다는 의견도 있었다.

이 답변에서 주목할 점은 8, 90년대에 ⟨블레이드 러너⟩를 보고 자란 한국 성인 남성들의 의식 변화가 아닐까 한다. ⟨블레이드 러너⟩의 장르적 특성 때문에 페미니즘적 논의가 공정하지 못하다는 답변은 영화 속의 여성 캐릭터가 페미니즘의 논의에 맞지 않다는 것을 인지한다는 의미로도 해석이 가능하다. 이는 그런 답변을 한 사람조차 현재 어느 지점에서는 ⟨블레이드 러너⟩의 여성 캐릭터에게 불편함 혹은 한계를 느낀다고 볼 수도 있다.

한편 여성 캐릭터들의 모습을 설명하는 답변에서 흥미로운 점이 지적되기도 했다.

가출 청소년 프리스?

J 여성 캐릭터들이 좀 더 이상했다고 생각하는 게, [그들이] 좀 성인 같지 않은 것 같았어요. 레이첼 같은 경우도 성인 여성이긴 해요, 모습이. 모습은 그렇고 정체성을 찾는 거라든지 눈물을 보이는 그런 것들 있잖아요. 약간 강간 신처럼 보이는 것들이, 레이첼을 성인이 아니고 소녀에 가깝게 그리지 않나. (…) 로이의 연인[프리스] 그 캐릭터도 (…) 약간 청소년 같다는 느낌이, 가출 청소년 같은 느낌이 들었어요. (…) 근데 남자 레플리컨트들은 딱히 그렇게 어리다는 느낌이 없어요. 그냥 묵묵히 일을 할 뿐이고 자기 사명을 할 뿐이고. (…)

마지막 장면도 불만이었던 게, 로이가 회장을 찾아가요. 저는 같이 갈 줄 알았거든요, 둘이서[로이와 프리스]. 서배스천하고 셋이서 다 같이 갈 줄 알았는데. (…) 로이가 회장 눈을 찌를 때까지도 그 사람[프리스]은 어디 갔지라고 생각을 했다니까요? 뭔가 다른 일을 꾸미고 있을 거야라고 생각하고 있었는데, 너무 얌전하게 집에서 면사

포를 쓰고 있어서….

자막도 좀 문제예요. (…) 자막이 애매한 게, 존댓말 하는 게 있고 반말하는 게 있어요. (…) 레이첼이 처음 비서로 나올 때 그때는 주인공이 존댓말을 해요. 둘 다 존댓말을 해요. 그러다가 레플리컨트라고 밝혀졌어요. 그런 다음에 갑자기 그냥 하대를 해요. 근데 그게 레플리컨트라서 그러는 건지, 아니면 여성이라서 그런 건지는 잘 모르겠고요. 제가 아리송하기 때문에 그다음 장면을 유심히 봤는데 서배스천도 그래요. 서배스천도 그냥 반말해요. 그래서 제가 더 오히려 어린애라고 생각했을지도 모르겠어요.

〈블레이드 러너〉에서 여성 캐릭터는 성인이 아닌 청소년의 느낌이며, 남성 캐릭터의 보조 역할로서 결정적인 장면에서는 나타나지도 않는다. 특히 영어에는 없는 존댓말/반말의 구분이 여성 캐릭터와 레플리컨트의 대화에서만 나타난다는 점이다. 왜 한글 자막에서 여성 캐릭터 혹은 레플리컨트만 존댓말을 사용하는 걸까? 아마도 처음 〈블레이드 러너〉가 수입될 당시의 한국 사회상이 반영된 것으로 보인다. 당시 여성 혹은 논휴먼(레플리컨트)의 위상이 한국 사회에서 그다지 존중받지 못하는 위치였던 것으로 추정된다. 하지만 수십 년의 시간이 지났음에도 아직까지 해당 자막이 업데이트되지 않았다는 사실을 어떻게 받아들여야 할까. 디테일에 그리 신경 쓰지 않는 무심함, 혹은 아직도 한국 사회의 인식이 그 정도라는 것. 어느 쪽이든 썩 편치 않은 현실이다.

한국에서 〈블레이드 러너〉를 읽는 일

인터뷰 내내 〈블레이드 러너〉의 스타일, 시각적 효과, 음악, 건축 등이 얼마나 대단한지, 그 안에 담긴 의미들(인간이란 무엇인가)에 자신이 얼마나 압도되었는지, 왜 명작이었는지에 대한 설명을 세세하게 들을 수 있었다. 인터뷰이들이 〈블레이드 러너〉를 어떻게 소비해왔으며, 그들의 삶에서 영화를 어떤 의미들로 쌓아왔는지 등 많은 이야기를 들을 수 있었다. 〈블레이드 러너〉는 그동안 접하지 못했던 새로운 세계를 열어주었으며, 영화가 전하는 철학적 질문들은 현재까지도 그들에게 계속 영향을 미치고 있다.

여성 캐릭터에 대한 질문에서는 인터뷰이들 사이에 많은 차이점이 보였고, 다른 질문에 비해 다양한 결의 이야기가 나왔다. 여성 캐릭터에 대한 새로운 담론을 통해, 그동안 시간이 흐르면서 한국 사회가 어떻게 변해왔고, 그 안에서 여성 캐릭터에 대한 시각이 어떻게 변화되었는지를 추적해갈 수 있을 것이다. 또한 자막에서 보인 높임말 문제도 중요한 논의점이 될 수 있다고 생각한다. 이를 비롯하여 기존에 논의되지 않았던 새로운 〈블레이드 러너〉 담론이 보다 다양하고 새롭게 형성되기를 기대해본다.

블레이드 러너
깊이 읽기

1판 1쇄 펴냄 2021년 7월 1일

지은이	임태훈, 윤원화, 강연실, 손진원, 이지용
	김창규, 곽영빈, 김현호, 주원규, 김효진
편 집	안민재
디자인	룩앳미
제 작	세걸음
인쇄·제책	상지사

펴낸곳	프시케의숲
펴낸이	성기승
출판등록	2017년 4월 5일 제406-2017-000043호
주 소	(우)10885, 경기도 파주시 책향기로 371, 상가 204호
전 화	070-7574-3736
팩 스	0303-3444-3736
이메일	pfbooks@pfbooks.co.kr
SNS	@PsycheForest

ISBN   979-11-89336-36-3 03680

이 책의 내용을 이용하려면 반드시 저작권자와
도서출판 프시케의숲에 동의를 받아야 합니다.